把投资
做成轻松的
副业

宋 擎◎著

中国铁道出版社有限公司
CHINA RAILWAY PUBLISHING HOUSE CO., LTD.

图书在版编目（CIP）数据

把投资做成轻松的副业 / 宋擎著. — 北京：中国铁道出版社
有限公司, 2024.3

ISBN 978-7-113-30463-8

Ⅰ.①把… Ⅱ.①宋… Ⅲ.①投资-基本知识 Ⅳ.①F830.59

中国国家版本馆CIP数据核字（2023）第150881号

书　　名：把投资做成轻松的副业
　　　　　BA TOUZI ZUO CHENG QINGSONG DE FUYE

作　　者：宋　擎

责任编辑：吕　芰　　　编辑部电话：（010）51873035　　电子邮箱：181729035@qq.com
封面设计：宿　萌
责任校对：刘　畅
责任印制：赵星辰

出版发行：中国铁道出版社有限公司（100054，北京市西城区右安门西街8号）
网　　址：http://www.tdpress.com
印　　刷：三河市宏盛印务有限公司
版　　次：2024 年 3 月第 1 版　　2024 年 3 月第 1 次印刷
开　　本：710 mm×1 000 mm　1/16　印张：16.75　字数：223千
书　　号：ISBN 978-7-113-30463-8
定　　价：79.00元

前　言

很多年前，我有一次跟一位金融界的前辈交流，他当时说了一句话让我印象深刻。他说："现代社会，一个人应该具有三项核心能力——学习力、思考力和投资力。"

当时，我对他的这番话还理解不深，但后来越来越觉得他的这句话很有道理。

学习让人成长，思考让人深邃，投资让人自由。

一个人要想不断成长，要想让自己有深度，要想活得自由，那么这三项能力必不可少。

但遗憾的是，从小到大都没有受到系统的教育让我们学习如何去投资，以至于许多人在成年之后开始投资的过程中，总是会犯一些莫名其妙的低级错误，总是会踏进隐形的"雷区"。付出了巨大的代价后，才沉下心来思考：自己到底做错了什么？

这就是投资教育缺失的代价。

更遗憾的是，很多人一辈子都远离投资市场，远离那些本该有机会获得的财富，一辈子只能靠自己的时间和劳力来换取金钱。这是因为没有形成正确的以钱生钱的观念。

更可怕的是，在互联网时代，很多致力于投资的朋友在网上看到了大量似是而非的投资观点，而他们凭借本能的欲望跟随，没有基本的原则来进行分辨和思考，造成了本可避免的亏损。这不能不说是一种深深的遗憾。

举一个典型的例子，很多投资者对收益率都没有清晰的认识，甚至没弄清楚不同的收益率之间蕴含着不同的风险，一心只想着一夜暴富，就去做投资企图在金融市场中快速获取财富，结果往往都不太好。

这促使我想要写这本书，告诉大家如何用一种平和的心态来投资，不要把投资当成是一夜暴富的手段，而是把投资经营成自己的一种副业，成为本职收入之外的一种补充，用最小的风险来获取稳定的收益。

当然，要做到这一点并不容易。但是只要我们建立起最根本的投资理念，也就明确了投资的基本方向。而方向一旦确定之后，剩下的就是坚持和时间的问题了。

无论快慢，或早或晚总归能够到达。

与此同时，我也希望给我的读者传授一些投资的知识，这些知识当然不是全部，但都是我认为比较重要的，以及对我自身比较有帮助的内容。

最后还是那句话，我们需要不断学习，需要有独立思考的习惯，需要掌握投资的理念和基本原则。

希望最终大家都能在投资这件事上，不断进步，活得自由。

宋 擎

2023 年 9 月

目　录

第1章 >>>>>>
认识投资

关于投资，有以下两点共识：

（1）投资是很专业的事情。

（2）投资是有风险的。

那么，一个没有学过专业金融知识的普通人，能够做好投资并把其经营成本职工作以外的副业，为自己带来稳定的收入吗？

相信读者会在阅读本书的过程中逐渐得出自己的答案。无论你的最终答案是什么，我相信本书都可以给你开启一段不一样的投资生涯。

既然谈到投资，我们不得不先了解一下金融市场。

1.1 走进金融市场

提到"金融"一词，我们并不陌生，因为我们经常可以在媒体上看到各种金融类新闻，比如股票、原油、黄金……几乎每天都会发生。

现代社会中的金融早已渗透到经济生活的方方面面，信贷如同科技一样推动着经济的发展。但凡生活在有公共交通的地方的人，几乎都参与了金融市场——人们把钱存在银行里，又从银行那里贷款买房、买车，作为投资者还会购买股票、债券或者基金等。

遗憾的是，虽然金融是当今社会上曝光度很大的专业领域之一，但是绝大多数公众对这个行业却十分缺乏了解。坦白地说，我们每个投资者都应该了解金融市场，了解这个与我们的现实生活和未来财富息息相关的领域。

如果你本身已是或者即将成为一位投资者，那么你更应该了解金融市场，了解股票、债券、期货、基金等市场是如何运作的，学习如何分析价格变化，学习如何判断一只股票该不该买，以及你的基金经理能否给你带来收益。

你的财务质量决定了你的生活质量，而了解金融市场能够帮助你拥有更高的财务质量。

1.1.1 金融市场是什么

金融市场，从名字来看，就是一种市场，它为诸如债券、股票、外汇和衍生品等金融产品的销售和购买提供了渠道。这个市场在本质上与小区楼下的菜市场没有不同，只不过销售和购买的东西不一样。

金融市场的存在基本上是为了把人们聚集在一起，然后让资金流向最需要它的地方。

想想菜市场的例子，它撮合买家和卖家，为从茄子到土豆的各种蔬菜定价。金融市场撮合买卖双方为金融资产定价。正是这种定价行为，让资金得以流向它该去的地方。在金融市场上交易的资产就是金融资产。

1.1.2　金融市场的类型

金融市场有如下一些类型。

1. 股票市场

股票市场交易上市公司的所有权股份。每一股都有一个价格，当股票在市场上表现良好时，投资者就可以利用股票赚钱。买股票很容易，真正具有挑战性的是选择合适的股票，以及决定何时买入和卖出。

投资者可以利用各种指数来监控股票市场的表现，如上证指数、沪深300 指数、道琼斯指数、纳斯达克指数等。当以较低的价格买入股票并以较高的价格卖出时，即可从交易中获得收益。

提示

股票价格取决于公司的盈利能力，以及买卖双方对其盈利能力的看法、行动。

2. 债券市场

债券市场可以理解为为公司和政府募集资金的市场。在债券市场中，投资者购买债券，公司和政府在约定期限内返还债券本金，外加利息。

债券有许多不同的类型，如国债、公司债等。

值得注意的是，当股票价格整体上涨时，债券市场的走势往往下跌；反之亦然。其原理会在后面做出解释。

> **提示**
>
> 　　国债收益率被市场当作无风险利率，其变化可以预测未来。例如，倒挂的收益率曲线常常预示着经济衰退。

3. 大宗商品市场

　　大宗商品市场可以理解为企业买卖资源以抵消未来风险的地方。由于石油、玉米和黄金等商品的价格波动很大，公司可以在大宗商品市场上通过已知的价格买卖未来的商品，以消除未来价格的不确定性。同时，许多投资者交易大宗商品，在其价格的变化中获利。

　　我们这里所说的大宗商品市场指的是期货市场。期货，顾名思义，指的是未来的商品。

> **提示**
>
> 　　期货实际上就是一种订货合同。期货市场上的买卖双方对未来交货的商品进行出价，这种交易增加了交易中的杠杆，让交易者实际上在借钱购买商品。

4. 外汇市场

　　外汇市场可以理解为交易货币（比如美元、欧元）的地方，这个市场比较特殊，没有我们熟知的交易所，而是一个去中心化的全球市场，最大的参与者是银行。外汇市场是世界上真正连续不间断的交易市场。

　　总之，金融市场非常庞大、五花八门，基本上只要有金融产品，就存在相应的金融市场为它提供交易的渠道。而且金融市场之间并非泾渭分明。例如，股票指数既可以开发成指数基金，在股票交易所里交易，也可以设计成股指期货、期权这样的金融衍生品，在衍生品市场里交易。

　　这个世界上有很多金融市场，一些国家的金融市场比较小，而一些发达的金融市场在全球都享有盛名，比如纽约证券交易所。

1.1.3　市场分析

在市场中获益，恰当的分析必不可少。

分析一只股票或者原油的过程可以非常复杂，也可以非常简单。复杂的分析可能用到大量数据、数学模型、图表等。一家投资银行分析某年股市行情的报告可能有几十页之多。

但是，短线投资者需要在几分钟内做出交易决策，他们不可能看完几十页的分析报告后再来平仓，他们采用的是简单、直接的分析方法，即观察价格。并不是说这些复杂、详尽的分析报告无用，它们对于交易者把握股市整体走向很有帮助，但是很多交易者的交易行为并不依赖于此，这些分析报告最常用的地方是大型商业机构和政府决策部门。

交易者往往使用跟菜市场里的土豆商贩一样的分析方法，那就是直接观察价格，以及消费者的购买规律。例如，去年的最高价和最低价分别是多少，目前的价格比起去年价格的高点和低点处于什么位置；他们还知道如果价格大概上涨到什么水平，买土豆的人就会大幅减少；土豆价格大概下跌到什么水平，会吸引更多人购买。

金融市场的交易者分析股票市场和期货市场，与土豆商贩没有本质上的不同，依赖的是直接的市场智慧。

1. 交易者是如何通过最简单的方式分析市场的

一个做土豆生意的商贩需要了解市场的价格与该价格上的供求状态，对他而言，这是最关键的市场信息。

例如，他看到土豆市场呈现如图 1.1 所示的状态。

图 1.1 毫无疑问地表明，今年的土豆市场整体上供不应求，仿佛能看到批发商抢购土豆的"盛况"。

如果去年的土豆市场供过于求，会如何呢？此时土豆市场的状态如图 1.2 所示。

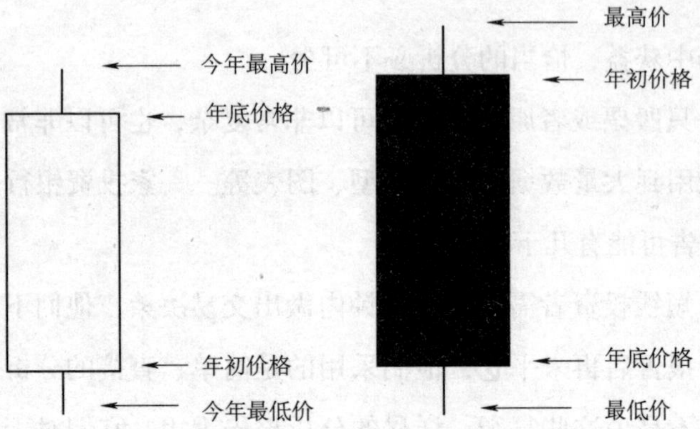

图 1.1　　　　　　　图 1.2

图 1.2 表明，市场上土豆的供应大于需求，卖家只能不断地降价以吸引更多的买家购买。

上面这种图形叫作 K 线图，又叫作蜡烛图，它是由一个 18 世纪的日本米商发明的，目的就是记录和观察市场价格的变化。后来传到了西方，因其把关键的价格数字转化为更易于理解和可辨的、清晰的图形，从而在金融市场中很快流行起来。

K 线

K 线的外观呈长方形，每根 K 线都记录了股票、土豆、大米等商品在这段时间内的四个价格：开盘价、收盘价、最高价、最低价。

开盘价代表一个时间段内价格变化的起跑线，收盘价代表终点，最高价和最低价代表这个时间段内的价格极值。

第一，对于上涨 K 线（阳线），开盘价低于收盘价。

第二，对于下跌 K 线（阴线），开盘价高于收盘价。

2 929

2 919

玉米加权

2 846

2 690

图 1.3

无须复杂的分析报告，我们也可以看出这个时间段内的玉米（期货）市场整体处于供过于求的状态，价格不断下跌，称之为空头市场。

不仅如此，通过 K 线图还能看出更多的内容。那么，图 1.4 代表什么意思？

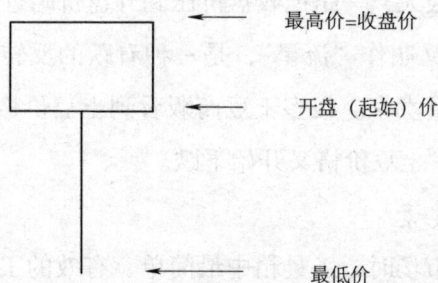

←最高价=收盘价

←开盘（起始）价

←最低价

图 1.4

图 1.4 反映的市场情况如下：

（1）市场一度是供过于求的空头市场。

（2）但在价格下跌到一定程度后，买方进入市场，并将价格推高。

（3）买盘的力量很大，以至于最终的收盘价又被推到高处，甚至高于开盘价。

这种 K 线形态又叫作"锤子"。锤子是一种看涨的反转 K 线形态，表明在价格下跌的过程中，出现了很强的买盘支撑。土豆商贩看到这种形态会意识到有买家看到价格下跌后，开始抢购土豆。

那么，图 1.5 代表什么意思呢？

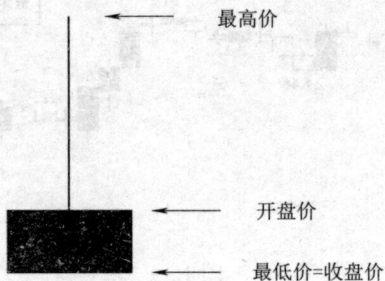

图 1.5

图 1.5 反映的市场情况如下：

一是开市后，市场一度供不应求。

二是但在价格上涨到一定程度后，很多卖家开始趁着价格上涨卖出。

三是抛售压力很大，一路把收盘价压到开盘价附近，甚至更低。

这种 K 线形态又叫作"流星"，是一种看跌的反转 K 线形态，表明价格上涨后吸引了大量卖家。很多土豆商贩看到土豆价格上涨后，运来了大量的土豆开始卖货，土豆价格又开始下跌。

2. K 线的四要素

交易者在分析市场时，工具箱中最简单、有效的工具就是 K 线。通过 K 线可以直观地看到市场上不同价位上的供需变化情况，以及价格是否在这个时间段内发生了剧烈的波动。

K 线对交易者非常有用，下面来解释一下。

一根 K 线可以分成两部分：影线和实体。

实体就是开盘价和收盘价之间的部分，代表市场的起点和终点之间的差异。

影线包括上影线和下影线。上影线是实体与最高价之间的竖线，代表市场对于价格在上涨方向上出现了分歧；下影线是实体与最低价之间的竖线，代表市场对于价格在下跌方向上出现了分歧。

所以，投资者通过观察 K 线，就可以了解目前市场的供需状态是供过于求还是供不应求，以及买卖双方在哪个价格上出现了分歧。

具体来说，通过 K 线分析市场主要关注四个要素：①K 线实体的大小；②影线的长度；③实体和影线的比例；④整体 K 线的尺寸。

图 1.6 所示就是 K 线的组成形态，下面来具体分析一下。

1）要素 1：K 线实体的大小

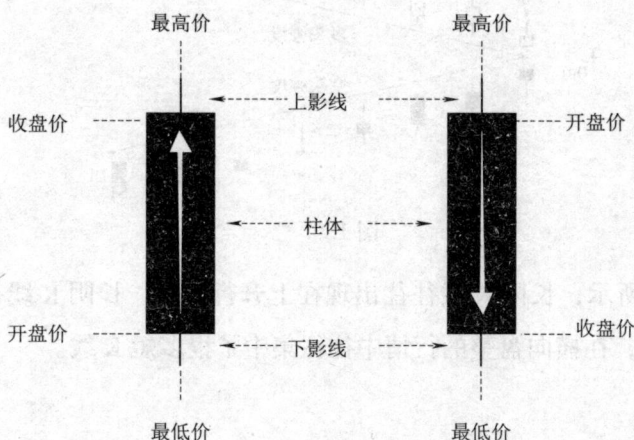

图 1.6

K 线实体越大，代表多头或空头的相对力量越强，价格上涨或下跌的动能也就越强。

K 线实体的大小显示的是开盘价和收盘价之间的差异，它告诉我们关于买家或卖家力量相对强弱的信息。

如图 1.7 所示，从左到右 K 线实体越来越大，代表多空双方相对力量的差距越来越大，市场的动能也越来越强。

（1）实体很长的阳线，代表市场处于供不应求的状态，买方（多头）的力量占据绝对优势，推动价格大幅度上涨。

（2）如果K线实体的尺寸在一段时间内增大，则代表价格趋势在加速，动能加强。

（3）当K线实体的尺寸缩小时，可能意味着一段走势的休整，此时买方和卖方之间的力量对比越来越趋于平衡。

（4）如果市场突然从长升的长阳线转变为长降的长阴线，则表明市场力量发生了转变。

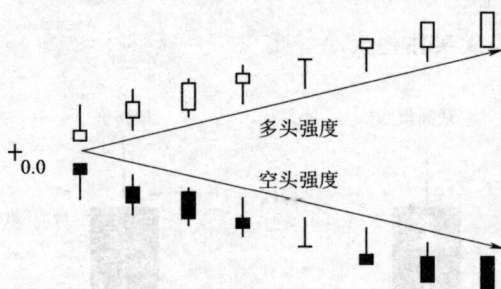

图 1.7

如图 1.8 所示，长阳K线往往出现在上升行情中，长阴K线往往出现在下跌行情中，在横向盘整的行情中往往集中了很多短K线。

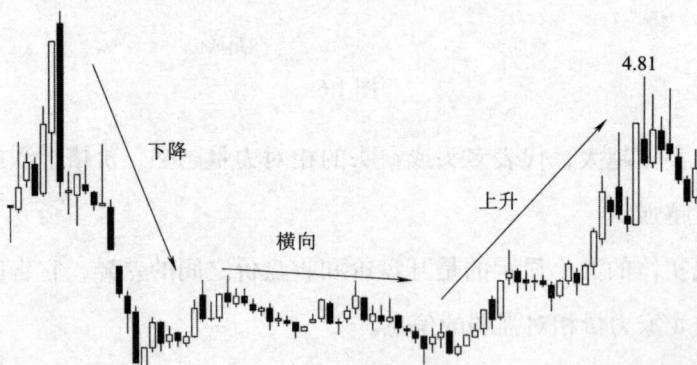

图 1.8

2）要素 2：影线的长度

影线代表市场多空之间出现了分歧，影线越长，代表双方的分歧越大，意味着市场来回拉锯的波动也越大，如图 1.9 所示。

影线越短代表市场确定性越强　　　长影线代表市场的分歧

图 1.9

（1）长影线代表强烈的不确定性，意味着买家和卖家正在激烈竞争。

（2）短影线表明市场相对稳定，不确定性较小。

（3）我们经常看到 K 线的影线长度在一段趋势尾部增加，代表市场在此处出现了分歧，买卖双方的斗争在加剧，市场的不确定性增加，实力对比不再像趋势中那样一边倒。

健康的趋势会在一个方向上快速移动，此时的 K 线往往只有短影线，代表市场对价格的上涨或下跌趋势分歧很小。

3）要素 3：实体和影线的比例

为了更好地理解价格变动和市场行为，前两个要素必须与第三个要素相互关联。

在一个强劲的趋势中，K 线实体往往明显长于影线。趋势越强，价格向趋势方向推动的速度就越快。在一个强烈的上升趋势中，K 线通常收盘在最高价附近，没有长上影线。

当趋势放缓时，实体与影线的比例发生变化，影线开始变长，甚至比 K 线实体更长。

横向盘整阶段和转折点通常的特点是 K 线有一个长影线和短的实体。这意味着买家和卖家之间因为分歧而让价格失去了方向，市场的不确定性增加。

如图 1.10 所示，在健康的上升走势中，K 线实体占比较大，影线也比较短，代表市场分歧较小；到了上升走势的末期，开始出现带有很长影线的 K 线，代表市场的不确定性增加，多空分歧加剧。当这种情况出现时，可能预示着一个趋势的结束。

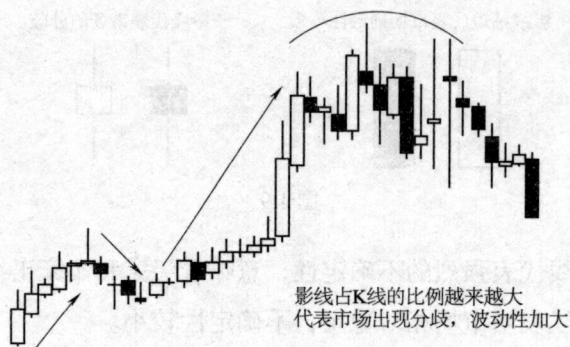

影线占K线的比例越来越大
代表市场出现分歧，波动性加大

图 1.10

4）要素 4：整体 K 线的尺寸

整体 K 线的尺寸，即从最高价到最低价的距离，代表市场在这个时间段内的波动性。

在图 1.11 中，我们看到了市场从小波动到大波动，再到小波动的变化。随着一段下跌趋势的不断延续，K 线的长度越来越长，价格的波动也越来越大；然后，突然之间，波动开始减弱，多空再次达到相对平衡，市场开始休整，同时积聚势能，随后开始了新的一轮强劲走势。

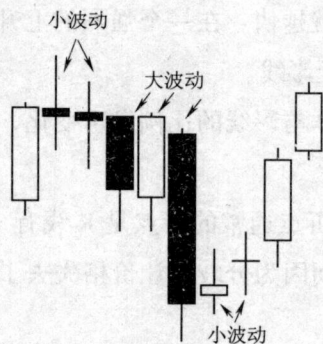

小波动

大波动

小波动

图 1.11

市场的周期就是大波动后跟着小波动、小波动后开始大波动的循环往复。整个市场的动线就像一段美妙的旋律，音律在升高和降低、强拍和弱拍之间有规律地变换。

3. 组合 K 线

在市场分析中，可以把一根或多根 K 线组合在一起，形成组合 K 线。这是一种很重要的技能，对市场分析很有帮助。

K 线组合包括以下要素：

（1）第一根 K 线的开盘价。

（2）最后一根 K 线的收盘价。

（3）几根 K 线组成形态的最高点和最低点。

通过使用第一根 K 线的开盘价、最后一根 K 线的收盘价和几根 K 线共同的高点或低点，就可以把几根 K 线组成一根新的 K 线。

如图 1.12 所示，可以看到三根 K 线组成一根新的 K 线。

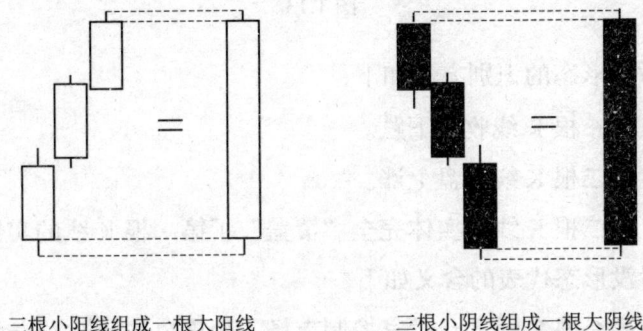

三根小阳线组成一根大阳线　　　三根小阴线组成一根大阴线

图 1.12

我们有时看到介绍 K 线形态的文章，里面会说到"三个白小兵""三只黑乌鸦"这样的组合形态。实际上，"三个白小兵"就是三根连续的阳线组成一根长阳线的形态，"三只黑乌鸦"就是三根小阴线组成一根长阴线的形态。这就是 K 线组合。

在市场分析过程中，无须把组合成的 K 线画在图上，只要头脑中有这个概念就行了，然后一眼就可以分辨出组合 K 线的形态。

最有用的 K 线组合是看涨吞没形态和看跌吞没形态，这是两种反转 K 线形态。

1）看涨吞没形态

看涨吞没形态是由两根 K 线组成的一种看涨反转 K 线组合，如图 1.13 所示。

看涨吞没形态

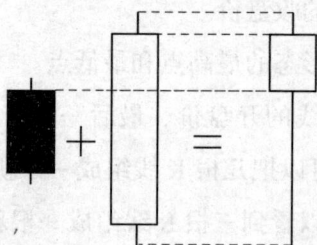

图 1.13

看涨吞没形态的识别方法如下：

第一，第一根 K 线收盘下跌。

第二，第二根 K 线收盘上涨。

第三，第二根 K 线的实体完全"覆盖"了第一根 K 线的实体。

看涨吞没形态代表的含义如下：

（1）在第一根 K 线上，卖家控制市场，价格也在此期间收盘走低。

（2）在第二根 K 线上，强大的买盘力量介入，并收于前一根 K 线的高点之上——这表明买家已经赢得了"战斗"。

（3）从本质上讲，看涨吞没形态代表买家已经战胜卖家，并且控制了市场。

（4）看涨吞没形态在本质上就是由两根 K 线组成的"锤子"。

"锤子"通常是较短时间范围内的看涨吞没。例如，如果将 2 小时 K 线图上的"锤子"放在 1 小时 K 线图上，就会表现为看涨吞没形态，因为 2 小时 K 线图上的一根 K 线相当于 1 小时 K 线图上的两根 K 线叠加。

2）看跌吞没形态

看跌吞没形态是由两根 K 线组成的一种看跌反转 K 线组合，如图 1.14 所示。

看跌吞没形态

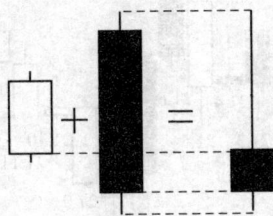

图 1.14

看跌吞没形态的识别方法如下：

第一，第一根 K 线收盘看涨。

第二，第二根 K 线收盘看跌。

第三，第二根 K 线的实体完全"覆盖"了第一根 K 线的实体。

看跌吞没形态的含义如下：

（1）在第一根 K 线上，买家控制市场，价格也在此期间收盘走高。

（2）在第二根 K 线上，强大的卖家介入并收于前一根 K 线的低点下方——这表明卖家已经赢得了"战斗"。

（3）从本质上讲，看跌吞没形态代表卖家已经战胜买家，并且控制了市场。

（4）看跌吞没形态在本质上就是由两根 K 线组成的"流星"。

同样，将一个较长时间架构中的"流星"放在较短时间架构上看，往往可以看到看跌吞没形态。

K线告诉我们什么

图 1.15 所示是股票"贵州茅台"的月线图，这张图上的 K 线告诉我们什么？

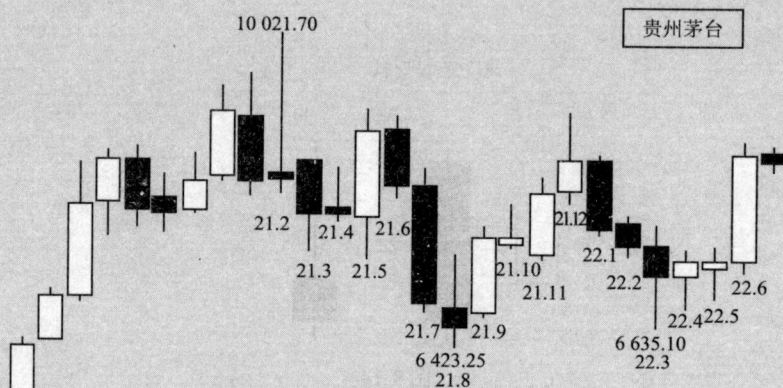

图 1.15

2021 年 2 月，贵州茅台的股价在前期连续的上涨后，在该月一度上冲超过了 12 500 元 / 股，但是此时市场上出现了大量的卖盘（供给），最后把价格压到了开盘价以下，形成了一颗"流星"，说明本月市场在价格上涨方面出现了分歧，上涨的不确定性增加。

2021 年 3 月，价格下跌，收出阴线和一条与实体差不多长短的下影线，说明本月有一定的买盘在低点买入，但是总体上供给大于需求，卖方控制市场。

2021 年 4 月，K 线是一颗长上影线的小"流星"，说明买方一度踊跃，把价格抬到上一根 K 线的最高价附近，然后被涌出的卖盘淹没。不过，最低价也没有低于前一根 K 线的最低点，整根 K 线仍在前一根 K 线的范围内波动。

2021 年 5 月，本月价格在 3 月低点附近又遇到买盘，且买盘的力量很强，把价格推到了 3 月最高点以上。不过，一根小的上影线表示多头想继续往上的时候，还是遇到了一定的卖盘，但是总体上是多头市场。

2021 年 6 月，在 5 月份的价格波动范围内，市场波动率下降，多头没能继续推动价格向上，空头又把价格压回了 3 月和 4 月的区间内。

2021 年 7 月，大阴线显示本月空头完全控制了市场，把 3 月、5 月多头在低点购买的位置都跌穿了，说明以前在那个下影线位置购买的多头，这一次根本无法吃下"汹涌"的卖盘。

2021 年 8 月，又是一颗"流星"，代表本月多头开始再次尝试低买，但是卖盘仍然很大，吃下了这些买盘。

2021 年 9 月，本月空头力量不济，多头控制了市场，当价格上涨到 8 月份的上影线的时候，没有足够的卖盘压低价格。

2021 年 10 月，一颗小"流星"，价格在此遇到了分歧，波动性降低。

2021 年 11 月，买盘消除了 10 月份上涨方向的分歧。

2021 年 12 月，多头继续推动价格上涨，但是在价格到达 5 月份的高点附近时，再次出现卖盘，形成一条代表价格分歧的长上影线，市场的不确定性再次升高。

2022 年 1 月，买盘没有能力继续向上消除上涨的分歧，卖盘控制市场，价格下跌。

2022 年 2 月，价格继续小波动下跌。

2022 年 3 月，本月价格跌到 2021 年 9 月的低点附近再次遇到大量买盘，形成长下影线。

2022 年 4 月，一个小"锤子"，表示本月空头确实无力向下压价了，最低价不但没有过上个月的最低点，反而收盘价高于本月的开盘价。

2022 年 5 月，又是一个小"锤子"，最低价还要高于上个月的最低价。

2022 年 6 月，长阳线，在上个月空头明显力竭的情况下，多头开始抢货了。

总结：

K线是技术分析者最强大的工具之一，通过观察K线，交易者可以直观地发现市场多空力量的变化，每根K线都反映了该时间段内多空双方的角逐过程和结果，即市场是供大于求，还是供不应求，抑或是处于平衡状态。每个卖家和买家的每笔交易行为都会反映在K线上，为塑造K线的最终形态贡献自己的力量。

4. 识别趋势

我们已经了解了如何通过K线来观察市场价格和供需关系（多空力量）之间的变化，现在来更进一步来研究价格运行的规律。

1）价格总是在高点和低点之间来回摆动

价格走势总是起起落落的。无论我们展开何种图表、横跨何种市场，看到的所有品种的价格走势都是"之"字形来回往复、上下波动的，在这种上下波动中，可以看到形成了一个个转向的高点和低点。而价格的运动就像永不停歇的钟摆，在这些高点和低点之间来回摆动。

这些价格在其间摆动的高点和低点叫作摆动高点和摆动低点。

> 🔍 **摆动高点和摆动低点**
>
> 当价格达到一个高点，然后紧接着两个连续的更高的高点，这就是摆动高点；同样，当价格达到一个低点，然后紧接着两个连续的较低的低点，这就是摆动低点，如图1.16所示。

从图1.16中可以看到，摆动高点和摆动低点就是一段连续向上和向下运行的K线的拐点，就像一个折返跑的人，朝一个方向跑到某个位置就开始往回跑。

在摆动高点和摆动低点之间这段价格的摆动就是波段。整体市场的走势就是由一个个波段组成的。

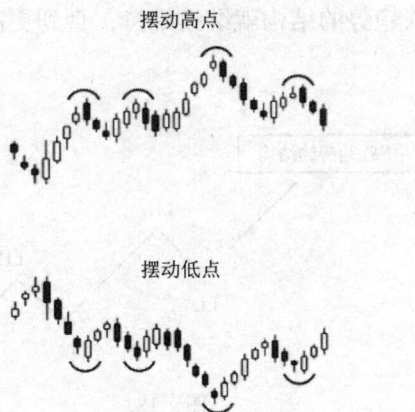

摆动高点

摆动低点

图 1.16

2）利用短期高点和低点识别趋势

摆动高点和摆动低点可以帮助交易者识别和捕捉趋势。

在上涨趋势中有不断被抬高的摆动高点和低点，在下跌趋势中有不断下降的摆动低点和高点。有了这个认知，就不会被市场目前处于什么趋势迷惑了。

市场的结构大致可以分为三类。

（1）上涨趋势的结构：一段上涨趋势，其结构是由一系列较高的高点（HH）和较高的低点（HL）组成的，如图 1.17 所示。这一趋势一直持续到资产价格创下更低的低点（LL）。

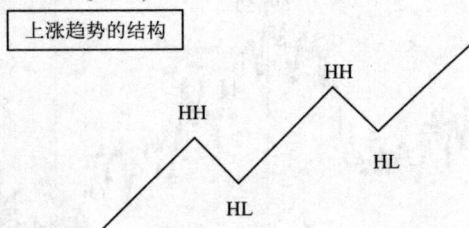

上涨趋势的结构

HH

HH

HL

HL

图 1.17

（2）下跌趋势的结构：一段下跌趋势，其结构是由一系列更低的低点（LL）和更低的高点（LH）组成的，如图 1.18 所示。只要较低的高点（LH）

没有被破坏，下跌趋势的结构就继续维持，直到更高的高点（HH）被创造出来。

下跌趋势的结构

LH

LL

LH

LL

图 1.18

（3）横盘市场的结构：价格以相等的高位（EH）和相等的低位（EL）表现出来的水平运动被称为横盘趋势，如图 1.19 所示。

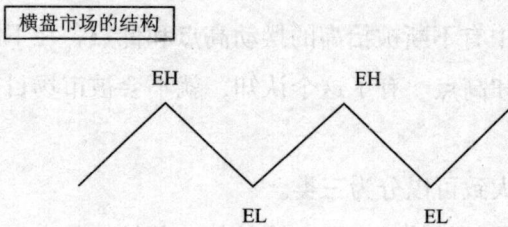

横盘市场的结构

EH

EH

EL

EL

图 1.19

来看一个例子，如图 1.20 所示。

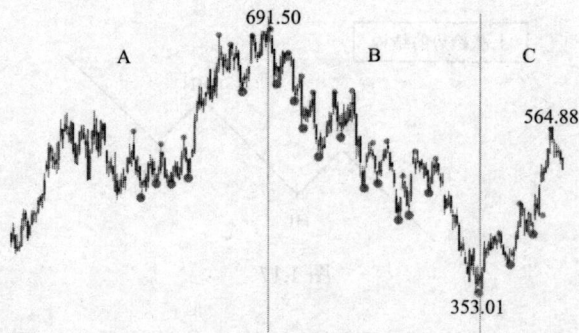

691.50

A

B

C

564.88

353.01

图 1.20

在图 1.20 中看到的是某股票的一张 4 小时 K 线图，在顶部和底部小圆圈显示的就是摆动高点和摆动低点。

我们注意到，通过标出摆动高点和摆动低点，这张图表基本上可以分为三部分。

A 部分：摆动高点和摆动低点基本上是在不断被抬高的。

B 部分：与 A 部分相反，这一段行情的摆动高点和摆动低点总体上是不断下降的。

C 部分：市场又回到了摆动高点和摆动低点不断被抬高的结构中。

5. 支撑和阻力的秘密

在进行交易的时候，K 线可以帮助我们了解价格行为，即此时此刻的市场中谁的力量更大，是多头主控市场，还是空头占据优势？

但是，市场是不断变化的，这一点永远不要忘记。市场就好像一场不断有新的参与者加入的拔河比赛，多空双方的力量不断地发生变化。

1）市场参与者的心理在不断变化

当市场下跌的时候，会有新的勇敢或精明的投资者加入，在低位开始购买；也会有恐惧的投资者因为担心市场继续下跌而不断抛售。

当价格上涨时也是如此，怀揣着不同想法和心理各异的投资者纷纷加入——有的人看见价格涨到了一定高度会卖出手中的股票，兑现账面上的利润；有的人则会在价格上涨时买入更多的股票，因为他们预期价格会继续上涨。

市场永远都是动态发展的，强弱在不断转换，其背后是数不胜数的交易者，他们看法不同，心态各异，信息量也不同。总之，他们做出了完全不同的决策，给市场带来了流动性。

金融市场的流动性在参与者多及参与者意见分歧大时最佳，当大家都倾向于看多或看空的时候，往往会因为缺少对手盘，而使得价格缩量朝一个方向大幅移动。典型的例子是在平板和跌停板的时候，成交量一般很小。

而在交易量突然放大的时候，代表市场再次出现了分歧。

当市场下跌到某个价格水平时，买方突然强大起来，阻止了价格的进一步下跌。如果这个价格水平能够多次阻止价格的进一步下跌，那么这个价格水平就是市场的支撑位。

同理，市场的阻力位就是阻止价格进一步上涨的价格水平。

支撑和阻力往往与市场的前期低点和高点相关。交易者的心理会因为前期的低点和高点而受到影响。

例如，当价格下跌到某一个前期低点的附近时，交易者的心态更倾向于买入而不是卖出，于是市场上涌现出大量的买单，价格在这个位置反弹开始上涨，这就是所谓的支撑。

同样，当价格上涨到某一个前期高点的附近时，交易者的心理受到前期高点的影响而倾向于卖出，于是卖家的力量大于买家的力量，市场开始下跌，这一价格水平就成为阻止价格继续上涨的阻力。

来看一个简单的例子，如图 1.21 所示。

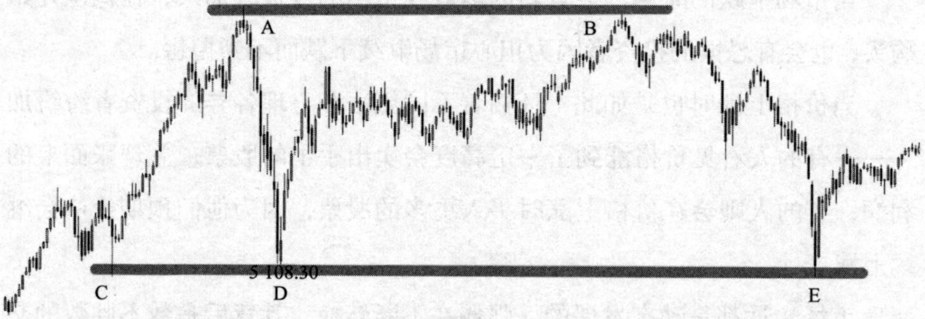

图 1.21

在图 1.21 中，A、B 两点的价格水平两次阻止了价格的上涨，成为市场的阻力位；C、D、E 点的价格水平连续三次阻止了价格的下跌，成为市场的支撑位。

支撑和阻力可以互换角色。这意味着当支撑被突破时，它会变成阻力；当阻力被突破时，它会变成支撑。

再来看一个简单的例子，如图 1.22 所示。

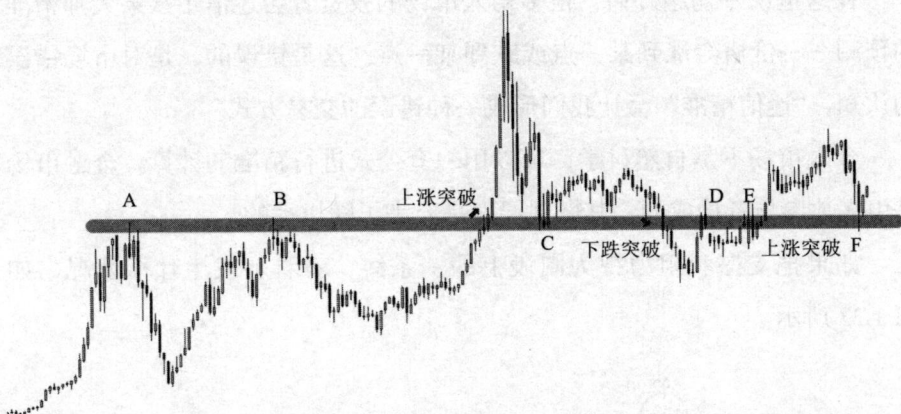

图 1.22

在图 1.22 中，A、B 两点阻止了价格的上涨，但是，当价格突破后，处在同一水平的 C 点变成了支撑；后续又看到 D、E 点在价格突破后变成了阻力位，F 点变成了支撑位。

先前的支撑在价格突破后变成了阻力，先前的阻力在价格突破后变成了支撑。

这种现象背后的原理是什么呢？

因为当价格跌破支撑位时，市场上在支撑位和支撑位之上做多的交易者就会处于亏损状态。因此，当价格反弹回支撑位时，这些交易者达到盈亏平衡，他们有了一个摆脱亏损的交易机会——这会引发抛售压力。与此同时，原先错过了突破的交易者获得了一个做空市场的好位置，他们入场时就会增加卖压。

这就是为什么当支撑被突破时，它往往会变成阻力。这是简单的交易心理：当人们的亏损被打平时，在心理上就会想要出场。

2）支撑和阻力是图表上的区域，而不是一条线

很多人会把支撑和阻力看成一条线，这其实是错误的，因为价格不会精准地到达某一点。

在这里说一句题外话：很多初入市场的投资者会迷信于某某大师精准的预测——价格会涨到某一点或跌到某一点。这是错误的，是对市场错误的认知，"迷信精准"会让我们形成一种错误的交易方式。

金融市场不是自然科学，可以用一套公式进行精准的计算。金融市场是由无数参与者构成的，其微观层面是充满了随机性的。

如果把支撑和阻力视为图表上的一条线，看看会发生什么情况，如图 1.23 所示。

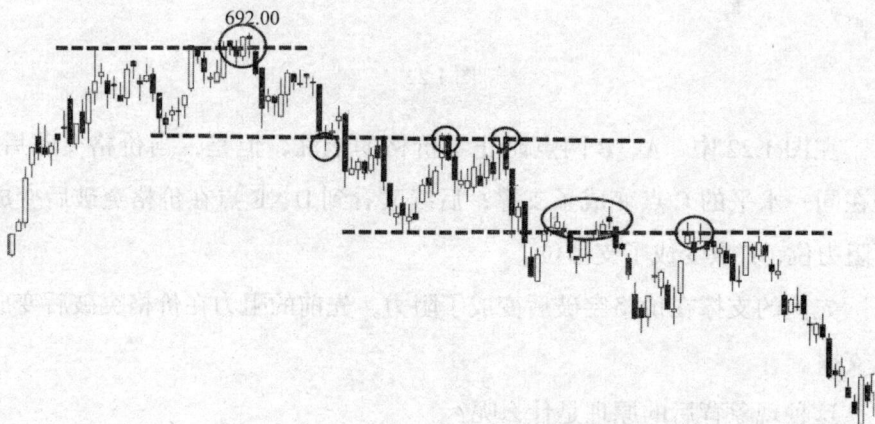

图 1.23

从图 1.23 中可以看到，支撑和阻力被频繁地突破，但这些突破都是虚假的，价格没有刚好停在你画的线上。这种情况在交易中非常常见，给交易者带来了很大的困扰。其实，并不是你画的支撑和阻力不起作用，而是价格不可能刚刚好。

为什么？

因为市场是由无数交易者构成的，人们在微观交易上是随机的。

当价格到达支撑位或阻力位的时候，成千上万的交易者会有完全不同的思路，一定会有人完全不认可，或者根本没有看到这条线，可能会有交易者持仓太大无法轻易转向，也可能会有交易者下错单……情况不一而足。所以，想让价格刚好停在这条线上，几乎是不可能的。

当交易者把支撑和阻力视为一条线时，会面临以下两个问题。

问题一：价格还没有触及你的支撑位或阻力位。

当市场接近你的支撑线或阻力线，但还没有触及时，就发生了反转。

如此，你就错过了一笔不错的交易，因为你在等待市场到达你画出的"精确"的支撑线或阻力线。

问题二：价格"突破"了你的支撑位或阻力位，你认为该价格水平已经失效。

当市场突破你的支撑或阻力水平，并且你认为已经突破时，就会发生这种情况。因此，你认为价格已经突破支撑位或阻力位，但事实证明这是一个假的突破。

那么，如何解决这两个问题呢？

就是要将支撑和阻力视为图表上的一个区间，而不是一条线，如图 1.24 所示。

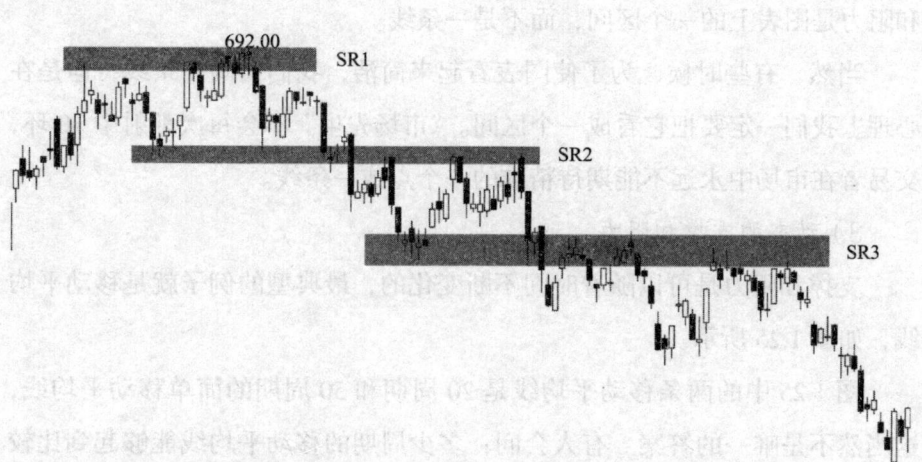

图 1.24

为什么支撑和阻力是图表上的一个区间，而不是一条线呢？

因为当价格接近支撑或阻力水平时，市场上存在三组交易者：

（1）害怕错过的交易者；

（2）想要获得最优惠价格的交易者；

（3）其他交易者（包括不认同或未按照该支撑或阻力交易的交易者、持仓太大无法轻易转向的交易者、下错单的交易者、由于各种原因押注突破的交易者、后知后觉的交易者等）。

害怕错过的交易者会在价格接近支撑位或阻力位时进场交易，他们等不及价格触及你画出的支撑线或阻力线。当交易者持仓很大时，他们往往会提前发动，因为大船转向更难，他们预期在 SR 的位置上交易更加拥挤。当单量足够大时，价格就会发生反转。

有些交易者想要获得可能的最佳价格，他们会等待价格到达支撑位或阻力位，甚至等待市场把 SR 附近的止损单被动触发之后，才抢入更好的价格。如果有足够多的交易者这样做，那么你会看到假突破。

其他交易者让事情变得更加复杂，充满各种各样的不确定性。

事实就是如此，你不知道哪组交易者会控制此时的局面，因此，支撑和阻力是图表上的一个区间，而不是一条线。

当然，有些时候，为了使图表看起来简洁，我们会画一条线，但是在心理上我们一定要把它看成一个区间。"市场先生"不会每次都射中 10 环，交易者在市场中永远不能期待精准的一个点或一条线。

3）动态的支撑和阻力

支撑和阻力是可以随着时间不断变化的，最典型的例子就是移动平均线，如图 1.25 所示。

图 1.25 中的两条移动平均线是 20 周期和 50 周期的简单移动平均线，这当然不是唯一的答案。有人会问：多少周期的移动平均线能够起到比较好的支撑和阻力作用呢？

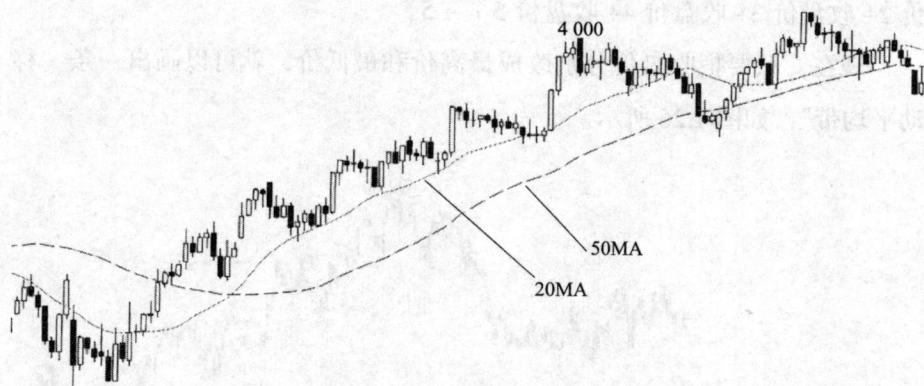

图 1.25

答案是任意。

交易并不是僵化的机械程序，虽然好的交易都会强调纪律，但是交易者一定要懂得让自己适应市场环境发生的变化。好学生会遵守课堂纪律，但是如果这节语文课临时换成了数学课，你不能傻乎乎地还抱着语文课本不换。

所以，投资者要根据市场的实际情况来设置移动平均线。但是，有几条移动平均线用得比较多，它们适用于绝大多数的市场、品种和时间架构，可以把它们加入你的图表中去。

这几条移动平均线就是 20MA（15MA、26MA）、50MA（60MA）、200MA，括号里是经常用到的合理替代。

提示

将支撑和阻力视为图表上的区间（而不是线条），也适用于动态 SR，比如移动平均线。

那么，如何把移动平均线画成一个区间呢？

答案是画出用区间表示的移动平均线。

正常的移动平均线是用收盘价计算的，比如，5MA=（收盘价 1+ 收盘价 2+ 收盘价 3+ 收盘价 4+ 收盘价 5）÷ 5。

现在，只要把收盘价分别改成最高价和最低价，就可以画出一条 "移动平均带"，如图 1.26 所示。

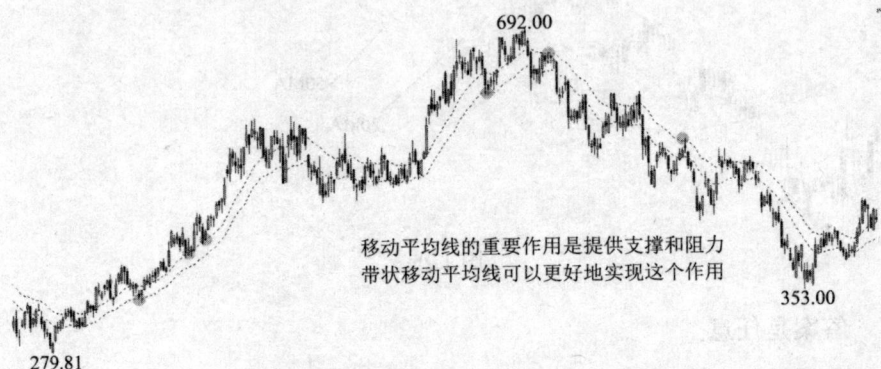

692.00

移动平均线的重要作用是提供支撑和阻力
带状移动平均线可以更好地实现这个作用

353.00

279.81

图 1.26

从图 1.26 中可以看到，"移动平均带" 比起单条均线能更好地起到支撑和阻力作用。

除此之外，还有一个特别好用的指标，可以给我们提供动态 SR，这个指标就是布林带，如图 1.27 所示。

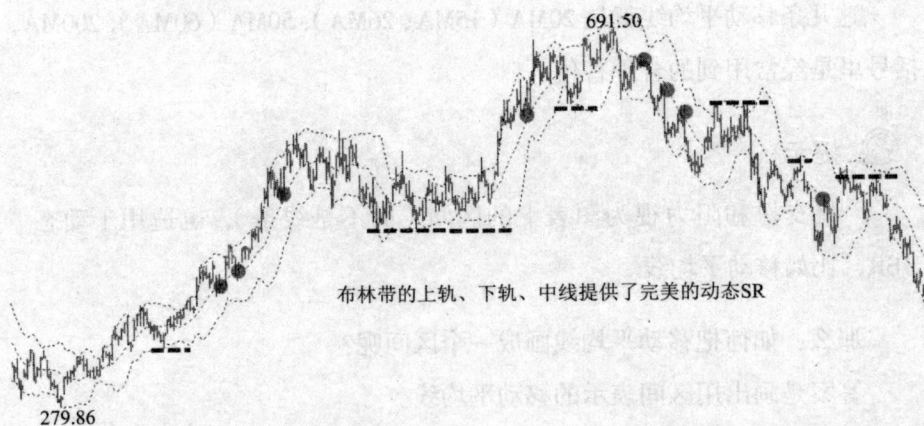

691.50

布林带的上轨、下轨、中线提供了完美的动态SR

279.86

图 1.27

从图 1.27 中可以看到，布林带的上轨、下轨和中线提供了很好的支撑位和阻力位。布林带是一个很强大的指标，在上涨趋势中，布林带的中线和下轨经常成为上涨趋势中回调的阻力位；在下跌趋势中，布林带的中线和上轨又经常成为反弹的阻力位。

顺便说一句，布林带的中线默认是 20MA。也有一些软件会把这个参数默认设置成其他数值，比如 26MA。建议大家设置成 20MA 就可以了。

4）任何支撑和阻力迟早要被突破

每一个支撑和阻力最终都是要被突破的，这仿佛成了所有支撑和阻力的"宿命"。只不过有一些支撑和阻力很难被突破，而有一些支撑和阻力可以在短时间内被突破。

这里有两条重要的规律。

第一条规律：越是长时间架构上的支撑和阻力越难以被突破，越是短时间架构上的支撑和阻力则越容易被突破。

图 1.28 所示是沪深 300 指数的月线图，我们可以看到一条重要的长期支撑线 S1 和一条水平的长期阻力线 R1。

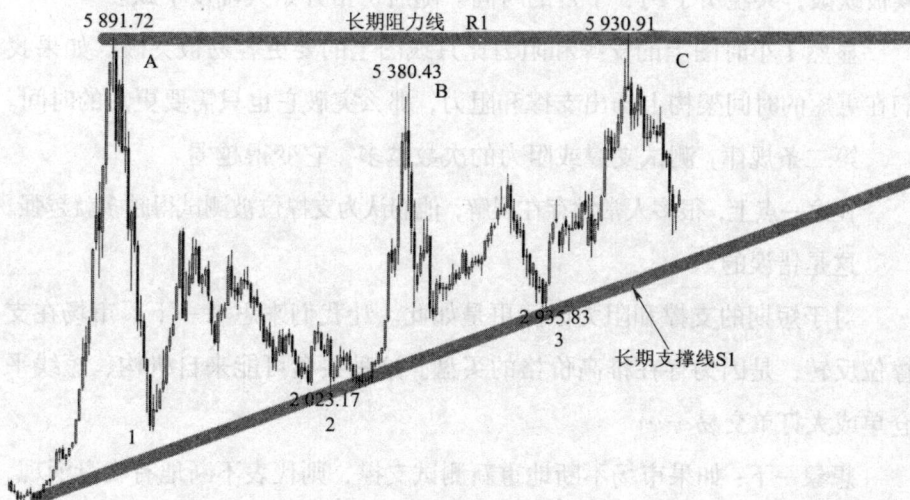

图 1.28

相信总有一天价格会向上突破。当沪深 300 指数能够向上突破重要阻力位 R1 时，也许 A 股市场就会迎来一波强劲的上涨走势。我们不知道这会在什么时候发生，投资者可以期待，但是时间必然会很长，时间单位是按月甚至年来计算的。

但是，我们来看 1 小时图，如图 1.29 所示。

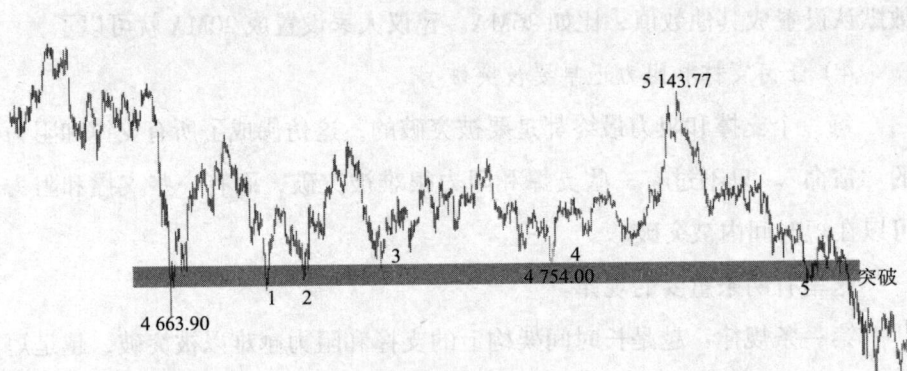

图 1.29

1 小时图上的这个支撑区间曾经挡住五次价格的下跌，到第六次的时候被跌破，共经历了约 5 个月的时间。随后价格开始大幅度下跌。

显然 1 小时图上的支撑和阻力比月线图上的要更容易被突破。如果我们在更短的时间架构上画出支撑和阻力，那么突破它也只需要更短的时间。

第二条规律：测试支撑或阻力的次数越多，它变得越弱。

在这一点上，很多人常常存在误解，他们认为支撑位被测试得越多就越强。这是错误的。

对于短期的支撑和阻力区间更是如此。让我们来思考一下：市场在支撑位反转，是因为存在推高价格的买盘。这种买盘可能来自机构、短线平仓单或大订单交易……

想象一下：如果市场不断地重新测试支撑，则代表不断地有卖盘涌现，这些买盘订单最终将被执行。当所有订单都被执行时，还剩下谁来买？

没错，存量的买盘会越来越少，当新涌现的买盘不够卖盘消耗时，支撑就会被突破。

我们也可以从形态上观察到这一点：更高的低点进入阻力位通常会导致突破的上升三角形，不断降低的高点进入支撑位通常会导致最终崩溃的下降三角形。

总之，如果不断有卖盘来测试支撑，这个支撑位就会越来越弱；同样，如果不断有买盘来测试阻力，那么，距离这个阻力被突破也就不远了。

6. 两种特别的移动平均线

前面提及了移动平均线，下面介绍两种特别的移动平均线。

1）赫尔移动平均线（HMA）

说到移动平均线，对于技术分析者来说，这真是一个很实用的指标，就像修辞之于作家、和弦之于乐手一样，虽然没有它也能写文章和作曲，但是总感觉缺少了层次。

移动平均线的妙处在于"光滑"，它通过平均法过滤市场"噪声"，让图表上那些价格的"毛刺"不再碍眼。

图 1.30 所示是贵州茅台的日线图。

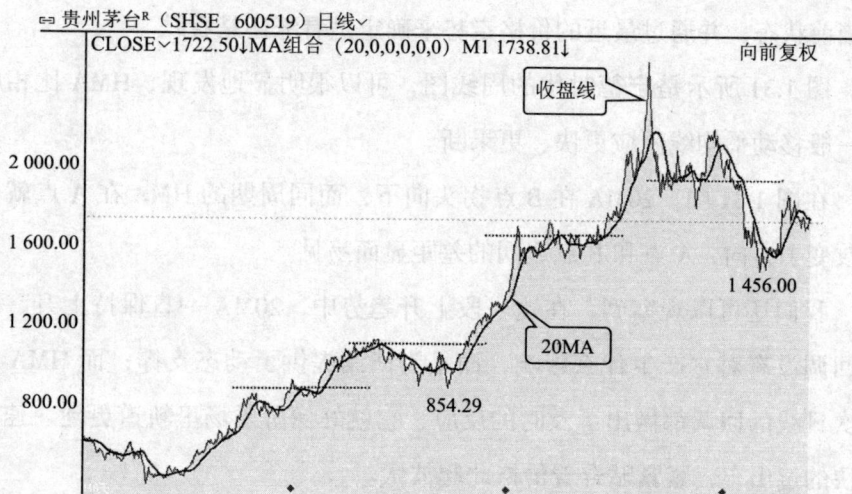

图 1.30

　　曲曲折折的收盘线能够"逼疯"任何"极简主义者"，但是，如果我们忘掉价格，只看20MA，就简洁多了。我相信，不用复杂的图形分析，仅凭肉眼也能看出这只股票的走势和进场点。

　　但是，使用移动平均线的人总有一种困扰挥之不去，那就是移动平均线的滞后性。当行情反转时，移动平均线总会慢几拍，周期越长的均线滞后的程度越大。这种滞后性让追求"及时"的交易者很不满意。

　　移动平均线有很多种类型，最基本的就是简单移动平均线（SMA）。

　　在所有的移动平均线中，滞后程度最大的也是SMA。指数移动平均线和加权移动平均线就是为了解决这一问题而开发的，它们更加强调最新的数据。但在很多时候，其效果并不能让人满意。

　　2005年，艾伦·赫尔开发了一种移动平均线，叫赫尔移动平均线（HMA）。

　　这种移动平均线确实比指数移动平均线和加权移动平均线的效果更好。赫尔移动平均线（HMA）试图最小化传统移动平均线的滞后性，同时又保持了移动平均线的平滑性。它是一个方向性趋势指标，用于捕捉市场的当前状态，并通过最近的价格走势来确定是看涨还是看跌。

　　图1.31所示是宁德时代的周线图，可以很明显地发现，HMA比相应的一般移动平均线反应更快、更果断。

　　在图1.31中，20MA在B点拐头向下，而同周期的HMA在A点就已经改变了方向，A点和B点之间的差距显而易见。

　　我们还可以观察到，在这一段上升趋势中，20MA一直保持上升，两次回调没有对它产生什么影响，而是为回调提供了动态支撑；而HMA对两次日线的回调都做出了及时的反应，它就好像游乐场里轨道更陡、速度更快的过山车，紧紧贴合着价格此起彼伏。

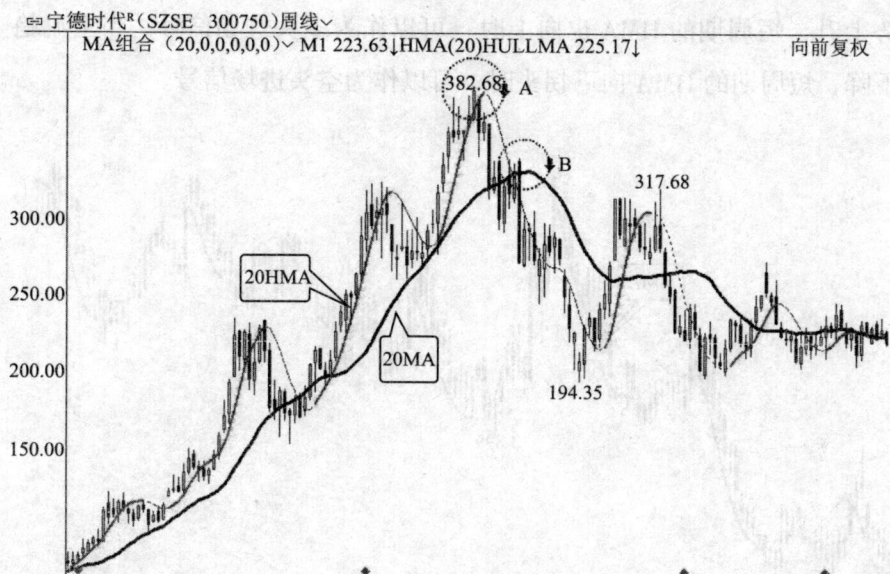

图 1.31

赫尔移动平均线如何计算

（1）计算最近 $n \div 2$ 期数据的加权移动平均（如果 $n \div 2$ 不是整数则取整），记为 MA1。

（2）计算整个 n 期数据的加权移动平均，记为 MA2。

（3）令 MA3＝（MA1－MA2）+MA1

（4）计算 MA3 在 n 的平方根周期的加权移动平均（如果根号 n 不是整数则取整），所得的结果即 HMA。

HMA 可以给我们指明市场的方向，并提供清晰的入场信号。

一个较长周期的 HMA 可以用来识别趋势。如果 HMA 在上升，那么当前的趋势就是上升，这表明建立多头头寸可能更好；如果 HMA 在下跌，那么主流趋势也在下跌，这表明建立空头头寸可能更好。

如图 1.32 所示，短周期的 HMA 可以作为投资者的入场信号。当主流趋势上升，短周期的 HMA 也向上时，可以作为多头进场信号；当主流趋势下降，短周期的 HMA 向下拐头时，可以作为空头进场信号。

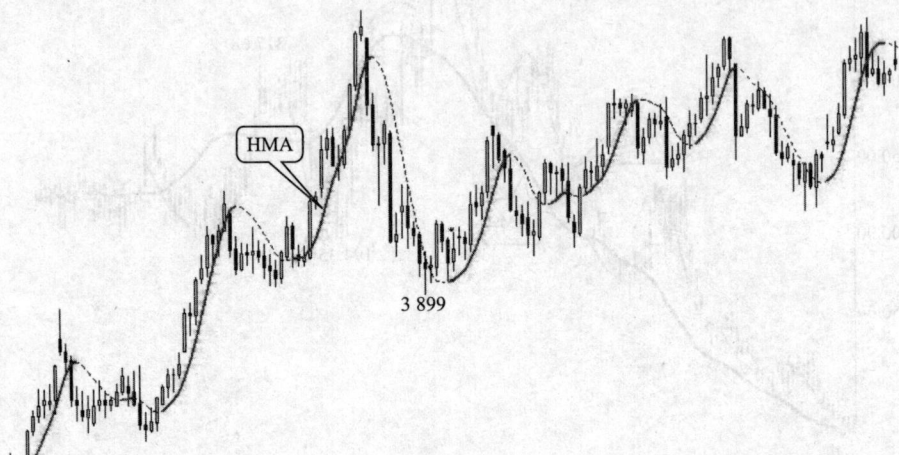

图 1.32

2）T 线

T 线就是 8 日指数移动平均线（EMA）。

T 线是由里克·萨德勒在 2004 年创造的。里克有一个博客叫"打了就跑的 K 线"。他的网站有一个交互式的在线交易室，里克是版主。里克把他的图表上的均线设定为 8 周期的 MA，他称为触发线，简称"T 线"，他注意到一些事情。

里克写道："在长期糟糕的交易决策和明显失败的策略之后，我知道必须做出改变。这时我注意到 T 线连接了给定时间框架内的上升趋势的低点和下降趋势的高点。我还意识到，它充当了交易进出的触发线或交易线。在我的图表上绘制了 T 线之后，我注意到，如果一只长期股票在 T 线之上收盘，那么，股价继续上涨的可能性很大。在下跌趋势中也是如此——如果一只股票收于 T 线以下，并保持在 T 线以下，那么，它将继续当前的下跌趋势。于是，T 线诞生了！"

关于 T 线交易，里克继续写道：

"T 线可以应用于所有的交易计划和投资策略，它可以在任何时间框架
内运行。我发现，对于长期交易者来说，当交易较短的时间框架（比如每日、
每周和每月的图表）时，它是最有效的。T 线可以用于 15 分钟、30 分钟
和 60 分钟的图表（特别是对日内的波段交易者），但在 1 分钟或 5 分钟的
图表上就不那么可靠了。"

没错，T 线极有利于波段交易者，无论是短线还是长线。

图 1.33 所示是宁德时代的周线图。可以发现，当价格收盘在 T 线之上
时，后续继续上涨的概率很大；当价格跌破 T 线，并在其之下收盘时，价
格延续下跌的概率很大。

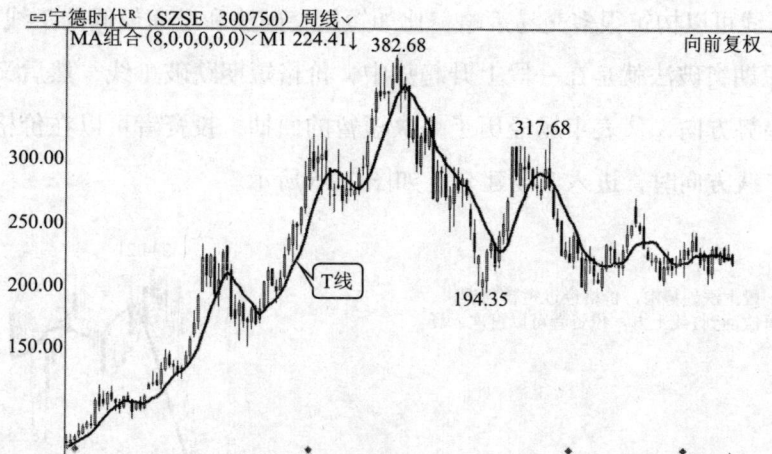

图 1.33

图 1.34 所示是宁德时代的日线图，可以发现 T 线对趋势的跟踪比较紧
凑，无论是上涨还是下跌，都能及时发出信号。

值得注意的是，图 1.34 中有一段盘整，T 线不断发出反复穿越的信号，
这种情况也是移动平均线的通病。用一个指标包"打天下"是不可能的。

宁德时代ᴿ（SZSE 300750）日线∨
MA组合（8,0,0,0,0,0）∨M1 283.57↓

图 1.34

T线可以构筑很多交易策略，比如短期突破法和最高最低价T线法。

短期突破法就是在一段上升趋势中，价格短期跌破T线，然后又迅速拉回趋势方向，代表市场经历了一次短暂的回抽，投资者可以在价格再次回到T线方向时，进入市场建仓，如图1.35所示。

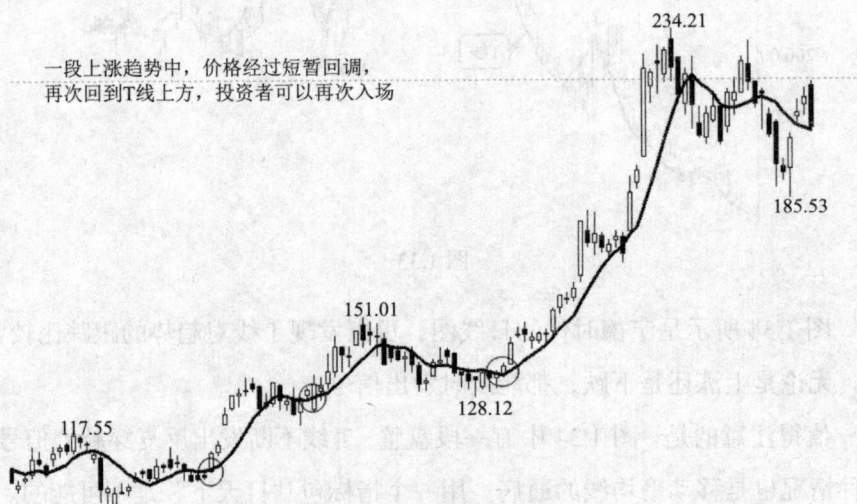

一段上涨趋势中，价格经过短暂回调，
再次回到T线上方，投资者可以再次入场

图 1.35

最高最低价 T 线法是为了应对围绕 T 线的来回随机穿越，把用收盘价计算的 T 线用最高价和最低价两条线代替，如图 1.36 所示。

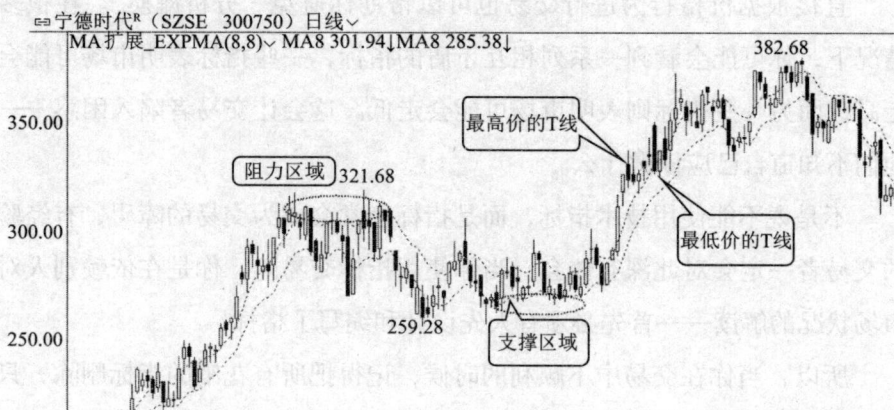

图 1.36

两条线的 T 线可以比单线更好地描绘趋势，并且过滤掉频繁的穿越，最低价形成的 LT 线可以为价格提供支撑，最高价形成的 HT 线可以在下跌波段中提供阻力。

7. 干干净净的交易

K 线与支撑和阻力是价格行为交易最重要的两种工具。在前面，我们反复强调了这与使用各种指标的技术分析是有区别的。

技术指标可以做得非常华丽，它可能是叠加在 K 线图上的一条线，也可以以一种特殊的方式突出预定义的条件——它可以改变图表的背景颜色，或者在满足特定标准的特定 K 线下画出彩色点；有些人甚至在图表上画了一个明显的"买入"或"卖出"箭头。

但是，任何华丽的技术指标，其标记的颜色越多，就越偏离市场的本质——价格。投资者经常遇到的一个问题是指标的时滞因素。当指标所指向的市场走势已经显示出来时，大部分走势可能已经结束了。这样的交易通常会让人沮丧——追逐自己的尾巴。

所以，为什么不走捷径，跳过中间环节，直奔源头呢？不如学会直接阅读市场的价格行为，你就可以接近市场的底层。

直接根据价格行为进行交易也可以帮助你避免"分析瘫痪"。在很多情况下，你可能会看到一系列相互矛盾的指标，一些指标表明市场可能会走高，而另一些指标则表明市场可能会走低。这会让交易者陷入困惑——他们不知道自己应该做什么。

不是说不能使用技术指标，而是指标经常会成为交易的障碍，有经验的交易者一定会对此深有体会。当你使用指标交易时，你是在依赖别人对市场状况的解读——首先必须有人先设计和编写了指标。

所以，当你在交易中不顺利的时候，记得把所有花哨的指标删除，只看最简单的 K 线、支撑和阻力、移动平均线试试。

1.2　交易者的自我定位

> 财富在很大程度上是习惯的结果，你在生活中做的那些小事为你的长期成功奠定了基础。
>
> ——约翰·雅各·阿斯特

刚开始从事投资的人，最初的心态往往是感觉忐忑。

其一是害怕风险，担心亏钱。

其二是投资者的潜意识里都藏着想一个想赚"大钱"的因子，此谓之贪婪。贪婪的情绪十分强大，一旦时机成熟，贪婪就会萌芽。

有过吃亏经验的投资者懂得警醒，但想要杜绝，却是万万不能的。

以上两者相加，是为"怯勇"，或可称为贪婪与恐惧，这是一种既好又坏、既有用又有害的情绪。投资者的一生都在与"怯勇"的情绪作斗争。

贪婪本身并无大错，想赚钱的想法并不邪恶，追求美好生活是人类的本性。

但是，如果在"赚大钱"的前面再加上三个字——短时间，那就有问题了。

因为概率实在是很低。就如同买彩票，中大奖的概率渺茫，以至于人们会把其当作一种命运的眷顾。

如果投资者在投资生涯中时刻抱着"短时间赚大钱"这种一夜暴富的思想，反而会成为赚钱的阻碍。

事实就是这样的，我们想赚钱没有问题，如果我们越是想快点赚钱，越是想快点儿赚到大钱，反而，就越是赚不到钱甚至可能会因此亏钱。

我们的欲望超越了市场现实，市场就会惩罚我们。

市场当中绝大多数的行情都是无法让你在短时间内就赚大钱的。这就带来一个问题：如果我们时刻抱着"这单一定要大赚"的心理来做投资，反而会让我们失去很多本来应该到手的利润，带来很多不应该承受的风险。

对于投资者而言，那些唾手可得的小利润才是日常，对其视而不见，反而去追求那些概率很低的一夜暴富的机会，在笔者看来是非常愚蠢的。就像网络上遍布着很多教别人如何去抓住黑马的攻略，但是真正抓住黑马并且改变了人生命运的人屈指可数。

笔者的观点就是，在市场当中投资，真正应该关注的是那些就在身边可以抓住的小利润，积少成多地改变我们的生活。这些身边的小利润就是我们投资生涯中的日常，要学会抓住它们，成为我们在每个交易日里的习惯。

正如约翰·雅各·阿斯特所说，"财富在很大程度上是习惯的结果，你在生活中做的那些小事为你的长期成功奠定了基础"。

毫无疑问，投资也是如此，在市场中的绝大部分时间里，我们需要累积那些小的利润，安心等待超级行情的到来。抓住这些小的利润，就像我们在工作之余做了一份副业一样。

1.2.1　成功投资的基本原则

> 衡量投资成功的最佳方法不是看你是否跑赢了市场，而是看你是否制订了一项可能让你达到目标的财务计划和行为准则。
>
> ——本杰明·格雷厄姆

本杰明·格雷厄姆是一位著名的投资大师，被誉为"价值投资之父"，他最擅长在不冒大风险的情况下在股市中赚钱，这一点让人心生敬佩。

格雷厄姆著有《聪明的投资者》一书，被巴菲特誉为"迄今为止最好的投资书籍"。现在，格雷厄姆和巴菲特的价值投资理念已经广为人知了——在任何一家有投资类书籍分区的书店里都能找到相关的著作，其流传之广，以至于很多投资者已经把它当成一种人所共知的理论。

坦白地说，我不止一次地听到一种说法，那就是价值投资并不适合中国市场。这种说法不乏各种论据，而且有些论据颇有道理，我就不再一一列举了。

价值投资适合中国市场吗？只能说，价值投资在中国市场上很多时候表现得确实不够理想。

但是，笔者想说的是，价值投资的理论并不是格雷厄姆在投资上的底层方法，其本质是格雷厄姆投资法在美国市场上的衍生和应用。

价值投资在本质上就像一款很厉害的手机 App，在某些应用（如拍照）上有着强大的功能，但其本身还是建立在安卓或苹果等系统之上的。

那么，价值投资的底层方法到底是什么呢？

格雷厄姆在一句话中道出了答案："衡量投资成功的最佳方法不是看你是否跑赢了市场，而是看你是否制订了一项可能让你达到目标的财务计划和行为准则。"

这句话阐明了一条成功投资的基本原则，那就是投资的第一步是明确目标，第二步是瞄准目标，制订达成这一目标的财务计划和行为准则。

成功投资的基本原则包含三个方面：投资目标、财务计划和行为准则。

这就是格雷厄姆投资法的真谛，只有通过设定投资目标，投资者才能明确自己想要什么，并据此确定最佳的投资策略。投资者把投资目标作为前进的方向和采取行动的动力。目标是里程碑，这种里程碑可以让投资者衡量投资行为的成功或失败。

这就好比我们在职场上工作，安稳地拿月薪直到退休与计划两年后跳槽单干，这两个目标下的现实行动是完全不同的。

大家想一想，在过往的投资历程中，你们真的有很明确的投资目标吗？有人说：我有啊！我的目标就是想赚钱，想买房子！这不是目标，这只是欲望，目标是一个很明确可以量化的东西。当然，这种量化需要符合市场的实际，笔者在后面会详细讲到。

总之，在投资中，我们只有首先明确自己想要什么，并把它变成一个可以量化的目标，然后才能够制订有针对性的财务计划和行为准则，以此来指导自己的投资行为，并对交易结果进行客观的解释和总结。

这就是笔者认为的成功投资的真谛，而失败的投资或多或少违背了这一原则。

1.2.2　你想在市场中赚哪一部分钱

"你想在市场中赚哪一部分钱？"一位老交易员问过我这个问题。那时候我对市场的理解一如我当时的年纪，迷茫而没有方向。

问我这个问题的是一位资深的老交易员，他曾经获得国外某届期货交易大赛的冠军，后来到中国发展，做对冲基金。那时候我还没有考虑过投资需要先有目标的问题，是他给我点破了这个迷津。

是他最早跟我说，在投资中，先要明确一个最基本的目标——你要知道应该赚市场的哪一部分钱。只有当我们明确了这个目标之后，才有了一个总的交易方向，在这个总的交易方向之下，再来明确自己的小目标。

他把投资者可以在市场中赚的钱分成三种，分别对应三种不同类型的行情。

第一种行情是趋势性的大行情，这种行情往往持续数年甚至数十年，代表着一种市场的根本趋势。投资者只要在这种行情当中持仓不动，甚至可以不断地增加自己的持仓，那么在经历了这种行情过后，投资者的财务水平会有一个质的跃升。巴菲特的"买入并持有"策略就瞄准了这种行情。

比如美国股票市场的 10 年大牛市，以及中国近 20 年的房地产市场，都是我们非常熟悉的例子。

后来我看到在一本国外的著作中把这种行情叫作财富行情，称以这种行情为目标的交易为财富交易。我觉得这个词语很好地定义了这种交易的目标——创造财富。

但是，财富行情并不容易捕捉，需要有前瞻性的目光和把握趋势的能力，对投资者的要求极高。

第二种行情叫作日常行情。同样是前面我提到的著作中把这种行情称为收入行情。这种行情是市场上最常见的，几乎每天都会发生，给很多全职交易员带来了日常的收入，供他们交家庭生活的账单。

收入行情不会让我们一笔赚到很多，但是经常有，我们无须把一种资产持有几年甚至十几年，而是在几天、几周甚至当天之内就可以完成一次进出，目标是抓住市场上一段相对确定的波动，一次交易的利润往往不超过投资资金的 10%，风险也被控制在一个很低的范围内。

第三种行情是那种在短时间内就可以获得巨大利润的行情。与所谓的财富行情不同，这种行情来得快，去得也快，在短时间内就能实现超额回报，所以，对很多投资者有着巨大的吸引力。

但是，这种行情的缺点就是风险大，而且变数多，往往是由投机的力量驱动的。想要抓住这种行情，运气占很大的成分，所以也被称作彩票行情——"斯人若彩虹，遇上方知有。"

如果一位投资者把所有的精力放在追逐彩票行情上，其实是得不偿失的，最终的结果可能是不但没有赚到钱，反而可能会造成很大的亏损，因为这种投机驱动的行情往往蕴含着很大的风险。

我们应该重点关注的是以上第一种和第二种行情，至于第三种行情，投资者不应该强求。这样做有助于投资者控制风险，并保持一个良好的心态。

本书的重点也放在第二种行情上，教会大家如何应付市场的日常，在自己的全职工作之余，赚到一些相当于副业收入的利润。华尔街的绝大多数交易员都属于这一类交易员。至于第一种财富行情，我们也会稍有涉及，但是不会详细探讨；至于第三种彩票行情，不在本书的讨论范围之内。

1.2.3　你是什么类型的交易者

如果你是金融市场的新手，那么，了解自己是哪种类型的交易者很重要。这使你可以定义交易策略的主线，以符合自己的交易偏好。

交易方式有数千种，但可以分为三个主要类别。

要想确定你属于哪个类别，请回答以下问题：当你看到下面的图 1.37时，你会怎么想？

图 1.37

（1）"市场在下跌，而且跌幅很深，可能随时反弹，这是做多并从反弹中获利的绝佳机会，甚至可能出现逆转。"

（2）"像这样的看跌反弹，除非疯了才会做多。这是下跌趋势！每次我一有机会，我都会做空。如果有反弹，那更好，我会得到更高的放空价格。"

（3）"市场下跌的信号很明确，但一切皆有可能。我觉得最好等一等，看看会发生什么，但我正在考虑上涨和下跌。"

如果你回答：（1）。

这说明你是一个具有"逢低做多、逢高放空"的潜在意识的逆转交易者，你对市场当前的看法常常有负面倾向。你会对市场的趋势发展保持警惕，会下意识地瞄准行情可能的转折点。

这种交易方式想要取得成功，并不容易。

你必须知道如何快速发现错误，并且迅速承认错误。新手交易者经常犯这种错误，他们会在账户数字变成亏损时变得麻痹。逆势交易需要很强的反应能力，而这是一种稀缺的能力。这种类型的交易者看到趋势出现再次延续的迹象时，就应该迅速退出。

这种交易方式想要取得成功，盈利时的利润必须足以弥补错误时的小亏损。

当然，如果你是一个天才交易者，每次都能够精准地把握行情的转折点，那就另当别论。不过，市场趋势的延伸总会维持一段时间，所以，即使是善于抓住转折点的天才交易者，也需要保持足够的耐心等待那一刻的到来。

如果你回答：（2）。

你是一个趋势交易者，习惯于顺应市场目前的走势交易，在潜意识里有追随潮流的趋势。

但是，你必须尝试优化自己的开仓位置。新手交易者往往倾向于认为，只要顺势而为，就可以随时开仓。这是一个严重的错误。因为任何行情如果过度延伸，危险就会随之集聚。

你必须很好地管理自己的风险，并对收益有一个令人满意的预期。如果你看到修正或可能逆转的迹象，那么你还需要能够控制不断向趋势方向进行交易的欲望。

趋势确实是你的朋友，但是请记住，这个朋友迟早会离你而去，每个趋势都有终点。

如果你回答：（3）。

你是一个突破交易者，趋势对你来说并不重要。最重要的是，当你看到潜在的利润时，会对可能出现的任何机会保持开放的态度。

在某种程度上，你是趋势交易者和逆势交易者的混合体。小心，新手交易者通常倾向于交易所有行情，这是一个错误。你必须能够使用自己的交易方式检测到值得入场的信号。并非所有信号都适合入场，你需要一些交易经验和模式来识别它们。

你的交易方式是什么？

一旦确定了自己交易风格，你就应该引导自己转向一种交易方式。

目前流行的交易方式包括剥头皮交易、日内交易、波段交易和持仓交易。选择一种适合自己交易风格的交易方式，对于长期的成功至关重要。

不同交易方式之间的差异取决于交易所持续的时间长短：剥头皮交易只持续几秒，最多几分钟；日内交易可持续几秒到几小时；波段交易可能会持续几天；持仓交易的时间从几天到几年不等。

新手交易者在选择最适合自己交易风格的交易方式时可能会遇到困难，但作为一名专业交易者，选择最适合自己交易风格的交易方式会让你有更多的机会获利，你必须这样做才能获得长期的成功。

剥头皮交易是一种快速的交易方式，最适合那些能立即做出决定的交易者。

日内交易是为那些喜欢在同一天开始和完成一项任务的交易者准备的。

波段交易是为那些可以放心持有一段时间再交易的人准备的。

持仓交易是一种长期的交易方式，适合那些对自己的选择有耐心和信心的人。

每个交易者都有自己的特点、偏好和个性。正因如此，你才能够定义自己属于哪种类型的交易者。没有一种交易风格或方法比其他任何一种交易风格或方法更好，重要的是找到适合自己的交易类型，然后多加练习。

我们列举了四种不同风格的交易，但是本书重点关注的是市场日常的行情波动，也就是所谓的收入行情。学习"买入并持有"交易更好的目标是巴菲特，剥头皮交易则需要交易者把大量的时间投入每天的交易中。所以，如果我们把投资当成一项副业，那么日内交易和波段交易应该是更适合交易方式。

1.2.4 日内交易、波段交易与"买入并持有"

下面再探讨一下日内交易、波段交易与持仓交易这三种交易方式。

1. 日内交易

日内交易是在短时间内（通常是一天）买卖资产的交易。因为 A 股市场实行的是 $T+1$ 交易制度，故而不存在真正意义上的日内交易。虽然有一些 $T+0$ 的 ETF 基金可以做日内交易，但是无法做双向交易（只能做多，不能做空），所以目前的日内交易主要集中在期货市场。

日内交易的问题是需要占用投资者较多的时间。很多成功的日内交易者将其视为一份全职工作，而不仅仅是在会议间隙或午餐时间匆忙完成的交易。不过，现在国内的很多商品期货都有夜间时段的交易，这让一些没有夜间工作的投资者在安静的夜晚拥有两个小时的交易时间。

日内交易的吸引力是不可否认的：在舒适的家中执行交易似乎比大多数朝九晚五的工作更令人感到舒适。然而，在实践中，散户投资者很难通过日内交易赚钱。

波动性是日内交易的关键。日内交易者依赖市场波动来赚取利润。他们喜欢资产的大幅度波动，无论这种波动的原因是什么，可能是因为一些正面或负面的市场消息，或者只是单纯的市场情绪。他们还喜欢流动性高的品种，因为流动性高意味着进出仓位不会对价格产生太大的影响。

日内交易者可能会在价格上涨时买入，如果价格下跌则卖空；在一天内多次交易同一只期货品种，这一次买入，下一次就可能卖空，利用不断变化的市场情绪。无论使用哪种策略，他们都在寻找一个交易日内可以抓住的价格变化。

2. 波段交易

一位真正的日内交易者会在每个交易日结束时平仓，一位波段交易者可能会持有几天甚至几周。随着股票价格上涨的时间越来越长，在波段交易中获利的机会就越来越多。

波段交易者的目标是捕捉市场中任何潜在价格波动的一部分。由于交易者关注短期趋势并寻求快速止损，所以个人收益可能较小（超过日内交易）。然而，随着时间的推移，持续获得的收益可以累积成具有吸引力的年度回报。

比起日内交易，波段交易试图捕捉一个更大的波动的一部分。这种交易方式基于这样的假设：市场价格很少直线运动，交易者可以在小幅波动中找到机会。波段交易者专注于市场改变方向的那个点，在这些"波段的来回摆动"中进入和退出他们的交易。

波段交易的盈利时机关键在于识别"摆动低点"和"摆动高点"。摆动低点是一个用来指代主要价格低点的术语，而摆动高点是一个用来突出主要价格高点的术语，如图 1.38 所示。

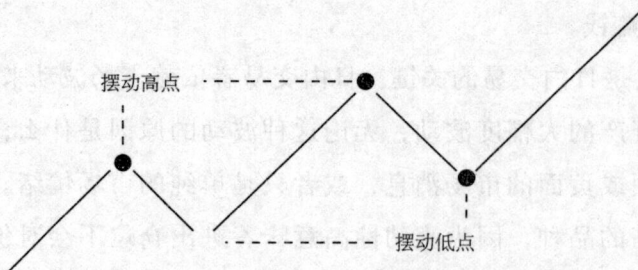

摆动高点 ⋯⋯⋯⋯⋯⋯

摆动低点

图 1.38

摆动高点是一段行情的主要高点，摆动低点是一段行情的主要低点。波段交易者要做的就是如何捕捉这些主要低点和主要高点之间的价格变动。

在上升趋势中，交易者会识别这些波段低点，并在价格向上移动的过程中买入（做多），然后在波段高点出现后卖出。在下跌趋势中，交易者会在价格从高点到低点的下降过程中寻求做空。

我们不可能预知每次波段的准确高点和低点，但我们的想法是尽可能多地捕捉价格波动。事实上，错过确切的高点和低点是很常见的，因为确认一个新的波段的到来是需要时间的。

3. 买入并持有

最普遍、看似明智的投资理念之一可以归结为"买入并持有"。

这种策略的基本想法是：当市场变得艰难时，不要被踢出市场；不要基于你的恐惧而卖出股票，而要保持长远的眼光，坚持到底。

有时候，这可能是一个很好的建议。例如，人们喜欢谈论早期投资苹果或亚马逊并持有到今天赚了多少钱。

他们指出亚马逊是如何一度下跌 90% 的（除了过去几十年多次下跌 30% 以上），但一个坚持到底的、有纪律的投资者现在将成为亿万富翁。

那是真实的。

但同样真实的是，亚马逊的表现非常罕见。事实上，我都可以告诉你 10 个股票崩盘且从未恢复的故事。

例如，诺基亚。

这是 20 年前世界上最大的手机制造商之一。年轻的投资者可能不知道这一点，但当时诺基亚占据手机市场的主导地位。它是一个新的蓝筹股，是未来几年的行业之王。

《财富》杂志在 2000 年夏天发行了"10 只可持续十年的股票"专刊，其中诺基亚排名第一。

然而，此后，诺基亚的股价一直下跌。

当市场变得艰难时，不要被踢出市场；不要基于你的恐惧而卖出股票，而要保持长远的眼光，坚持到底。对于"10 只可持续十年的股票"榜单中排名第一的股票，这个建议尤其适用，对吧？

结局呢？正如你从图 1.39 中看到的。

图 1.39

买入并持有，怎么样呢？

22 年下跌了 82%。

所以，在很多时候，"坚持到底"可能是一种糟糕的投资理念。即使是最有经验的交易者，在最好的时候也很难把握市场时机。

因此，"长期买入，闭眼持有"不应该再在股市中使用。

1.3　成功交易的规则

在前文中我们为读者讲解了几种重要的交易工具，好吧，我们只讲了K线、支撑和阻力。这并非吝于笔墨，而是在刻意保持克制，因为事实上交易并不需要多么复杂的分析工具，你不需要懂得微积分才能在市场中盈利，就像艺术家完成伟大的艺术作品，用的也只是简单的雕刀或画笔。

交易是"简单"的赚钱游戏，加减乘除就可以应付。那些经济学家、数学家在金融市场上并没有比一般人更具优势。真正的交易技术并不复杂，难度不会超过一张初中水平的数学试卷。

很多人进入市场，都经历过一段从简单到复杂，再从复杂回归简单的过程。经历过这一过程的交易者，价格图表在他的眼里已经"见山是山，见水是水"。

在绝大多数时候，我们不知道价格为什么会跌、为什么会涨，只是"跌就是跌，涨就是涨"。

但是，成功的交易需要遵循一定的规则，正是这些规则保护了交易者，让他们可以相对安全地参与市场投资。

成功的交易需要遵循五个规则，这五个规则被概括为"五个明确"，分别是：

（1）明确你的时间框架；

（2）明确你的开仓策略；

（3）明确你的退出策略；

（4）明确你的持仓规模；

（5）明确你的交易表现。

1.3.1　明确你的时间框架

交易的第一步是明确一个"主时间框架"。

这一点非常重要，因为这个"主时间框架"关系到你交易的节奏、持仓、风险控制等诸多关键要素。很多交易者到最后都没有明确自己交易的是"日线图"还是"1 小时图""15 分钟图"。

如果你不知道如何选择时间框架，那么不妨问自己一个问题——你打算持有一只股票多久？这将取决于你的交易风格和策略。

还记得吗？通常交易者属于以下三类之一。

（1）日内交易者：在很短的时间内（几分钟或几小时），从微小的价格变化中获利。

（2）波段交易者：目标可以是在几天到几周内完成的交易。

（3）持仓交易者：寻求更大的收益，并认识到实现这些收益通常需要超过几周的时间。

这三种类型的交易者选择的主时间框架是不一样的。

如果你自我定义是一位日内交易者，因为你交易期货，又不想承担持仓隔夜的风险，只想在交易日内做短线获利，那么你可以选择的时间框架是 1 分钟、3 分钟、5 分钟、15 分钟。

一般来说，"30 分钟图"是短线和长线的分水岭。短线交易者选择 30 分钟以下的时间框架来交易，30 分钟及以上的时间框架就是波段交易者和长期持仓交易者的领域了。波段交易者和长期持仓交易者也有一个分水岭，那就是日线图（也有人选择 4 小时图）。

如果你是波段交易者，那么你一般会选择 30 分钟图和日线图之间的时间框架；如果你是长期持仓交易者，那么你通常会选择日线及比日线更长的时间框架，比如周线，甚至月线。

日线图是我们观察一个金融产品行情走势的基础，你可以把它当成正常视野，比日线图小的时间框架就相当于用显微镜，可以看到更多的细节；比日线图更大的时间框架就好比坐在热气球上，虽然看不到那么多的细节，但是能看得更广阔。

举个例子：图 1.40 所示是股票"宁德时代"的周线图，我们看到该股刚刚走出了一根阴线（A→B），那么这个（A→B）在日线图上是什么样子的呢？

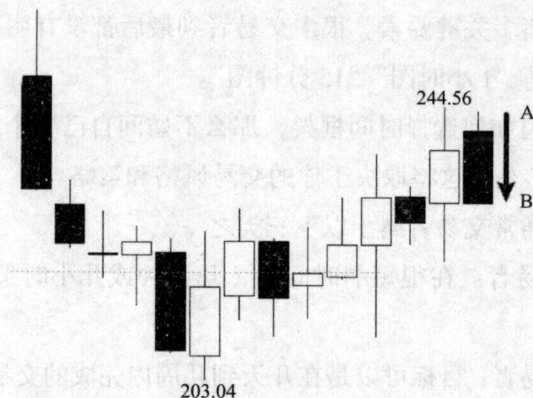

图 1.40

如图 1.41 所示，我们发现周线图上的一根 K 线变成了日线图上的 5 根 K 线。A 是一个摆动高点，目前该股的价格正在从摆动高点向下，走入一个下降波段。

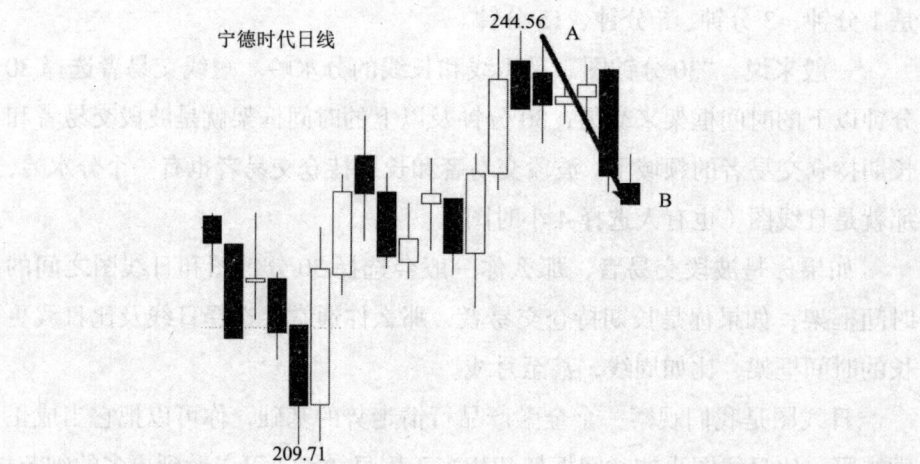

图 1.41

　　我们发现了什么？周线图上的一根 K 线在日线图上变成了一个波段。

　　我们再往下看：图 1.42 是宁德时代的 30 分钟图，（A→B）在 30 分钟图上变成了一个由几个波段组成的下降趋势。

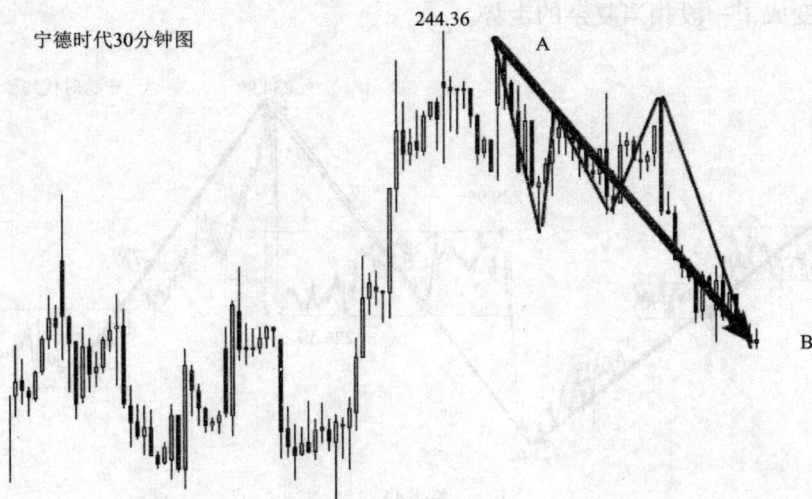

宁德时代30分钟图

244.36

A

B

图 1.42

　　如果我们再往下看呢？来看 5 分钟图怎么样（见图 1.43）？

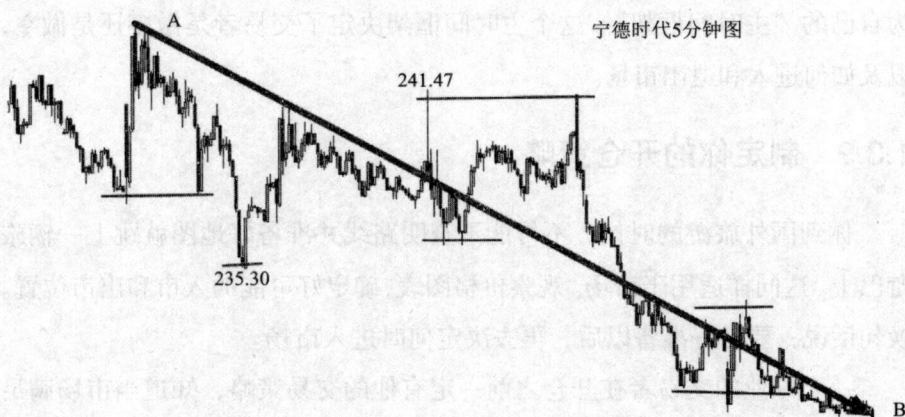

A

宁德时代5分钟图

241.47

235.30

B

图 1.43

　　从图 1.43 中我们看到的还是一个整体的下跌趋势，但是中间的曲折波动就更多了，这就好像把那根（A→B）的 K 线放在了显微镜下，时间框架越小，看到的内容就越多。

图 1.44 中的细节就更细致了，这是 30 秒图。一根周线图上的 K 线在这里变成了一段相当复杂的走势。

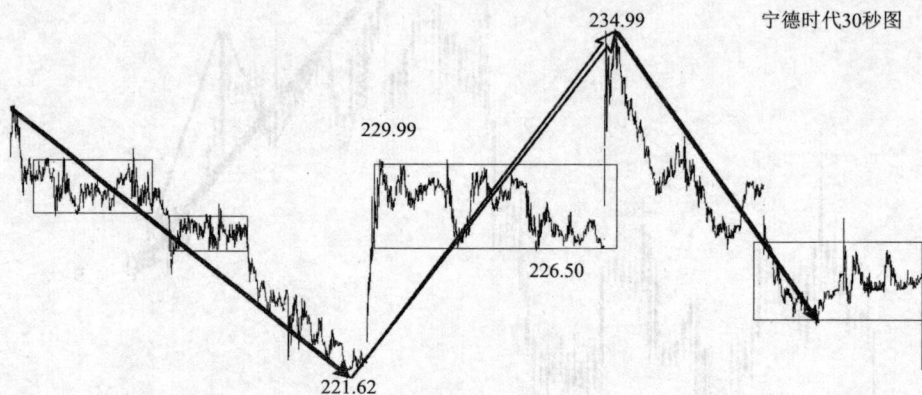

图 1.44

在交易中，投资者不要只看一个时间框架，应该从多个时间框架上考察市场。但是，我们要根据自己的交易风格和策略，选择一个时间框架作为自己的"主时间框架"。这个主时间框架决定了交易者是做多还是做空，以及如何进入和退出市场。

1.3.2 制定你的开仓策略

你到国外旅游的时候，不可能不查明路线并准备好地图就跳上一辆旅游巴士。这同样适用于市场。观察价格图表，确定好可能的入市和出市位置。换句话说，要做好准备以后，再去决定何时进入市场。

一个专业的交易者在开仓之前一定有他的交易策略，知道当市场满足什么条件时，他才会把宝贵的资金押注在上面。交易策略就是交易者在市场上的旅行指南，可以帮助自己到达目的地，以及处理意外到来的情况。

下面介绍三种典型的入场策略。

1. 关键点买入模式

关键点买入模式（趋势中的关键点买入法）是一种"在上涨趋势中买低，在下跌趋势中卖高"的策略，其有两个要点：一是正确地识别趋势；二是找到趋势中反弹或回调结束的信号。

图 1.45 所示是当前螺纹钢期货的主力合约 15 分钟图。我们看到目前价格处于一波摆动高点和低点被抬高的上涨趋势中。但是，我们不愿意在位置①处开仓做多，因为价格已经延伸上涨了一段时间，此时开仓可能会遇到回调，最关键的是没有理想的位置止损——L2 以下是最好的止损位，L2 以上都不是理想的止损位，因为很容易被回调触发。

随着我们的等待（见图 1.46），当价格上涨到 H3 之后开始回调，并在前一个摆动高点 H2 处受到支撑，形成了摆动低点 L3。然后在位置②处入场做多。大家注意到位置②处连续两根带下影线的小阳线了吗？走出了当年在火车站排队买票的感觉，我们也在此处抢票进场。

图 1.45

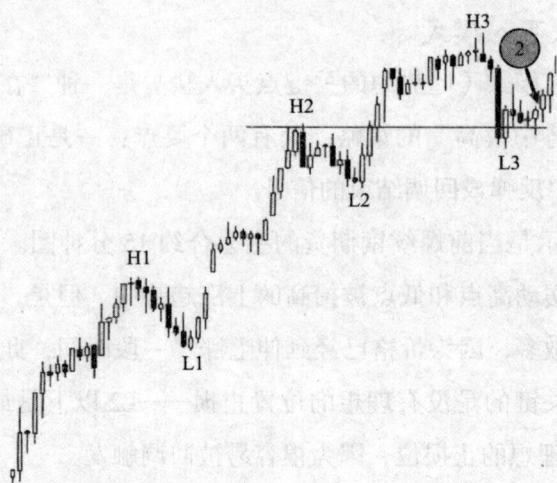

图 1.46

这种趋势中的关键点买入法是做波段交易最基本的方法。

步骤如下：

第一步是找到一个趋势，要么是上涨趋势，要么是下跌趋势，如图 1.47 所示。确定趋势是交易趋势波动的主要标准。可以使用前面说过的摆动高点和低点来确认，也可以使用其他方法，如移动平均线指标，要让自己对趋势有一个清晰的认识，尽管移动平均线在趋势刚开始形成的时候并没有发出趋势形成的信号。

发现趋势：上涨趋势或下跌趋势

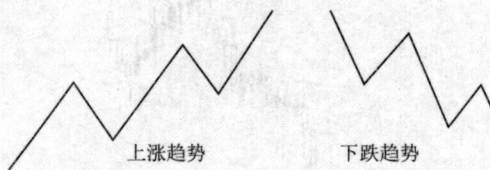

上涨趋势　　　　下跌趋势

图 1.47

第二步是在这个趋势上找到有效的交易点，如图 1.48 所示。这意味着在上涨趋势市场中找到较高的低点（HL），在下跌趋势市场中找到较低的高点（LH）。

1.发现趋势。
2.找到交易中的关键点：
HL——上涨趋势中的摆动低点；
LH——下跌趋势中的摆动高点

图 1.48

第三步是在趋势的交易点找到强有力的反转 K 线形态，如图 1.49 所示。这意味着在上涨趋势市场的较高低点（HL）附近寻找一个强大的看涨 K 线模式，如"锤子"，或看涨吞没形态，或任何其他强大的 K 线形态，这确认了市场上有很多人在和我们同行。

1.发现趋势。
2.找到关键交易点。
3.找到翻转K线形态，比如反转的锤子，或者吞没线

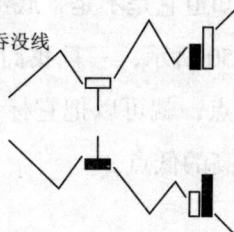

图 1.49

这就是在市场上交易的三个主要步骤，这种类型的交易策略有很高的机会赢得交易。因为当你通过遵循这三个步骤进入市场时，就意味着你已经在趋势运行的方向上开始了你的交易，所以，你实际上在和市场上的大多数交易者同行。在交易点的交易确保你处在一个合适的位置，这样你的止损就会变得很小，而获利的水平就会变得更大。

最后，一个强大的 K 线反转形态确认回调结束，表明市场将向你的交易方向移动。因此，无论你在何时开始交易，也无论你交易什么品种，这

些步骤你都应该牢记于心。

2. 123 反转模式

123 反转模式是一种交易反转的策略，在日内交易中经常使用。这种模式经常发生，如果能够及早识别，则可以帮助产生高概率、低风险的进入点，可用作盘中交易策略的一部分。

我们都想试着尽早识别反转，做多的位置尽量接近底部，做空的位置尽量接近顶部。学会识别这种模式可以帮助你做到这一点。

首先，让我们想想低谷出现在什么时候。

答案是事实发生之后。只有当一个更高的低点出现时，我们才发现底部已经出现了。

为了形成较高的低点，先前的低点必须作为支撑位，不能被突破。

使用 123 反转模式的交易员会在一个"低点"出现后把它标记为 1。此时我们不知道它是不是"底部"，除非价格后续上涨证明这一点。

如图 1.50 所示，一旦我们标注了点 1，就耐心地等待价格上涨，直到出现一个高点，就可以把它标记为 2。接下来，等待价格完成回撤，看是否会出现更高的低点 3。

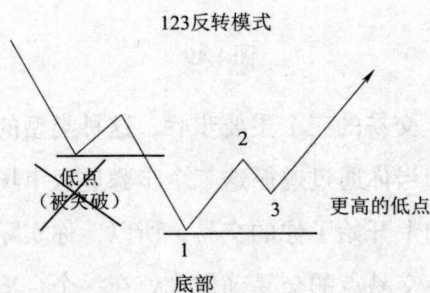

123反转模式

图 1.50

在标记点 1 之后，在我们耐心等待的整个过程中，把低点作为我们的心理止损水平来验证这种模式。如果这个低点（点 1）被突破，这种模式就没有发生。

一旦更高的低点 3 出现，把它标记出来之后，就代表这种模式生效了，市场允许多单进场了，如图 1.51 所示。

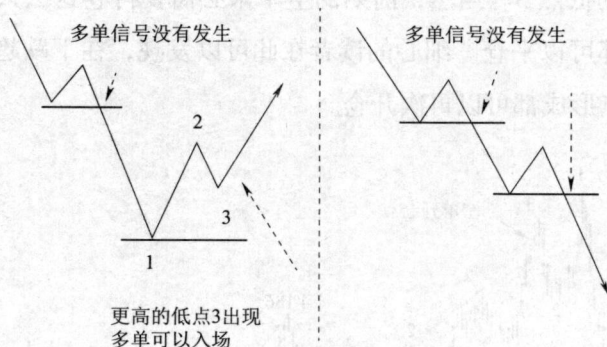

图 1.51

对于卖出（做空）的信号，我们只需把信号反转即可，如图 1.52 所示。

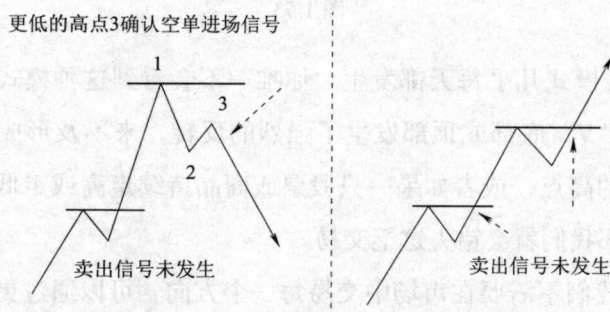

图 1.52

下面来看一个例子。

图 1.53 所示是螺纹钢期货主力合约的走势图。我们可以看到，开仓后螺纹钢的价格先是快速回落，然后拉高形成一个摆动高点 1，我们把它在图上标出来，然后等待价格回调形成低点 2；把点 2 标出来之后，我们就等待反弹，看看能不能形成一个比高点 1 更低的高点 3；在点 3 形成后，

空单就可以进场了。此时我们可以把止损放在高点 1 上方。

　　此后的每一个低点都标出点 1，反弹之后的高点标出点 2，但是此后一直没有形成更高的低点 3。足足过了一个多小时，我们才在图上看到多单可以开仓的低点 3。当然，前期的空单未必需要持仓这么久，每一次低点 1 出现后都可以平仓。细心的读者在此可以发现，在下跌趋势中，每一次更低的高点形成都可以再次开仓。

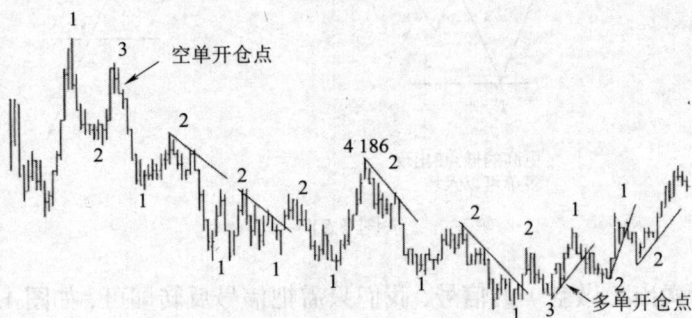

图 1.53

　　123 反转模式几乎每天都发生。你唯一不会看到这种模式的时候，将是如果一个"V"底部或顶部发生了强烈的反转，来不及形成一个较高的低点或较低的高点，或者如果一只股票或商品持续走高或走低，没有可交易的回调，那我们就会错失这笔交易。

　　此外，我们不需要在市场中交易每一个方向，可以通过更大的时间框架过滤一些逆势、胜率不佳的交易。例如，在 1 小时框架上是上涨趋势，我们就可以在 5 分钟框架上只找可以做多的"123 反转点"买入，而放弃空单，目的是不与更大的趋势逆向而行。

　　3. 突破模式

　　在交易中有各种各样的突破，这是一种用处非常广的交易模式。简单来说，突破就是一种价格高于前期的高点或低于前期低点的进场模式。

　　最常用的就是 K 线突破模式。

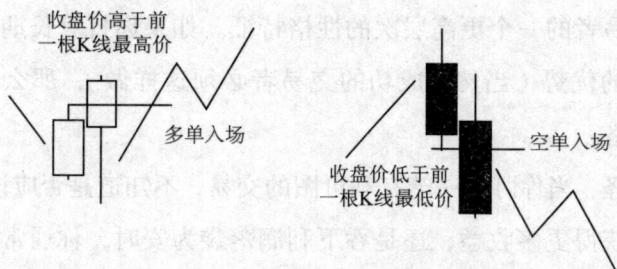

收盘价高于前一根K线最高价

多单入场

空单入场

收盘价低于前一根K线最低价

图 1.54

如图 1.54 所示，当 K 线的收盘价超过前一根 K 线的最高价时，就把它当作向上的突破；当 K 线的收盘价低于前一根 K 线的最低价时，就把它当作向下的突破。

K 线突破模式是一个非常简单且强有力的工具，非常有用，我们可以把它用在很多策略的构建中。但是，请不要把它单独作为一种策略，该模式最大的用处是在交易策略中作为触发点使用。对此，在稍后的章节中我们会有详细介绍。

除了"K 线突破模式"外，还有其他很多种可用的突破形态，比如支撑和阻力位突破、三角形突破等。这些我们都会在后面教大家如何利用交易策略盈利的时候介绍。

1.3.3　计划你的退出策略

从长期视角来看，退出策略比开仓策略要重要得多，因为交易者虽然无法控制一笔交易的盈利，但是可以控制一笔交易的最大亏损。

明白这一点对交易者而言意义重大。

但这并不是唯一的好处。想象一下，你严格地控制退出策略，即使发生亏损，也可以面色如常地从中走出来，心情平静地奔赴下一个目标。这对许多交易者来说似乎都是不可能的，但这不是童话。

能够控制自己的退出策略——在默认情况下，还有自己的情绪——是所有成功交易者的一个更高层次的性格特征。如果你打算长期参与这个游戏并运用你的优势（当然，成功的交易者必须这样做），那么你必须学会掌握退出策略。

毫不奇怪，当你盯着一笔有利可图的交易，不知道是否应该无视诱饵，继续持仓以获得更多收益，还是吞下利润落袋为安时，你通常会有这样的感觉。不幸的是，从长远来看，直觉交易通常不是一种很好的策略。

很多交易者都做不好卖出，以至于股市上流传一句谚语，"会买的是学生，会卖的才是老师"。从某种意义上来说，决定何时开仓交易是很容易的。当然，有很多分析要做，但是心理上并没有太大的阻碍。对大多数交易者来说，当涉及决定何时退出时就没那么容易了，"赚钱"的欲望会在很大程度上影响着你，当事情进展顺利时，想赚"更多钱"的欲望和害怕"利润消失"的恐惧都会产生相应的影响。

此外，在亏损的情况下止损退出则会让人感到痛苦——尤其是在你止损之后，价格逆转，又开始朝着你原先期待的方向前进的时候，痛苦翻倍。

关于这一点，你面对的最艰难的情境就是在一系列的亏损交易之后。想象一下：你连续亏损了 5 次——损失虽然不大，但仍然是亏损，其中一笔交易甚至在盘中是盈利的，然而行情反转让你最后在亏损的情况下被触发止损。这真令人崩溃！

好了，现在第 6 笔交易开始了，而且你有了利润。如果你是人类——考虑到之前的 5 笔交易——你很可能会急于在市场出现反转的最早迹象之前就兑现利润。毕竟，利润就是利润，不是吗？

交易者必须平衡自己内心的情绪，这就是难点！

如果想要实现你的交易系统的积极预期，那么你必须按照规则来做，按照你的系统规则来进入和退出。你不能在想要的时候就跳进、跳出，往往在这种时刻，墨菲定律会从天而降，可能你刚刚兑现了自己的小利润，价格走势就会继续朝着你预期的方向强劲地奔行——而你已经提前"下车"了。

这是人类的天性，也是退出策略如此重要的原因。我们要习惯用严格的退出策略来控制情绪上的随心所欲。

退出策略对于建立一个成功的、适合自己的交易系统至关重要，无论是交易股票、期货还是其他金融产品。交易者可以选择的退出方式有很多，有些简单，有些复杂，其复杂性在于卖出点的多样化，这是必要的，这样你就可以交易你面前的东西，实现你的目标。

你需要一种适当的退出策略，以确保你与你制订的交易计划保持在正确的轨道上。如果你不坚持计划，开始让情绪支配你的交易，那么它可能会对你的目标产生负面影响。

那么，我们应该如何在市场上有效地退出呢？

1. 初始止损与回报风险比

每笔交易都要有一个初始止损，这是单笔交易的最大风险。

初始止损的设置与两个因素有关：风险容忍度和回报风险比。

1）风险容忍度

如果你有较高的风险承受能力，则意味着你愿意承担更多的风险、接受更大的损失，以便潜在地获得更高的利润。如果你的风险承受能力很低，那么每次出现问题时，你的投资就会受到限制，但这有助于为那些不喜欢冒大风险的交易员提供内心的平静。

2）回报风险比

回报风险比率衡量的是从开仓位到止损和止盈之间距离的比率。例如，以 10 元的价格买入，止损放在 8 元，止盈放在 12 元，那么你的回报风险比就是 1 : 1。回报风险比衡量的是交易者用 1 元钱来冒险，可以赚到多少钱。

又如，假设你的进场点和止损点之间的距离是 50 点，进场点和获利点之间的距离是 100 点，那么回报风险比是 2 : 1，因为 100 ÷ 50=2。

【最低胜率公式】

当你知道交易的回报风险比时，你可以很容易地计算出最低胜率。公式如下：

最低胜率 =1÷（1+ 回报风险比）

如果你以 1 ： 1 的回报风险比进行交易，那么你的总胜率必须大于 50% 才能成为一位盈利的交易员，因为 1÷（1+1）= 0.5 = 50%。

回报风险比与胜率的关系见表 1.1。

表 1.1　回报风险比与胜率的关系

系统的历史胜率	回报风险比
25%	3 ： 1
33%	2 ： 1
40%	1.5 ： 1
50%	1 ： 1
60%	0.7 ： 1
75%	0.3 ： 1

从表 1.1 中可以看出，如果你使用的交易策略有 50% 的胜率，那么你至少需要 1 ： 1 的回报风险比；如果你的交易结果总是赚 70 点、亏 100 点，那么 50% 的胜率对你来说是不够的，至少需要 60% 的胜率，或者更高。

⊗ 特别提醒

如果你知道自己的胜率在 50% 左右，那么你仅做回报风险比为 1 ： 1 的交易是不够的，因为账户会非常不稳定，你必须选择回报风险比大于 1 的交易，比如那些回报风险比至少为 1.5 ： 1 或 2 ： 1 甚至更高的交易，以建立缓冲，加速你的账户增长。

所以，初始止损非常重要，它不仅关系到我们的单笔最大亏损，还关系到我们的账户是否能够长期盈利。初始止损必须与胜率和你的盈利空间（止盈）同时考量。

举个例子，告诉你在交易中正确的思考方式（这个例子非常重要，假如本书的其他部分你都没时间看，那么你能领会这个例子就够了）。

【一个交易中顺序思考的例子】

我现在开始交易，随便什么东西，可能是某只股票或黄金。

（1）明确交易的标的和风格，比如做股票的波段交易，持仓从几天到几周不等。

（2）选择一种可用的交易策略，比如 123 反转模式。

（3）估算该策略在所交易股票中的胜率是多少。有条件的可以用软件编程来复盘，没有条件的需要自己回顾一下历史图表，看看该策略在历史交易时间段内大概盈利和亏损的次数是多少。如果你实在估算不出来，就默认为 50%（随机数）。

（4）现在我们看到市场走出如图 1.55 所示的形态。

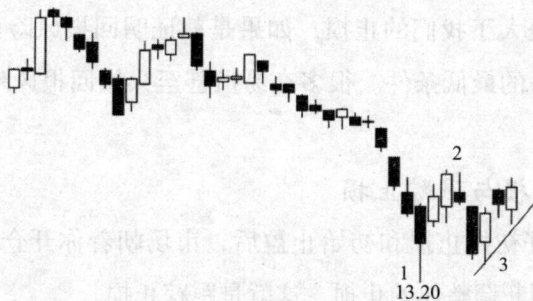

图 1.55

现在的价格是 14.35 元，止损放在"摆动低点 1"下面的 13.20 元。

这笔交易的最大风险是 14.35−13.20=1.15（元）。

（5）风险确定了，那么我们能在什么位置止盈平仓呢？

在图 1.56 中，我们看到两个阻力位可以作为止盈位。

第一盈利位：15.70，回报风险比为（15.70-14.35）÷1.15=1.17。

第二盈利位：17.50，回报风险比为（17.50-14.35）÷1.15=2.74。

（6）评估一下，50%的胜率至少需要1∶1的回报风险比，这笔交易无论是第一盈利位还是第二盈利位都可以做。

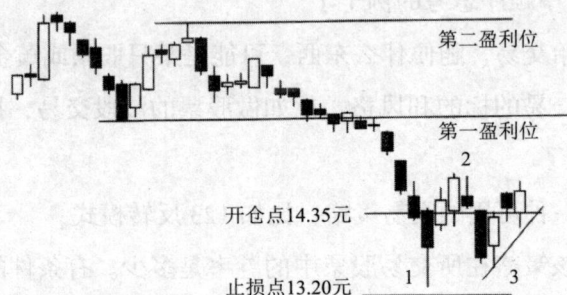

图 1.56

（7）下单。

大家看明白了吗？在实际交易过程当中就是这样思考的，看似非常复杂，但习惯之后也就是一瞬间的事儿。一种快速的思考方式就是看最低的盈利空间是不是大于我们的止损，如果是就证明回报风险比大于1。这是我们做这笔交易的最低条件。很多交易员甚至只做回报风险比大于2甚至大于3的交易。

2. 持平止损与跟踪止损

当你设置好初始止损和初始止盈后，市场朝着你开仓的方向运行时，你要做的就是不断调整你的止损，这就是跟踪止损。

一系列跟踪在当前价格后面的止损点就是跟踪止损，它们可以基于一个落后于市场的固定价差（如50点），也可以基于一个技术指标（如移动平均线）如今，交易者往往更倾向于采取价格行为来退出市场，但移动平均线仍有一定的优势——尤其是对某些交易风格的交易者而言。

跟踪止损可能让交易者在情感上容易接受。就像初始止损是根据你满意的风险参数来保护你的初始仓位一样，跟踪止损可以在市场波动时将这些风险参数转化为实时头寸保护。

跟踪止损的第一步，也是最重要的一步是"持平止损"。

顾名思义，一旦市场向有利于你的方向发展，你就可以将止损点提高到收支平衡（原始入场价格）的位置。例如，我们的初始风险是 1R，一旦我们的利润达到 1R，就可以把止损位移动到开仓的位置，如此一来，此后无论市场如何波动，我们都不会再亏钱了。

所以，优秀的交易者只在开仓的时候有风险，一旦拥有一定的利润，他们就再也没有风险了。

1.3.4 确定你的持仓规模

交易成功的一个关键因素是在每笔交易中持有适当的仓位规模。持仓规模是指在一笔股票交易中持有多少股份，在一笔期货交易中持有多少合约，或者在外汇市场上交易多少手。仓位大小不是随机选择的，也不能因为你信心十足就多买一点儿。相反，仓位大小是有讲究的，合适的仓位会让你冒适当的风险。

我们在这里介绍一个简单的数学公式，这有助于控制风险，并使所承担的风险的回报最大化。

有三个步骤来确定合适的仓位大小。

1. 头寸规模策略第一步：确定账户风险

不管你的账户是大是小，里面有 1 万元还是 100 万元，总之，一笔交易不应该让你的交易资本承受超过 1% 的风险。在一个 1 万元的账户上，交易的风险不要超过 100 元，这意味着你需要交易一个小额外汇账户。如果你的账户里有 100 万元，那么每笔交易的风险可以是 1 万元。

为什么这么保守，只冒 1% 的风险？因为即使是伟大的交易者也可能经历一连串的亏损，这在交易中太常见了。但是，如果将每笔交易的风险控制在 1% 以下，即使连续亏损 10 次（这是非常罕见的），你的资金仍有原来的 90% 以上；如果你在每笔交易中承担 10% 的风险，连续亏损 10 次的结果可能让你无法承受。

此外，仅冒 1% 的风险也有助于避免最终损失远超预期的灾难情景。止损单并不能保证以指定的价格成交。在价格波动或隔夜跳空的情况下，可能会损失超过 1%（称为滑点）。如果只冒 1% 的风险，那么，当遇到这些极端市场情况的时候，只会亏 2%、3%，这很容易恢复。但是，如果单笔交易要冒 10% 的风险，那么，一旦碰到这样极端的市场情况，可能会抹去你一半，甚至几乎所有的资金。

如果你的账户较大，比如有 100 万元，单笔 1% 的风险就是 1 万元。你可能不希望冒这么大的风险。这没有问题，你可以选择一个小于 1% 的固定金额作为账户风险值。例如，你可以保守地选择只冒 1 000 元的风险。

你账户的 1% 是多少？这就是你的账户单笔风险。

2. 头寸规模策略第二步：确定交易风险

刚才说过，每笔交易都必须设定一个止损水平。止损指令位于正常市场波动范围之外的合理位置，如果被触发，那么我们的交易方向就是错误的（至少目前是这样的）。

你需要考虑交易风险，以便下一步确定合适的仓位大小。假设你以 15.2 元 / 股的价格买入股票（00001），将止损放在 14.8 元 / 股，那么每股股票的交易风险就是 0.4 元。

如果你交易的是期货合约，就按照期货合约的点值来计算。例如，你以 2 690 元 / 吨的价格买入玉米期货，将止损放在 2 680 元 / 吨，玉米 1 手合约为 10 吨（点值），那么每手合约的交易风险就是（2 690–2 680）× 10=100（元）。

3. 确定合适的开仓规模

现在知道了你的账户风险和交易风险，由于每笔交易的交易风险都会波动，而你的账户风险也会随着账户余额的变化而波动，因此你的头寸大小在每笔交易中通常都会有所不同。

我们可以根据以下公式来计算你的股票开仓大小。

账户风险 ÷ 交易风险 = 股票仓位大小

假设你有一个 10 万元的账户，这意味着每笔交易可以冒 1 000 元的风险（1%）。如上例，你以 15.2 元 / 股的价格买入股票（00001），将止损点设在 14.8 元 / 股，那么每股股票的交易风险价格区间就是 0.4 元。

股票仓位 = 1 000 ÷ 0.4=2 500（股）。

那么，2 500 股就是你理想的开仓规模，因为根据你的止损，风险正好是你的账户金额的 1%。交易成本是 2 500 股 ×15.2 元 / 股 =38 000（元）。你的账户里有足够的钱进行这笔交易，所以不需要杠杆。

我们可以根据以下公式来计算你的期货开仓大小。

账户风险 ÷（交易风险 × 点值）= 合约持仓量

还以上述的玉米期货为例，仍然假设你有一个 10 万元的账户，每笔交易可以冒 1 000 元的风险（1%）。

期货仓位 = 1 000 ÷（10 × 10）= 10（手）。

玉米期货当前每手的保证金大约是 4500 元，买入 10 手需要 45 000 元，资金足够了。

这三个步骤为你提供了任何市场和任何交易的理想头寸大小。当日交易时，你只需要在交易时快速计算你的仓位大小。而且这种方法特别适用于波段交易者和日内交易者。因为这两种交易开仓更加频繁，也更需要严格的资金管理。

1.3.5　想好你的交易表现

你的交易是赚钱还是赔钱？

无论如何，最重要的是，你必须知道为什么。

查看交易历史来计算理论交易预期，也就是每笔交易的平均收益（或损失）。首先要确定交易中盈利和亏损的比例，这就是所谓的胜率；接下来，计算盈利交易的平均收益和亏损交易的平均损失；然后把它们相乘，就得出了每笔交易的平均收益和每笔交易的平均损失；最后，用前者减去后者来确定交易预期。计算示例如表1.2：

表 1.2　交易盈亏计算表

	盈利的交易	亏损的交易	
盈利 / 亏损比率	40%	60%	交易预期平均每笔 50 元
平均盈利 / 平均亏损	500 元	250 元	
平均单笔盈利水平 / 平均单笔亏损水平	200 元	150 元	

交易预期是正数，这表明交易总体来说是有利可图的。如果交易预期是负数，则代表你长期交易下来必然是亏损的，需要重新检视一下你的交易策略。

1.4　交易者的自我修养

1.4.1　你准备好交易了吗

交易正在吸引越来越多的人进入金融市场。数据可以证明这一点，尤其是年轻人，他们更期待本职工作以外的收入。但在很多时候，这种经历以失败和亏损告终。这就是为什么在开始交易之前，你需要知道自己是否适合交易。你可以问自己几个问题来帮助回答这个问题。

1. 你准备好接受亏损了吗？

刚进入市场的交易者经常会问：交易可以赚多少钱？

希望赚钱正是人们来到金融市场的初心，完全可以理解。但是，请在考虑可能的收益之前，先考虑你能接受多少损失，你需要确定你愿意损失多少。不要忘记交易是一项有风险的投资活动，并且当你在"新手村"期间，损失的可能性很大。训练有素的交易是要付出代价的。经验是要付出代价的。掌握任何一项技能都有一条学习曲线，交易也不例外。

当然，你能踏出这一步，就代表你愿意挑战自己。但是，在此之前，你一定要对即将面临的挑战和初期可能的亏损做好心理准备。

在金融市场上，亏损并没有错，重要的是不能让亏损超出你的承受能力。记住，你永远不应该、永远不要拿你所有的积蓄去交易。这样做会危及你的未来、你的生活水平，而且还会产生严重的心理后果。

在开始交易之前，你必须确定一个永远不应超过的投资金额。提前解决这个问题非常重要，以免在失去后受到情绪的影响。如果亏损达到此阈值，你就不会为自己的交易账户充值，而是暂停一下。甚至不要继续在模拟账户上进行交易，因为这会让你萌生想要存入更多资金的念头。

笔者的建议是，你至少熟练使用一项交易策略，并连续几个月获胜，才可以投入更多的资金。否则，你应该用小资金继续训练，暂时不要再投入更多的资金。

上面所说的特指股票和期货，基金的投资是一个例外，尤其是主动管理型的基金，因为基金的投资逻辑是你选择基金经理人帮你把握市场趋势。

总之，用你输不起的钱进行交易是疯狂的，你要为自己后续的成功保留足够的资金。笔者有一位朋友，刚开始进入股票市场的时候，仅仅投入了 3 万元，这大概是他存款的 10%。如此直到一年半以后，在他熟练地掌握了一套交易策略之后，才开始继续投入资金，但是投入的规模也不大。他的账户就在他的不断经营下，慢慢地增长了起来。到现在，他每年从事股票交易的收入已经超过了他的正职收入，但是他仍然没有辞职去做一个"以交易为生的交易者"，因为他感觉这样做会给他带来太大的心理压力。但是，把投资股票作为一份副业，不得不说他目前经营得很成功。

2. 你有时间学习和训练交易吗

参加一个所谓的网络课程培训，经过一周的学习和训练，学一些花哨的"战法"和"秘籍"，也无法帮助你在交易中获胜。市面上有很多此类的诱人广告，但你永远不应该被愚弄。一个推销员或培训师让你相信在他的培训课程结束时你将拥有成为成功交易者的关键，这只是一个贩卖梦想的骗局。

交易并不需要很长时间，但是交易员的成长需要很长时间。一旦你拥有了一种好的交易策略，每天在办公室里花几分钟时间就可以处理当天的市场，即使是短线的期货日内交易者，如果你仅把交易当作一份副业，每天也只需参与1~2个行情就够了。但是，交易的训练需要很长时间，你才能够真正熟练地使用一种交易策略，这需要很大的耐心。

你最多可以希望在几个月后开始赚钱？对于大多数人来说，这可能需要一年或几年的时间。首先，你必须学习交易的基础知识。这是在金融市场上取得成功所必需的知识。不要认为有大量的知识需要吸收，也不用再次到大学里回炉。任何想要学习基础知识的人都可以快速学到这些基础知识，关键在于你要知道哪些知识真正对你有用。

新手交易者经常犯的错误是开始寻找神奇的技术指标。在金融交易的世界里，你只需要那些常见的武器，以及对市场认知的常识。如果所有有经验的交易者都使用或多或少相同的交易工具，那是有原因的。你需要的是熟练使用"短刀"和"匕首"，而不是费力地寻找"倚天屠龙"和"霜之哀伤"。

最关键的是，你需要学会控制自己的情绪。真实账户会唤醒你潜意识里最糟糕的本能直觉。要学习如何控制它们，这是交易者面临的真正挑战。只有一个解决方案，那就是实施资金管理规则并永远不要违反。因此，成功的交易需要严谨和纪律。当你无论发生任何事都不会违反自己的交易规则的时候，你就开始走向成功了。

同样需要时间的是要找到正确的交易策略。正确的交易策略不仅仅是一种制胜策略，它还需要适合你的个人特点，比如你的交易风格、风险容忍度、可用时间等。每个交易者的交易策略都是特殊的，虽然可能使用同样的技术指标和分析方法，但在风险管理和交易策略方面都是独一无二的。

当然，刚开始时，你并不知道自己需要什么，你会去学习并参考别人的交易策略。但是，慢慢地，你就会形成自己的思路，然后找到与自己更加契合的交易策略。本书在后面的章节中会介绍一些交易策略，供读者参考。

构建一套属于自己的交易策略，然后不断地完善它和训练使用它，这是交易者成长的最快方式。

3. 你对交易有什么期望

还记得我们在前面说过的吗？在交易中一定要明确自己想要的是什么。

这是指你要有一个正确的期望。如果你进入市场的期望是在尽可能短的时间内赚到一个亿的"小目标"，那么本书不适合你，坦白地说，金融市场也不适合你。很多人都认为金融市场是让人暴富的地方，根本不是。对金融市场上赢或输交易者的数量曾有过真实的统计，金融市场不是一个巨大的"赌场"，绝大多数的交易是微利的生意。如果你无法想象或者还没有准备好接受这一切，就不要交易。

人们能靠交易谋生吗？也许有，但是绝大多数人做不到，这更像由少数培训师或经纪人创造的"乌托邦"。在金融市场上成功的交易者中，很少有人靠交易谋生。要靠它过活，你需要至少200 000～300 000元的资金，并且需要非常娴熟的技能和强大的控制自我情绪的能力——大多数人都没有。

即使你有钱尝试，也不要认为靠交易为生很容易。你必须能够承受财务压力，每月月底你可能没有任何薪水，甚至可能有亏损的压力。

进行交易的最佳方式是放空自己，不要期望任何东西。这就是为什么金融市场首先需要的是一种激情，一种让你高兴、让你想学习的动力。如果你只看到钱，那么你永远不会赚到钱。这就是交易的悖论。那些成功的人是不考虑金钱的人，他们将金钱视为一种工作的工具。他们的目标不是赚钱，而是坚持下去。当你在金融市场上持续存在时，你最终会赚钱。

1.4.2 交易中的纪律

你肯定听说过，要想在交易中成为赢家，就必须遵守纪律。

1. 什么是纪律

纪律就是遵守一系列规则。在交易中，这些规则是由你的交易策略决定的，它决定了你应该在什么位置买入、在什么位置卖出，这是一个行为指引。如果你得到一个看涨信号，那么你会毫不退缩地跟随它。如果你的策略告诉你削减仓位，你就应用这个规则。你必须按照自己的策略一步一步来。

新手交易者一定会遇到这样的情况：当你持有某只股票时，价格没有按照预期上涨，但是出于某些原因，你对这只股票信心十足。当价格下跌接近你的止损位时，你不想退出这笔交易，不想接受亏损，你觉得后市一定会上涨，于是暂停了你的止损，最后价格持续下跌，你的账户亏损了20%。而你原本的交易规则是只承担2%的损失，当你决定最终退出亏损的仓位时，为时已晚，这笔亏损需要很长的时间才能弥补回来。最关键的是，这会对交易者的心理造成很大的影响，一笔不遵守交易纪律的放纵交易，会毁掉一个交易者长期以来付出的所有努力。

新手交易者一定会遇到这样的事情，因为这就是我们共同的心理模式。只有经过训练，才能够重构出一种适合在市场中生存的、新的心理模式。

你的交易纪律是你真正需要维护的东西，它比任何一笔伟大的交易都重要。就好像一位明智的统治者一定会想方设法维护法律的权威与尊严，任何有身份和地位的人只要违反了法律，都必须受到制裁。只有这样才能维护一个国家的长治久安。

在交易中遵守纪律看似简单，但实际上非常复杂。

如果你是一个交易者，那么你可能已经意识到这一点。那是因为人们总有难以控制的感情用事。交易会让我们的情绪恶化，并使我们陷入其中。你的决定不再理性，当情绪主导你的行为时，你就开始随心所欲。问题在于，许多交易者都在寻找交易所带来的兴奋感和完全的自由。如果你沿着这条路走下去，你的交易就会总是吃亏。

真正的交易是很无聊的，一点儿也不刺激。严格遵守交易策略是很无聊的。你会有这样的感觉：在交易中失去自由，成为一台执行命令的简单机器，不再思考，不再在交易中感到任何愉悦，这很正常。交易纪律就是无聊，你越无聊越好。但是，新手在交易开始时通常是非常兴奋的，因为你跟随自己的直觉，不断地发现新的世界，你在每一次新的交易中跳入未知，刺激而又兴奋。一开始一切都很好，然后就形成了惯例，但仅此而已。在交易中遵守纪律是成功的唯一途径，这就是为什么许多交易者坚持认为心理学在交易中的重要性。

幸运的是，在交易中遵守纪律有很多好处，它能够让你真正地适应这个游戏，你可以在市场中稳定地获取收入，甚至对你的正职工作和整个生活都带来积极的影响。做一名交易员就像创业（这是很多人的梦想）。成为一名交易员就是成为一名自己的 CEO。

2. 走进交易的丛林世界

前文说过，在交易中心理因素至关重要，从某种意义上来说，一位交易者的心理决定了他是否能在这个行业里取得成功。这与很多新手交易者的认知不符，他们认为，在市场中赚钱取决于更好的技术、更强大的分析，或者更早一步的信息。其实这些都不是在市场中赚钱的必要条件。一位交易者成功的终极因素是他具备符合交易游戏的心理结构。

心理是个人在金融市场上大部分损失的根源。交易会加剧你的情绪，并促使你做出非理性的决定。情绪是交易者的敌人。如果你不能控制情绪，或者与它们和平共处，你就无法在金融市场上获胜。这就是必须应用资金管理规则的原因，这是防止你在交易中情绪化的唯一保护措施。

交易的目的是赚钱，金钱却是交易者的大敌。

法国里昂的神经认知科学研究人员的一项研究表明，人们会将金钱与生存联系在一起。所以，任何与金钱相关的游戏都能够激发人类生存的本能，让那些在远古社会人类因为生存挑战而铭刻在潜意识中的情绪控制我们。

就像在丛林中狩猎一样，能够赚钱的兴奋刺激了想象力。在所有类型的赌博中都发现了相同的情感模式，这就是人们对赌场和博彩趋之若鹜的原因。

交易的兴奋感甚至更加强烈。实际上，如果一个人通过努力工作获取了更多的财富，他就会体验到更多的个人满足感。而交易恰恰可以与工作联系在一起，因为它需要时间和某些品质才能成功。

对交易者而言，技术从来不是难点，真正的难点在于我们的内心、我们的情绪、我们潜意识中深藏着的东西。

正是这些情绪和潜意识中的恐惧、贪婪、不甘、侥幸……阻碍着交易者走向成功，这些就是我们最大的敌人。要在交易中摆脱这些情绪，就要做好心理建设，笔者把它称为交易者的自我修养。

1.4.3　心理学：交易者的敌人

1. 四种恐惧

自从人类住在洞穴里以来，就一直把恐惧作为一种生存机制。但在现代社会里，许多我们习惯于恐惧的东西在生活中已经不复存在了。

但是，当我们走进市场的时候，我们的祖先曾经在丛林中面对的环境和心态又回到了我们的身上。交易恐惧是导致交易者无法前进的常见原因之一，其根源就是金钱。

我们在潜意识里会把金钱和生存关联起来。对金钱产生情感依恋是很自然的，害怕失去金钱也是正常的。但在交易中，这种恐惧会损害你的决策。

如果不加以控制，那么它将会严重干扰你的交易。

恐惧会在你的交易中以四种方式表现出来。

- 害怕犯错。
- 害怕亏损。
- 害怕错过机会。
- 害怕盈利变成亏损。

交易者所经历的四种恐惧都源于与我们的祖先类似的生存压力。新入市的交易者都能切切实实地感受市场对其心理施加的压力，即使是那些沉浸市场多年的老交易者也不能完全克服。

1）害怕犯错

交易者对自己的分析没有信心，通常表现为害怕采取行动。交易者以一种不那么自信的方式进入交易，当市场开始波动和耍花招时，信心的缺乏变得更加强烈，于是交易者开始真的犯错，开始做出那些草率和考虑不周的决定。

交易者可能因不相信自己的技术分析等而过早地退出交易。这通常与其近期的遭遇有关，比如交易者刚刚经历了几次连续亏损，这一次他告诉自己不能再亏损了。这种恐惧会对交易者的决策能力产生毁灭性的影响。

害怕犯错的一个常见因素是，交易者可能会觉得对自己的家庭或其他重要的人负有责任。在一场痛苦的失利后，交易者会有强烈的内疚和负罪感。这种害怕面对你所爱的人的恐惧可能会让你缩短交易时间，甚至不能执行交易。你可能会更快地移动你的止损点，不是根据市场的变化，而是根据你的情绪过早地移动。如果交易对你不利，那么，在被这种恐惧抓住的时候，你可能开始报复性的交易，完全不顾自己的交易计划，其结果可能是灾难性的。

2）害怕亏损

这通常是那些不顾资金管理、重仓交易、无法应对损失的交易者最大的担忧。自相矛盾的是，交易就是拿钱冒险来赚更多的钱，而许多交易者还不够成熟，无法控制损失，或以一种他们可以接受的风险在市场中赚钱。

没有足够的对亏损的容忍度，交易者会对潜在的亏损感到恐惧，因为他无法承担失败的后果，其结果就是对进入市场的时机疑神疑鬼，总是因怀疑自己而错过了最好的时机。这是一个有害的习惯，会导致非常低的投资效率，无法拿到足够的利润。经历过这种恐惧的交易者对亏损的担忧要大于最终获得利润所带来的满足感。

由于害怕亏损，交易者往往会求助于第三方来解决，去寻找更好的导师、更好的指标、更好的系统等。事实上，在交易的时候，没有交易系统有百分之百的盈利保证。于是他们走上了一条错误道路，最终会带来更坏的结果。

因此，交易者必须提高自己对失败的忍耐力——如果你持仓过度，让你无法安眠，那就卖到你能睡着的程度。我们只能拿自己不害怕失去的东西在市场上冒险。

3）害怕错过机会

害怕错过机会是导致糟糕交易决策的另一个主要诱因。华尔街把这样的交易者叫作"FOMO"——错失恐惧症。

在投资中这种情绪很常见，当新闻或其他人谈论某样东西大幅上涨赚了很多钱时，很多人就会感到焦虑，心中感到错失良机的恐惧。因为其他人在投资的价格变化中赚了钱，而自己没有。

在交易中这种情绪也很常见，看到市场的强劲波动，就会说，"我就知道，我应该在那儿的!"然后跳进去，没有任何交易计划，市场的波动让你的交易压力变大。

因为害怕错过机会，所以，你也可能在市场没有任何迹象出现时过早进场，甚至逆势进场，然后长时间忍受持仓的痛苦；而当市场真正开始发动时，你反而可能因为长期的不堪忍受而过早出场。

4）害怕盈利变成亏损

交易者面临的最后一大恐惧是害怕看到自己的盈利被逆转、利润被吞噬。其结果是，持仓时间越来越短，最终只能赚到很少的利润。

这种恐惧导致交易者无法在正确的时间获利，眼睁睁地浪费了获利的良机。你必须有一种可靠的退出策略并坚持下去。你需要知道自己想从市场中获得什么，而不是只看自己可以做什么或应该做什么。

2. 如何克服恐惧

1）专注于你能控制的事情

在交易当中有太多的事情是无法控制的，但偏偏交易者最容易被这些无法控制的事情分散注意力、影响交易决策。

例如，价格的波动是你无法控制的，市场上传出的消息是你无法控制的，其他交易者的行为是你无法控制的……

而你能控制的是什么呢？交易计划是你可以控制的，资金管理是你可以控制的，选择交易哪只股票或哪个期货品种是你可以控制的……

总之，要把关注点放在自己可以控制的事情上，你要理解交易是一种概率游戏，你不可能在每笔交易中都赚钱，但是你需要维持自己在交易中的优势。

2）接受市场开出的"账单"

如何面对亏损是交易者的第一课。在很多情况下，人们倾向于拒绝承认失败，这导致他们不能坚决止损，从而让亏损越来越大。

这是一个严重的错误，会不可避免地导致资金的严重损失。价格并不总是会回到入场点，即使会，那也可能会在一周、一个月或一年后……具体取决于当前市场趋势。

如果不肯止损与过大的杠杆相结合，那么风险会更大。这种情况在期货、外汇、已经加杠杆的股票交易者中非常普遍，这也是大多数交易者亏损的原因。

如果不肯止损与亏损加仓相结合，那么风险会成倍增加。很多股票交易者喜欢在股价下跌时"摊平成本"，这种做法可能会让某笔交易扭亏为盈，但是从长期来看，这是毫无疑问的"投资失败之道"。

研究清楚地表明，交易的平均风险远高于平均回报。这是由于交易者拒绝接受他们的损失。在交易中，如果你不接受亏损，你就不可能长期获胜。

无论如何，请严格止损！哪怕你刚刚止损后，价格又回归到你的交易方向，你也应该严格止损，这是专业交易者的自我修养。

亏损是交易中难以避免的一部分。记住，止损就是市场开出的"账单"，这是不容拒绝的，不要耍小聪明试图逃过它，否则未来你会付出更大的代价。

如果你的风险管理在应用"回报风险比"方面做得很好，那么只需50%的胜率就足以在市场中长期盈利。记住，回报风险比必须高于1，在理想情况下至少为2。这是交易管理的黄金法则之一。如果善于应用这一原则，那么亏损的交易者将会少得多。

第 2 章 >>>>>>
期货

笔者一直以来认为，期货市场是一个属于交易者的真正的丛林，在这里存在一个完美的生态链，存在各种类型的参与者，有人在这里避险，有人在这里长期持有，有人在这里捕捉每日的市场波动，有人在这里吞噬周期……

日内交易者、波段交易者、长期持仓者、套利避险者……各种类型的参与者充斥着期货市场。期货市场同时具备"T+0"和"双向交易"。

这里的每一个交易日都充满了风险与机遇，人们追逐投资收益，乐此不疲。一位从事期货交易的朋友说过一句很有哲理的话："市场中的每一笔利润都是我们承担风险所带来的，所以优秀的交易者都会去寻找属于自己的风险。"

期货市场就是这样一个地方，一个让你凭借自己的技术去驾驭风险、捕捉收益的地方。

期货市场同样也是一扇窗户，推开它就能看见一个五彩缤纷的经济世界，黄金、煤炭、钢铁、铜、大豆、棉花、白糖、生猪……每一个期货品种的背后都代表着这个世界上的一块经济领域，代表着生活在全球各个地方亿万人的生计与财富。

2.1　期货，你知道这些就够了

在投资领域，比起股票和基金市场，期货市场的投资者要少得多，以至于很多投资者对期货及期货市场的了解也少得多。

但是，期货市场十分重要。

一方面，原油、铁矿石和各种农产品等大宗商品支撑着全球经济的方方面面，所以，期货交易者的视野往往会在日常交易中得以开拓，逐渐习惯于从宏观的角度来分析问题，而这对做好股票和基金等金融产品的交易也大有裨益。

另一方面，对致力于在市场中获取利润的交易者而言，期货市场是一个难得的可以在全周期获利的市场，投资者可以在大宗商品的上涨和下跌中参与经济繁荣和衰退的整个周期。

对我国的投资者而言更是如此，因为期货市场可以合法地进行双向交易，在这里，无论投资者是做多还是做空，都非常自由和便捷。而且与股票市场不同的是，期货市场采用的是 $T+0$ 的交易制度，这也让期货市场成为众多短线交易者的聚集地。

2.1.1　未来的商品

期货的英文是 futures，这个词本身还有"未来"的意思。在中文里，"期货"的"期"代表时间，"货"代表商品，"期货"就是未来的商品。

没错，可以这样理解期货，它代表的是未来的商品。买卖期货就是在交易未来的商品。这跟现货交易有很大区别。在现货交易中，买卖双方一手交钱，一手交货。

　　但是，如果买卖的是未来的商品，就不可能"一手交钱，一手交货"了。买家和卖家会约定好未来交货的时间、地点、商品的质量和规格，当然还有最重要的——价格。

　　双方商定好这些事项之后签订合同，这份合同就代表了未来的商品，这份合同就是期货（严格地说叫"远期合约"）。

　　所以，期货的功能就是让商人可以在未来某日，以商定的价格购买或出售资产。

期货的定义

　　期货可以理解为一种衍生品合约，交易双方在未来一个约定的日期以约定的价格购买或出售特定的商品、资产或证券。

　　期货合约，简称"期货"，在期货交易所进行场内交易，交易者需要开立一个可以进行期货交易的经纪账户。当期货合约包括买卖双方，当期货合约到期时，买方有义务购买和接收标的资产，而卖方有义务提供和交付标的资产。

　　早在 19 世纪中叶，美国的农民就开始用这样的方式来出售粮食。来自美国中西部各地的农民会前往芝加哥，在中央谷物市场上出售他们的粮食。在这个中央谷物市场里，农民可以出售现货，也可以跟买家签订合同，以期货的方式交易未来的粮食。

　　严格来说，当时美国农民签订的合同叫作远期合约，而期货特指可以在交易所转让的标准化合约，这种合约的规格都是由交易所统一制定的。但这只是细节的不同，远期合约和期货在本质上是一个东西，那就是买卖双方在未来某一特定日期买卖商品的合法协议。简而言之，远期合约和期货都是交易未来商品的合同，区别在于：远期合约是非标准化的，每份远期合约都是独特的；而期货是标准化的，其产品规格、交货时间等合约要素都由交易所统一规定。

今天，期货合约不仅应用于农产品上，而且存在于从原油到铁矿石，到贵金属，再到股票指数等很多商品上，它已经成为金融市场不可或缺的重要组成部分。

很多人人生中最大的投资竟然是期货

"交易未来的商品"这一商业形式其实在我们的生活中非常普遍。

有一个事实肯定出乎很多人的意料，那就是尽管很多人不知道什么是期货，可能听说过，但是不了解——但是他们人生或家庭中的最大一笔投资其实就是期货（严格来说，是远期合约）。

有人说："怎么可能?"

那么请问：你们买过期房吗?

很多人都买过，对吧?

没错，我们跟开发商签订合同，购买几年以后才能交付的房子，这不就是在交易未来的商品吗?

房子对绝大多数人来讲，都算人生中最大的一笔投资了，只不过属于场外交易的远期合约。目前世界上还不存在一个可以自由转让期房合同的交易所，因为房子很难标准化，不同地段、学区的房价都不相同。而原油、大豆、钢材这些商品更容易形成统一的产品标准。

在现实世界中，那些与人们的生活和经济发展息息相关、交易量庞大的商品几乎都已经走进了全球各个期货交易所，供世界各地的交易者买卖。

原油、天然气、铜、黄金、铁矿石、大豆、玉米、棉花、苹果、生猪……这些商品支撑着全球经济，它们在全球范围内大量交易。我们每天的基本生活都依赖它们——我们使用的电、吃的食物、穿的衣服、住的房子和出行的交通工具。

2021年，全球期货市场共交易了292.8亿份合约，同比增长14.6%。这是一个非常庞大的数字。而我国是全球商品衍生品交易规模最大的国家，

2021 年共成交了 73.92 亿手。因为我国毕竟是"世界工厂"，是原油、铁矿石等很多原材料和商品的最大需求和进口国。

2.1.2　大宗商品和干散货

我们经常在财经新闻中看到"大宗商品"一词，这个词具体是什么意思呢？

在金融投资市场，大宗商品泛指同质化、可交易、被广泛作为工业基础原材料的商品，如原油、有色金属、钢铁、农产品、铁矿石、煤炭等。包括三个类别，即能源商品、基础原材料和农副产品。大宗商品一般包括原油、煤、钢铁……

虽然商品和产品这两个术语经常被混淆，有时也可以互换使用，但在今天的交易者使用时，它们是不同的。

产品是差异化的，不同品牌的手机在外观、功能、价格和消费者认同上都差异极大，而生产手机的原材料就没有那么大的差别了。符合最低市场标准的商品不会增加任何价值，同样品质的商品，不论生产者是谁，都以同样的价格销售。

商品可以进一步分为两类：软商品和硬商品。

种植的、不能长时间储存的商品被称为软商品。如大豆、咖啡、白糖等。可以从地下开采或提取的商品被称为硬商品，如金属和原油等。

还有一种大宗贸易商们经常使用的分类：初级商品和次级商品。

初级商品是从自然资源中直接提取或开采的，它们来自农场、矿山和油井。初级商品作为开采出来的天然产品是不标准的，它们的质量和特性千差万别。

次级商品是由初级商品生产的，以满足特定的市场需求。例如，原油被提炼成汽油和其他燃料，精矿被冶炼以生产金属。根据次级商品的生产方式，其在质量上可能会有微小的差异。

在我国交易的期货品种中，既有软商品，也有硬商品；既有初级商品，也有次级商品。原油、铁矿石和大豆就是典型的初级商品。次级商品包括原油加工而成的各种化工产品，铁矿石冶炼而成的螺纹钢、卷板，大豆压榨后得到的豆油和豆粕等。

学过金融英语的读者可能知道，英语中"bulk commodities"除了可以翻译成大宗商品外，还有一个常用的翻译——散装货物。

在市场中，经常能听到一个词叫"波罗的海干散货指数（BDI）"。其中的"干散货"就是散装货物。它不同于一般货物，一般货物是指以某种包装形式运输的货物；而散装货物是指没有包装，以散装形式运输的商品。

主要的干散货包括铁矿石、煤炭、谷物、铝土矿或氧化铝和磷矿，其他类型包括水泥、木材、钢铁、铜和其他基本金属，如铅和镍等。

波罗的海干散货指数是一个全球贸易和航运指数，通常简称为BDI。它衡量的是全球范围内运输煤炭、钢铁等重要原材料的成本，更具体地说，衡量的是大宗商品的运输需求与干散货船供应之间的矛盾变化。

较高的BDI数值表明，由于高需求，航运供应紧张，并可能在供应链上造成通胀压力。如果BDI数值突然大幅下降，就有可能预示经济衰退。由于生产商大幅减少了需求，航运公司为了吸引货源，不得不大幅降低运费。与所有的市场指数一样，BDI也在不断变化，反映出其价格发现机制。

航运业有一个特点，即散船运力的供货应在中、短期内是高度缺乏弹性的。一艘新的大型散货船从订购、建造到投入使用需要两到三年的时间。因此，航运散货需求的变化可能会对BDI产生巨大的影响。

中国是"世界工厂"，是全球最大的贸易国，也是全球很多大宗商品的最大需求国。所以，该指数与中国的需求关系非常密切。

这个指标是一个全球经济的领先指标，它通常随着经济衰退的临近而下降，并带领经济复苏走出衰退。因此，它是衡量全球经济健康状况的一个有用的先行指标。

首先，BDI 与中国的 GDP 呈正相关关系，特别是在 1995 年之后，二者大的波动周期一致，高、低点基本重合，如图 2.1 所示。

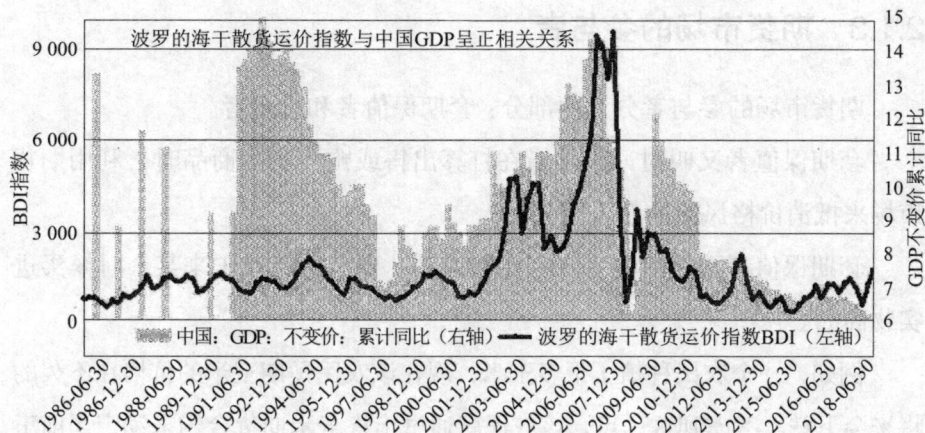

图 2.1

该指数对市场的需求感应非常明显。例如，2006 ～ 2008 年，中国为筹备北京奥运会启动了大规模的基础设施建设项目，这一点充分反映到 BDI 中。

此后，随着油价上涨，航运公司放慢了航运节奏以节省燃料。当 2008 年大宗商品的需求大幅下降，BDI 领先中国的 GDP 9 个月开始回调。

尽管 BDI 在大的波动周期中，就像股市一样，有个别反向次级波动，但在趋势性上，二者保持了良好的正相关关系。

最后，BDI 与大宗商品的价格关系密切，因为其本身衡量的就是铜、铁矿石、煤炭、钢铁等大宗商品的运费成本。当大宗商品需求旺盛时，由于运输压力，运费成本往往也会上涨。

例如，2020 年，波罗的海干散货指数一度表现非常强劲，因为全球供应链出现了大规模中断。如果制造商缺乏原材料，他们就无法完成订单，也就无法生产足够的产品来满足市场需求。为了应对这一关键问题，他们的订单量越来越大，以确保能够抵消大量延期订单带来的不利影响。此外，可以肯定的是，消费者肯定会再次开始消费，市场需求会逐步恢复。所以，包括铜、煤炭在内的很多大宗商品的价格在 2021 年迅猛上涨。

2.1.3 期货市场的参与者

期货市场的参与者分为两部分：套期保值者和投机者。

套期保值者又叫对冲，是指在打算出售或购买实际商品时，利用期货市场来抵消价格风险的个人或公司。

套期保值者要么目前手头有实物商品，要么打算在未来某个时候买进实物商品。

例如，一个农民种植了很多玉米，现在该农民预期玉米的价格在不久的将来会下跌。考虑到这一点，该农民就通过出售玉米期货合约来锁定当前玉米作物的价格。是的，你可以在买入之前先卖出期货合约，这通常被称为卖空。

该农民打开期货软件，看到了如图 2.2 所示的数据。

合约名称	最新	成交量	涨幅（%）
玉米加权	2 903	484 168	0.17%
玉米主连	2 902	385 000	0.17%
玉米 2207	2 850	27 924	0.14%
玉米 2209	2 902	385 000	0.17%
玉米 2211	2 913	22 159	0.03%
玉米 2301	2 920	39 531	0.10%
玉米 2303	2 919	8 496	0.00%
玉米 2305	2 951	1 058	–0.03%

图 2.2

他估计自己的玉米大概在 2023 年元旦以后上市，目前 2023 年 1 月交割（交货）的玉米价格是 2 920 元 / 吨。他对这个价格很满意，于是他现在就可以在期货市场上卖出 2023 年 1 月的玉米。这样就锁定了他土地里的玉米未来出售的价格。

通过这样操作，该农民保护了自己免受玉米价格下跌的影响，但这可能对他未来的利润产生不利影响。假设玉米的价格没有下降，反而上升，很遗憾，该农民也无法享受到价格上涨的利润。简而言之，农民将放弃未来获利的潜力，以保护自己免受潜在的损失。

2.1.4　我国的期货市场

1988 年，我国正式开始筹备自己的期货市场。经过 30 多年的发展，我国的期货市场已逐渐成为具有国际影响力的衍生品交易市场。

目前，我国有五大期货交易所，其中有三个商品期货交易所，分别是上海期货交易所、大连商品交易所和郑州商品交易所，以及交易金融期货的中国金融期货交易所（CFFEX）和以原油交易为主的上海国际能源交易所（INE）。

我国期货市场上交易的品种非常广泛，主要品种有：上海期货交易所的螺纹钢、有色金属（铜、锌、铝、镍等）、天然橡胶、黄金、白银等；大连商品交易所的铁矿石、焦炭、炼焦煤、线性低密度聚乙烯（LLDPE）、聚氯乙烯（PVC），以及农产品，包括大豆、豆粕、豆油、棕榈油、玉米等；郑州商品交易所的对苯二甲酸（PTA）、菜籽粕、棉花、白糖、甲醇、动力煤等；中国金融期货交易所的沪深 300 指数期货、沪深 500 指数期货、上证 50 指数期货、2 年期国债期货、5 年期国债期货、10 年期国债期货；上海国际能源交易所的原油。

目前，我国的期货市场已经越来越引起国际的关注。未来，我国还将推出包括航运期货合约在内的更多期货合约，并加快努力吸引更多的海外投资者在期货市场上进行交易。

为了与国际市场接轨，在过去的几年里，我国的期货交易所陆续推出了夜间交易时段，有效地提高了期货交易的效率，降低了期货价格的波动。

目前，我国的期货市场上可供交易所选择的品种越来越多，比如钢材和铁矿石，与经济关联密切的有色金属，在农产品和化工类品种中也有很多流动性强、仅需少量保证金即可交易的品种。例如，螺纹钢、玉米和甲醇期货等。

2020 年，我国有很多保证金在 1 万元以下适合交易的期货品种，而且那时的交易手续费也比现在便宜很多。我国为了防止期货投机对商品价格产生不利影响，陆续提高了很多期货品种的保证金和手续费。不过，全球金融的发展必然是越来越低的交易成本和越来越便利的入市条件，所以，期待能够继续降低期货交易的成本，让期货市场发挥更大的作用。

交易者在期货市场中选择一个适合自己的期货品种非常重要。虽然期货品种比起股票市场中的股票种类来说少得多，但是期货品种可以双向交易，而且实行 T+0 交易制度，每天都有赚钱的机会。

交易者在选择期货品种的时候，需要考虑自己的交易策略、市场的波动性，以及自身的个性和交易风格。有些交易者喜欢交易波动剧烈的品种，这类品种在短时间内就能给他们带来利润；有些交易者喜欢交易短期波动小的品种，这类品种可以让交易者安心持仓，不会因为短期的剧烈波动而被迫出场。

2.1.5 期货交易的特点

对于习惯交易股票、基金的交易者而言，交易期货有很大的不同，需要交易者逐步适应。

期货交易有哪些特点呢？

1. 双向交易

我们既可以先买进一份期货合约，在合约到期之前卖出平仓（或者到期时接受卖方交割），也可以先卖出一份期货合约，在合约到期之前买进平仓（或者到期时交出实物，或者通过现金进行交割）。就算我们手头没有一份期货合约，依然可以先卖出。

这就是双向交易，既可以买多，也可以卖空；既可以在价格上涨趋势中获利，也可以在价格下跌趋势中赚钱。虽然在我国的股票市场上也可以通过"融券"进行卖空，但是融券需要成本，而且不方便之处有很多。而在期货市场上卖空相当自由，只是用鼠标点一下的事情。

2. 保证金交易

在进行期货买卖的时候，不需要支付全部金额，只要交出一定比例（通常为 5%~10%）的金额作为履约担保就行了，这个一定比例的金额就是保证金。

保证金交易就是期货杠杆的来源，它为期货交易带来了"以小博大"的名声，同时也带来了高风险的印象。

正是因为杠杆的存在，所以，期货交易中的资金管理比股票交易中的资金管理重要得多，因为杠杆放大了期货交易的风险，同时也扩大了盈利的潜力。所以，杠杆是一把双刃剑，那些不熟悉杠杆交易的投资者很容易犯下重仓交易的错误。

3. 到期交割

期货合约是有到期日的，合约到期需要进行交割履行义务，了结合约。商品期货到期交割指的是商品合约的卖方要把铜或者大豆这样的标的物运到指定的交易仓库，被买方拉走，这被称为实物交割。

每个期货品种都会有一个交割日，这是该期货合约存续的最后一天。但需要注意的是，这并非个人交易者可以交易的最后交易日。对于个人交易者来说，最后交易日是该合约交割月的前一个月的最后一个交易日。

例如，"白糖 2209"合约的个人交易者持有该合约的最后期限是 2022年 8 月的最后一个交易日，因为 2022 年 9 月是该合约的交割月，而个人交易者是不能进行实物交割的，只能在市场上平仓了结。

2.2 那些与我们息息相关的期货品种

本节将与读者探讨关于商品的基本面的内容。这一领域非常复杂,供需、成本、库存、政策、地缘政治等众多因素交织,各自以某种方式对一种商品的价格产生影响,而商品价格的变化又会反过来影响基本面,这让事情变得更加复杂。

笔者无法拿出一个简练、精巧的数学模型,能够包含自然界与社会中的各种影响因素,并得出美妙的预测结果。事实上,有很多市场研究人员确实朝这个方向努力过,他们研究发现的一些现象很有启发性,但是至今尚无人可以拿出一个满足市场所有影响因素的数学模型。

从交易者的角度考虑,笔者更倾向于对基本面进行定性分析,以及培养一种对市场变化的感觉,而不是教条地运用公式得出结论。

分析一种商品的基本面可以归结为以下几个因素:①成本因素;②供需因素;③库存;④市场预期;⑤突发事件。

考虑到很多交易者对大宗商品缺乏了解,且对于自己熟悉的商品总是比陌生的商品能够取得更好的交易成绩,所以,再花一些篇幅介绍一下主要商品的基本面,目的是让交易者对其所交易的品种能够建立一个更直观的印象。

2.2.1 能源及化工产品

1859 年,在宾夕法尼亚州发现原油以后,作为鲸油的廉价替代品,它突然出现在人们的视野中。石油产品为运输和机械化提供了新的可能性。自那以来,一次和二次能源的贸易推动了工业化和全球经济增长。

近几十年来,出现了专门从事初级和二级能源大宗商品的全球贸易公司,它们在石油贸易全球化的过程中发挥了核心作用。它帮助生产国的国家石油公司出售其石油，并利用资本市场为贸易和期货市场融资，以对冲风险。它们将石油、天然气和石油化工原料带入世界市场，并参与将能源市场转向快速增长的亚洲经济。

初级能源商品，如原油、天然气、煤炭和可再生能源，可被提炼和加工成许多不同的石油产品和燃料，从沥青到汽油、生物柴油和液化天然气。可以说，全球经济一刻也离不开原油。

但是，现在出现一股席卷全球的"去碳"浪潮，原油和其他化石燃料被推上了风口浪尖。原油已经竞相被各国政府、气候科学家、环保组织宣判"有罪"，因为它导致了气候的变化。

气候变化当然是一个真实而现实的危险，但围绕这个话题的种种声音让人们比以往任何时候都更容易忘记，尽管原油有负面的副作用，但实际上，原油对人类生活的改善是指数式的——在很多方面，我们无法计数。

这种强大的能源推动社会进步、为我们的家庭供暖、创造就业机会，并构成日常消费品的重要组成部分。

没有原油，现代生活是不可想象的。在我们的日常生活中，原油几乎无处不在。

没有原油就不可能维持我们的生活水平。正是原油在支持不断增长的世界人口并提高人们的生活质量。

卫生条件的改善是人们平均寿命上升的主要原因之一。这意味着更多、更好的洗涤剂、消毒用品和个人卫生用品。这三样东西有一个共同点，它们都是由原油衍生品制成的。

洗涤剂是由原油衍生品制成的。医疗保健中的一次性塑料制品和材料在需要时可确保无菌。肥皂和洗发水也是由原油衍生品制成的。人们很难找到一种不含任何油脂的清洁产品，至少是一种负担得起的清洁产品。

原油成为不可或缺的大宗商品的一个重要原因就是降低了成本。例如，一次性注射器不仅比过去需要煮沸消毒的钢制注射器更安全，也更便宜。

自 2022 年以来，原油价格的疯涨让我们印象深刻。但是，从全球贸易的角度来看，正是因为原油让一切都更便宜了。

原油大大推动了全球贸易。全球每天有数十亿甚至数百亿的商品，包括食品、机械和消费品，在全球各地从一个地点运输到另一个地点。根据国际海事组织的数据，海运占比超过 90%。该组织补充道，海运是"到目前为止，在全球范围内运输大量货物和原材料的最具成本效益的方式"。

海运是运输货物最便宜的方式之一，它降低了终端消费品的价格。这要归功于原油，因为世界上的集装箱船和货运船队绝大多数是由原油衍生燃料驱动的。

另一个具有讽刺意味的转折是——没有原油就不会有数字革命，不会有社交网络，也就不会有社交网络驱动的对抗气候变化的运动。简言之，如果没有原油，就不会有人在社交网络上说"气候变暖好可怕，人类应该禁止原油"。

许多人经常忘记的一件事是，无论是电，还是用于制造计算机、服务器和相关通信网络的材料，都不是凭空出现的，这些材料必须经过开采、加工和组装。供应链涉及大量的燃料、电力，还有塑料。

可再生能源也是如此。例如，风力涡轮机是由开采的金属制成的，其中大多数设备的动力来自原油衍生燃料，经过加工（目前只有以成本为代价的化石燃料才能达到这样的高温），然后浸渍在含有原油的化学涂层上以防止腐蚀。太阳能电池板在制造过程中也离不开化石燃料。

从工业时代到后工业时代，原油推动了人类文明的崛起。尽管存在种种问题，但从全球范围来看，人类还离不开原油。

有很多因素会影响原油的价格，其主要因素可以归结为两类。

基本面因素：①需求；②供应；③库存。

非基本面因素：①资本支出；②地缘政治；③金融市场。

首先，原油价格是由全球供求决定的。

经济增长是影响原油产品和原油需求的最大因素。经济增长在总体上增加了对能源的需求，特别是对从生产者向消费者运输货物和材料的需求。

世界运输业几乎完全依赖于汽油和柴油等原油产品。许多国家在取暖、做饭或发电方面也严重依赖原油燃料。由原油和其他烃类液体制成的原油产品约占世界能源消费总量的1/3。

原油需求市场的主要驱动力是中国、美国、欧洲。这三者加起来每天消耗约 4 500 万桶原油。因此，它们的经济增长及全球经济表现会显著地影响原油价格。

例如，2008 年的金融危机导致全球工业放缓，进而降低了对原油的需求。在原油供应没有同比下降的情况下，布伦特原油价格在 5 个月内下跌超过 100 美元 / 桶。

全球原油市场的供给主要由三个国家主导，分别是沙特阿拉伯、美国和俄罗斯。截至 2022 年，美国已成为全球最大的石油生产国，部分原因是其从页岩油储量中开采石油；紧随其后的是沙特阿拉伯和俄罗斯。

虽然美国是全球最大的石油生产国，但是沙特阿拉伯与 14 个石油出口国共同组成卡特尔——石油输出国组织（OPEC），再加上俄罗斯，共同组成 "OPEC+"。

石油输出国组织通过为其成员国设定产量目标对原油价格产生重大影响。欧佩克包括一些世界上石油储量丰富的国家。2021 年，欧佩克成员国控制着全球已探明原油储量（加上租赁凝析油）的约 79.5% 左右，其原油产量占全球原油总产量的 42%。

分析 OPEC 对原油供应的影响，主要看 "闲置产能"。

🔍 闲置产能

　　30 天内投产并至少能维持 90 天的石油产量即闲置产能。闲置产能也可以被认为是一个国家或地区当前的石油产量与其最大石油生产能力之间的差距。如果供应中断，那么石油生产商可以利用闲置产能，通过提高产量来抵消石油供应减少的影响，从而缓和世界油价的上涨。

　　沙特阿拉伯是欧佩克最大的石油生产国，也是世界上最大的石油出口国之一，历史上拥有世界上最大的闲置石油生产能力。对于国际石油公司（IOC）来说，开发和维持闲置产能通常是不划算的，因为 IOC 的商业模式是通过生产石油来实现收入最大化。欧佩克的闲置产能是世界石油市场应对世界石油供应实际和潜在中断能力的一个指标。

　　近几年，欧佩克中的大多数国家没有能力生产更多的石油。沙特阿拉伯是一个例外，据估计，其闲置产能为每天 150 万 ~ 200 万桶石油，所以其对世界油价的影响非常关键。

　　闲置产能、原油的资本支出与环保政策交织对原油的基本面产生越来越大的影响。我们看一篇 2022 年 2 月的专业分析：

　　"最近关于欧佩克的闲置产能及其前景不太乐观的报道很多。由于几个原因，闲置产能正在下降，但其中最主要的原因似乎是投资不足。因此，摩根大通本月早些时候警告称，由于欧佩克的闲置产能到 2022 年第四季度将降至总产能的 4%，布伦特原油可能升至每桶 125 美元。

　　"然而，不仅仅是欧佩克，最大的非欧佩克石油生产国——也是全球最大的石油生产国——美国正在减少产量。来自股东对美国公共石油巨头的压力越来越大，同时坚持要求公司专注于绿色运营，而不是寻找更多的石油和天然气来开采。结果，美国的石油开采量低于其能力，许多人认为应该这样做。"

此外，地缘政治事件对原油价格的影响在 2022 年得到了深刻的体现，这些事件会影响原油和成品油的价格，造成未来供应或需求的不确定性，从而导致价格的更高波动性。油价的波动与短期内供需对价格变化的反应缺乏弹性。开发新的供应来源或改变产量需要时间，而当价格上涨时，在短期内改用其他燃料或提高设备的燃料效率对消费者来说是一个挑战。在这种情况下，可能需要大幅调整价格，以实现实体供应和需求的再平衡。这就是所谓的"高价治愈高价"。

世界上大多数原油储备位于易发生政治动乱的地区或因政治事件而导致石油生产中断的地区。在政治事件导致供应中断的同时，历史上也发生了几次重大的原油价格冲击。鉴于此，市场参与者不断评估未来原油供应中断的可能性。除了潜在供应中断的规模和持续时间外，市场参与者还会考虑原油库存的可用性及其他生产商抵消潜在供应损失的能力。当闲置产能和库存较低时，潜在的供应中断对原油价格的影响更大。

天气对原油供应也起着重要作用。墨西哥湾的飓风可能影响到墨西哥湾地区的石油生产和炼油作业。炼油厂停产或管道问题等其他事件也可能限制原油和石油产品进入市场。这些事件可能导致暂时的供应中断，从而可能提高原油价格。

这些因素对原油价格的影响往往是相对短暂的。一旦供应中断消退，原油和石油产品供应链就会进行调整，原油价格通常会回到以前的水平。

2.2.2　特殊的农产品市场

农产品是直接关系到人类生存的重要商品，其主要类别包括谷物和油籽（玉米、大豆、燕麦、大米、小麦）、牲畜（牛、猪、家禽）、奶制品（牛奶、黄油、乳清）、木材、纺织品（棉花、羊毛）和软商品（可可、咖啡、糖）。

农产品期货可以追溯到农业社会。1848 年，芝加哥期货交易所

（CBOT）成立后，美国的农产品交易开始以一种有组织的方式进行。农民与投资者进行商品期货交易，以提前锁定收获价格。

在接下来的一个世纪里，它继续扩张，然后在 20 世纪 70 年代初，苏联开始购买大量的外国粮食。莫斯科方面一度购买了 1/4 的美国粮食作物，这一需求水平几乎堪比中国今天对石油和金属市场的影响。到了 20 世纪 70 年代中期，全球粮食贸易的规模是 20 世纪 30 年代的 5 倍，而且还在继续增长。

一般而言，农产品价格会迅速对供求状况的实际和预期变化做出反应。

然而，农产品市场具有一些特殊性，与其他大多数非农业产品不太一样，并且往往使农产品的价格比大多数非农业产品的价格更容易波动。

农产品有三个值得注意的特征，包括生产的季节性、需求的派生性，以及价格、需求与供给的非弹性。

1. 生产的季节性

农产品的生长和收获具有季节性，这是农产品特有的。

尤其是像中国和美国这样处于温带的国家，农产品更是具有很强的季节性的生产模式。季节性影响农产品的供给。当农作物的主产区遭遇恶劣的天气而导致收获减少时，这种供给的减少只能通过下一季的种植来弥补。

季节性还表现在春季作物的产量对市场信号的反应滞后。种植者在早春前必须做出种植的决定，以便购买生产所需的种子和其他投入物。然而，直到收获之后，他们才能确定其种植的作物的市场价格。因此，种植者的种植决策部分基于他们对未来产量、（产出及产出所需投入的）价格的预期。

例如，大豆供不应求，价格高企，就会对下一年度的种植意愿产生影响，进而影响下一年度的大豆产量。但是，增产并非一蹴而就的，往往会经历几年的时间，第一年属于恢复性增产，第二年属于正常性增产，第三年可能因增产过度而导致大豆价格下跌，第四年就是从增产向减产过渡的年份。所以，从历史上来看，大豆的产量往往呈现一个四年的周期性。

2. 需求的派生性

多种农产品的价格不但取决于其初级需求，还取决于其派生需求。初级需求是指对农产品"原料"本身的需求。派生需求是指用于生产最终产品的投入需求。例如，玉米和其他饲料是畜牧业的重要投入；小麦用于制造各种烘焙产品；棉花用于生产纺织品。因此，对玉米、小麦和棉花的需求来自对它们各种终端产品的需求。同样，对大豆的需求来自对豆粕和豆油的需求，因为豆油是从大豆压榨中获得的主要产品。此外，大约 10% 的谷物用于制造生物燃料，18% 的植物油用于制造生物柴油。

3. 价格、需求与供给的非弹性

一般来说，农产品，特别是基本谷物的需求和供给相对缺乏价格弹性（需求和供给的变化幅度小于价格的变化幅度）。这意味着，即使是供应方面的微小变化，也可能导致价格大幅波动。因此，意想不到的市场消息可能会导致农产品价格出现大幅波动。长期以来，这种价格动态一直是农产品的一个特点，也是农业政策关注的一个问题。

同样，需求弹性反映了消费者在所需商品价格上涨或下跌时改变消费的能力和意愿。消费者在做出消费决策时，会同时考虑补充产品和替代产品的本身价格和交叉价格变动。当价格上涨时，替代另一种商品的意愿取决于几个因素，包括替代品的数量和可用性、该商品在消费者预算支出中所占份额的重要性，以及消费者口味和偏好的强度。由于基本谷物的农场成本通常只占消费食品零售成本的很小一部分，因此，谷物价格的变化通常对零售食品价格的影响很小。例如，据估计，谷物成本仅占面包零售价的 5%。如果小麦价格上涨 20%，那么一袋面包的价格只会上涨 1% 左右。很少有消费者会注意到平均 10 元一袋的面包价格上涨了 1 角钱。

以上是我们在分析农产品价格的基本面时需要注意到的一些因素，总结来说，需注意以下几点。

（1）农产品的供给具有季节性特点。我们经常看到一种农产品在其生长周期的各个阶段，因天气情况而对期货价格产生影响。

🔍 大豆的生长周期

大豆的生长周期可以分为三个阶段，即出苗期、生长期和收割期。

在出苗期，如果遭遇干旱或低温，就会对大豆的出苗产生不利影响，不过这个阶段的大豆还可以补种，所以在此阶段，天气对大豆价格的影响尚不激烈，往往是一些短期行情。生长期的气候情况对大豆的影响最为显著，这是大豆生长周期中最重要的时期，此时大豆生长需要大量的水分，如果遭遇干旱，那么其对大豆价格的影响立竿见影。交易者应该特别注意此时大豆产区的降雨量。在北半球，大豆的生长期一般在7月中旬到8月下旬。在收割期，应该关注的是气温是否偏低、有没有出现霜冻。

近年来，全球经常出现拉尼娜和厄尔尼诺现象。拉尼娜不利于大豆生长，对大豆价格的影响是利多；厄尔尼诺现象正好相反，往往对大豆价格产生利空影响。

（2）很多农产品具有派生需求，这些派生需求的变化有时比其本身需求的变化更能激发价格的变动。比如植物油经常用于生产生物柴油，而柴油价格往往跟随原油价格变化而波动，这也导致了原油价格波动向植物油价格的传导。

（3）一般来说，供给面的变化对农产品价格的影响比起需求面的变化要迅捷得多。一般农产品的需求面变化相对缓慢，而且对价格的变化缺乏弹性——例如，大米的价格即使上涨20%，人们也要吃饭；而大米的价格即使暴跌20%，人们也不会因此而多吃两碗饭。需求面的变化往往是长期的，比如随着经济的发展，人们的饮食结构逐渐改变，会消耗更多的肉类、植物油、水果等，而谷物的消费更多地从人的消费变成动物的消费，养殖业变成影响谷物价格的重要因素。

（4）农产品领域的交易者在考虑基本面变化时，往往会关注两个方面：一是主产区的天气情况——是否有水灾、干旱等恶劣自然气候导致农作物减产，这种信息对农产品价格的影响是立竿见影的；二是该农产品的库存情况。

2.2.3　金属和矿物

现代金属贸易可以追溯到 19 世纪中期，当时英国作为第一个工业化国家，为了满足本国制造业的需求，从金属净出口国转变为净进口国。

伦敦的商人和金融家组织并资助了金属贸易。这段早期的历史已经留下了它的印记。伦敦金属交易所为期三个月的期货合约就反映了船只从智利运输铜到英国所需的时间。

在整个 20 世纪，金属和矿物贸易的模式相对保持不变。生产商按照欧佩克的方式通过限制供应来控制价格的连续尝试基本上都是无效的。贱金属——主要是用于炼钢的铁矿石、铜、镍、锌、铅——虽然对工业和制造业至关重要，但不能像石油和其他能源供应商那样满足刚性、无弹性的需求。

21 世纪，中国工业发展改变了矿产和金属的贸易。中国需求的快速增长造成了供应瓶颈，发展了新的生产和贸易路线来源，并产生了前所未有的市场波动。

大多数金属的初加工通常在矿山处或矿山附近进行，以降低运输成本。铁矿石不经处理，但开采的铜、铅、镍和锌矿转化为精矿，铝土矿转化为氧化铝。铁矿石、精矿和氧化铝是作为初级商品交易的。冶炼厂将这些材料加工成精炼的金属和有用的合金，如钢。

1. 钢铁

钢铁价格波动受成本、供应、钢材需求和原材料需求等多种因素的影响，也受当前全球钢材市场、关税、贸易政策等因素的影响。

要了解钢铁价格，就必须了解整个钢铁市场，尤其是全球范围内的市场。这太复杂了，无法在本书中进行全面讲述，但是我们可以给出它工作的一个大致轮廓。

根据世界钢铁协会数据显示，多年来，世界粗钢产量迅速增长，2020年产量达到18.64亿吨。与2019年相比，钢铁产量大幅增长，这与当前的经济增长趋势一致，表明未来钢铁产量前景乐观。

这对钢铁价格意味着什么？

简言之，如果钢铁供应增长快于需求，价格就会下降。但事实绝不像经济模型所暗示的那么简单。

还有一些其他因素，如环保政策，可能比市场供求力量更容易产生重大影响。例如，我国每年都会为了减排而对一个钢铁大厂限产。此外，如果企业采用更环保的新生产方法，则将有助于减少钢铁冶炼对气候变化的影响。与此同时，这可能会增加相关成本，从而推高钢铁价格。

基本上钢铁市场就像任何大宗商品市场一样，都不是完全可预测的。众多的市场力量影响着钢铁行业的经济活动。下面概述一些主要的市场力量。

如上所述，有许多因素影响世界各地的钢铁价格。这就是为什么钢铁价格和其他大宗商品价格一样，不可能被精确地预测。然而，如果我们了解了影响钢铁价格的各种力量，就可以对钢铁市场有一个很好的了解。

毕竟交易者最关心的是钢铁的实际价格，所以有了这个大致的了解就满足了大多数人的需求。

1）原材料的成本

铁矿石和废铁是钢铁的主要原材料，它们的价格在很大程度上决定了生产出的钢铁的成本和价格。

铁矿石和废铁的供给和需求决定了它们的价格，这些价格随后作为生产成本被转移到钢铁价格上。此外，这些原材料的价格通常有季节性波动，取决于它们的生产旺季和淡季。

2）钢铁的供给与需求

工业生产和经济增长是钢铁等基本金属的一般指标。经济增长与生产和产量的增加是同步的。这通常需要更多的材料，如钢铁，以应对高增长水平。

因此，在经济繁荣时期，随着需求超过供给，可以预期钢铁价格会上涨。例如，当中国和其他亚洲经济体在 21 世纪初经历工业发展时，钢铁的需求和价格都有所上升，这也导致全球供需从美国转向亚洲。

3）金融市场

钢铁和铁矿石都在大宗商品市场上进行交易，并受到投资者投机行为的影响。

它们的价格通常会根据感知到的风险及近期有关钢铁行业的消息而波动。

此外，全球主要钢铁生产商的库存情况也可以作为钢铁价格的一个有用指标。如果他们的库存下降，则可能会导致供给减少和价格上涨。

例如，宝山钢铁和美国钢铁等顶级钢铁供应商的库存在 2021 年出现了逐步下滑，这与 2021 年钢铁市场的牛市相对应。

4）气候变化

钢铁行业的二氧化碳排放量占全球二氧化碳排放总量的 7%~9%。日益显著的气候变化举措可能会迫使供应商寻找更环保的生产方式或减少供给。

对钢铁供应商来说，这意味着他们将面临越来越大的压力，要么寻找危害较小的钢铁生产方式，要么被迫减少供给。

如果他们的生产成本增加，因为不得不使用更环保但成本高昂的生产方法，那么钢铁价格将上涨。

5）汇率情况

我国生产钢铁依赖进口的铁矿石，一旦铁矿石价格上涨，钢铁的生产成本就会增加。但是，如果人民币升值，则能够对冲成本的上升。

由于目前我国是全球最大的钢铁生产国，也是全球最大的铁矿石进口国，人民币走强可以节省大量成本。

6）不可预测的事件

自然灾害和战争等不可预测的事件可能会对钢铁价格产生重要影响。

一些不可预测的事件突然发生影响了许多地区的市场，使某些商品的价格很难预测。最初可能导致了钢铁价格的下跌，后来价格又开始上涨。虽然事后我们可以很好地回顾，但是当我们身处其中时，价格的走向则充满了不确定性。

当然，钢铁的真实价格是由所有这些因素及更多因素共同决定的。那么，如何将这些因素综合起来准确地预测钢铁价格呢？

事实是，就像市场中的许多因素一样，没有人能够以完美的精确度准确地预测价格。然而，只要了解了不同的因素和影响，你就可以比以往任何时候都更好地了解市场是如何运作的。

2. 有色金属

除了金、银、白金等贵金属外，其他的所有金属，如铜、锌、铅、铝、镍等称为贱金属，也被称为有色金属。这类金属在大多数国家的经济中都扮演着重要角色。有色金属在上海期货交易所、伦敦金属交易所、芝加哥商品交易所等全球主要的大宗商品交易所里广泛交易，是一类十分重要的大宗商品。

铜、铝、镍等贱金属是全球工业生产和建设的命脉。它们通常会受到供求变化的影响，是世界经济变化的风向标。例如，铜价在很大程度上受到全球经济健康状况的影响。这是因为它广泛应用于所有行业的经济，如发电和输电、建筑、工厂设备和电子。铜有时被投资者称为"铜博士"，被视为一个反映经济情况的可靠的领先指标——市场价格上涨意味着经济健康、强劲，市场价格下跌则意味着相反的情况。

21 世纪初，金属需求从西方发达经济体转向东方新兴市场。迄今为止，中国是全球贱金属消费的主要推动力量，目前占全球贱金属消费量的一半。因此，金属价格在很大程度上受到需求的影响，尤其受到一个经济大国的需求的影响，就不足为奇了（虽然印度、俄罗斯和韩国也增加了贱金属消费量，但消费量仍远远落后于中国）。

所以，铜等贱金属的价格走势与中国经济联系紧密，往往可以视为经济发展的风向标。

库存是影响贱金属价格的重要因素之一。上海期货交易所和伦敦金属交易所每天都会公布所有贱金属的库存数据。上海期货交易所会发布各种贱金属的库存周报，伦敦金属交易所每天 14：30 左右发布库存数据。

库存数据反映了在特定时间点的金属库存。如果库存数据每天都在增加，那么这对于特定商品的价格来说是一个负面信号；相反，如果库存数据下降，那么它对商品价格有着积极的影响。

2022 年上半年，全球铜库存增加

截至 2022 年 5 月底，全球三大金属交易所（伦敦金属交易所、上海期货交易所及纽约商品交易所）的铜库存合计为 259 755 吨，低于 2022 年 4 月底的 280 441 吨，但是仍比 2021 年 12 月底的库存增加了 68 825 吨或者提高 36%。2022 年 5 月底伦敦金属交易所的铜库存比 2021 年 12 月底提高 64%，纽约商品交易所的铜库存提高 13%，上海期货交易所的铜库存提高 9%。作为对比，2022 年 4 月底伦敦金属交易所的铜库存比 2021 年 12 月底提高 76%，纽约商品交易所的铜库存提高 19%，上海期货交易所的铜库存提高 27%。

伴随着库存的增加，我们可以明显看到 2022 年铜价相对于过去两年的萎靡走势，如图 2.3 所示。

泸铜加权月线

78 390

2022年走势

53 320

35 350

图 2.3

3. 黄金

投资者通常将黄金视为对冲通货膨胀风险的一种方式。这种看法虽有一定的道理，但显然并不完全正确。

晨星公司的数据显示，在历史上的通货膨胀时期，黄金的表现其实好坏参半。例如，在 1980 ～ 1984 年的高通货膨胀时期，黄金投资者平均亏损了 10%，而当时年通货膨胀率却高达 6.5%。同样，1988 ～ 1991 年，投资黄金的回报率为 –7.6%，而当时的通货膨胀率约为 4.6%。

然而，1973 ～ 1979 年，黄金投资者大获全胜。当时的年通货膨胀率平均为 8.8%。投资黄金的回报率高达 35%。

传统观点认为，持有黄金是对冲通货膨胀的一种手段，但越来越多的市场人士和经济学家，比如杜克大学的坎贝尔·哈维开始反驳这一观点，他在 2020 年的一项研究中声称黄金价格与通货膨胀之间的联系并不紧密。

1）通货膨胀对黄金价格的影响路径

1971 年，美国放弃了金本位制，这意味着美元不再由黄金支持。

1973 年，石油输出国组织的石油禁运引发了通货膨胀。随后，黄金价格从 1976 年的每盎司 125 美元上涨到 1980 年年初的每盎司 850 美元。以 1979 年的美元计算，每盎司 850 美元相当于目前的每盎司 3 000 美元左右，因此，按购买力调整后的"实际"美元计算，目前的黄金价格仍远低于历史最高水平。

然而，投机的高峰没有持续下去，到了 1982 年，黄金价格跌到了每盎司 330 美元。当时，抵押贷款利率仍然超过 16%，是因为美联储为了控制通货膨胀而选择保持高利率。不过，黄金的吸引力有所下降，因为通货膨胀率从超过 12% 下降到 4%。尽管美国经济陷入了衰退，但由于美联储维持高利率的反通货膨胀措施发挥了作用，其经济前景有所改善。

黄金交易的推动者可能会强调简单的供求效应，以预测即将出现的黄金短缺，作为黄金价格上涨的理由，但这种关系比经济学文章中的图表要复杂得多。为了满足需求，黄金供给增长缓慢，而且需求比供给更不稳定。不过，不太可能出现黄金短缺，因为通货膨胀导致的价格上涨主要基于美元的需求，而美国的黄金使用量仅占全球供应量的 4% 左右。

记住，一切都是美元（实际收益率）在作祟。通货膨胀影响美元的收益率，导致美元指数下跌，黄金是美元的替代品。

所以，记住关键：黄金对冲的不是通货膨胀，而是美元。

在 2020 ~ 2022 年，美联储印发了大量的美元，这导致更多的美元追逐更少的商品——又回到了通货膨胀的经典定义。

2021 年 4 月，美国消费者物价上涨率达到 10 年以来的最高水平；紧接着到当年 10 月，通货膨胀达到 30 年来的最高水平。

实际上，黄金价格最主要的挂钩是实际利率，并非大家所认知的通货膨胀或美元指数，如图 2.4 所示。原因在于，黄金本身没有利率，不像股票会有股利、银行存款或债券会有利息，持有黄金是没有利息的。

当市场实际利率为正或预期向上时，持有固定收益资产就比持有黄金更具吸引力，因为可以赚取利息。

相反，当实际利率出现回落（降息），甚至出现实际负利率时，持有无利息的黄金比持有固定收益资产更具吸引力，因为利率下降会降低黄金的持有成本。

对黄金来说，最重要的是实际收益率。

通货膨胀加剧——实际收益率暴跌——黄金大涨

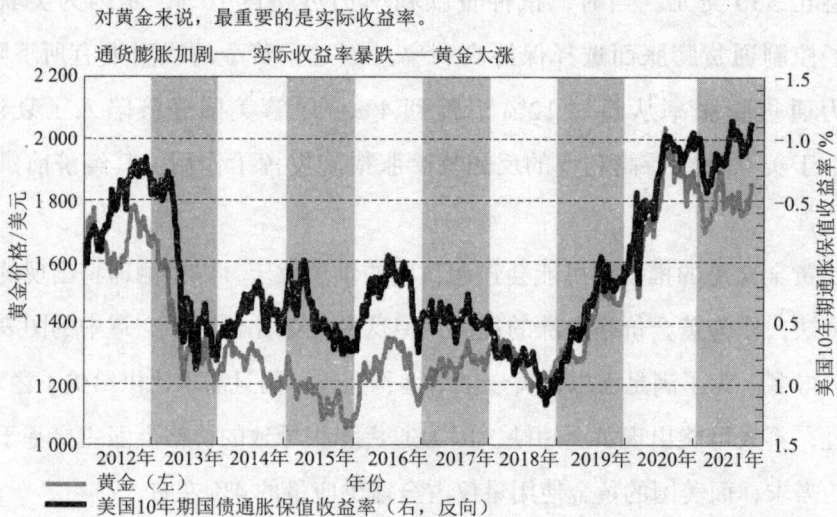

图 2.4

有了这些基础概念之后，就可以大概理解，决定黄金价格的一切源头就在（美元）实际利率。

从图 2.5 所示的金价与实际利率的相关度中可以清晰看到，实际利率向上，黄金价格就走低；而实际利率向下，黄金价格就走高。两者呈现了绝对负相关关系，这直接证明了实际利率与黄金价格的挂钩关系。

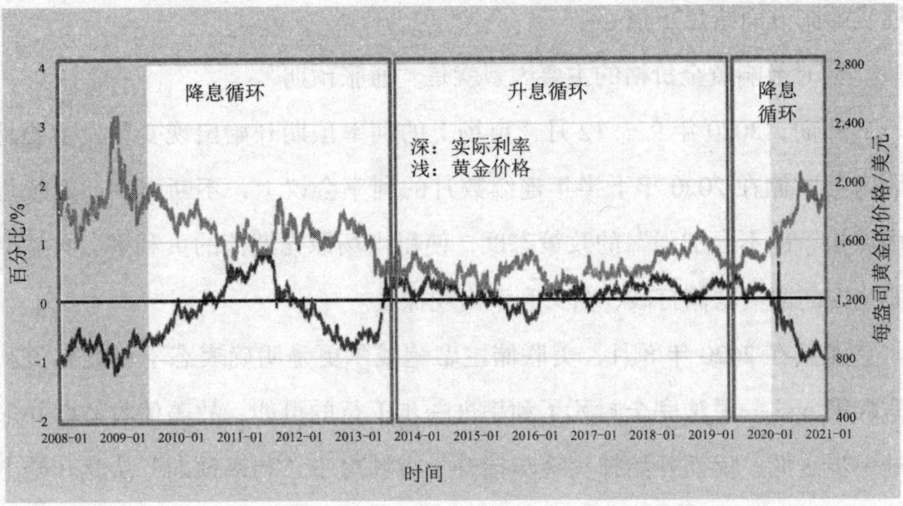

图 2.5

2）了解实际利率的工具——费雪方程式

市场上描述实际利率最著名的经济模型为费雪方程式。即：

$$实际利率 = 名义利率 - 通胀预期$$

这也是为什么传统上一般投资者认为黄金价格与通货膨胀挂钩，这种说法对、也不对，因为影响黄金价格的因子，通货膨胀只是其中之一，投资者还必须考虑名义利率的变化方向。所以，要做到对黄金价格更领先的预判，必须确认名义利率和通胀预期两项因子的变动。

在 2020 年 5 ～ 8 月的黄金价格大涨期间，美国已实行零利率政策，并持续强调愿意维持低利率，严重压制了市场的利率预期，而美国经济同期持续走升，如制造业采购经理指数（PMI）持续高于 50% 的景气分水线，使得市场高度关注"通胀预期"。

美债收益率曲线在此时期也初步出现陡峭化，这显示了债券市场对于未来的通货膨胀展望正转向乐观，且美联储更于全球央行年会上宣布采用"平均通胀目标制"，扩大引导市场对于收益率曲线陡峭化的预期，在长期通货膨胀方面给足了信心。

彼时影响黄金价格的主要因素就是"通胀预期"。

然而，2020 年 9 ～ 12 月，市场上的利率预期开始出现变化，主要是因为美联储在 2020 年下半年连续数月的利率会议上，不断强调"延续货币宽松、但不会加强"的政策态度，使得市场原先期待的负利率、收益率曲线控制遭美联储打破，名义利率出现探底。

尤其在 2020 年 8 月，美联储主席鲍威尔更是明确表态不可能有负利率政策，这一说法完全封死了利率进一步下行的可能，故美债收益率并未进一步走低，反而开始掉头缓步抬升，市场对于"利率预期"从此开始出现加温，而黄金价格也从 2020 年 8 月开始下跌，如图 2.6 所示。

市场的通胀预期 10 年期美债平衡通胀率已升到 2.24%，远远高于美联储对于 2021 年的通胀预期中位数 1.8%，故当前的通胀预期似乎暗示了市场对财政刺激带来的通胀效果已完成定价。

COMAX黄金期货

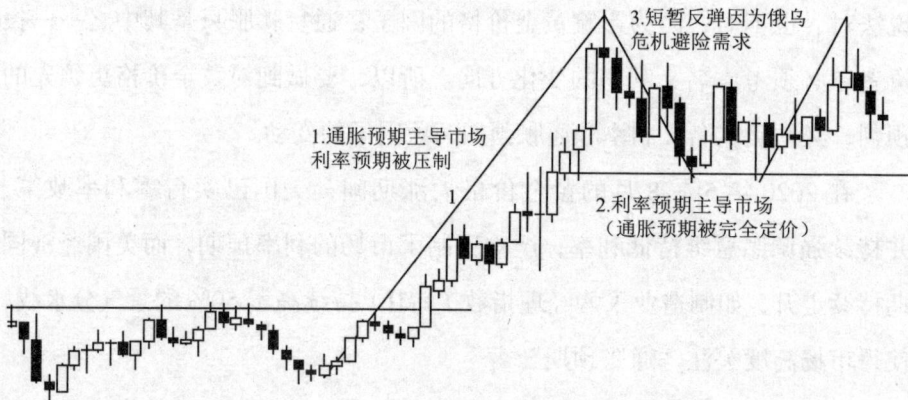

图 2.6

更重要的是，2020 年 12 月的美联储议息会议纪要显示："美联储在最大就业和物价目标达到以后，将会像 2013—2014 年一样，逐步退出宽松。"在这里可以充分地意识到，美联储是在提前与市场沟通，正在提前对市场进行"利率预期"的预期管理。

在目前财政刺激的通胀预期已定价、美联储提前对市场进行利率预期管理的环境里，市场在费雪方程式上的关注焦点已从先前的通胀预期转向利率预期。

这也就是为什么后来通胀预期对黄金价格没有起到正向的激励作用。因为通胀预期已经完成市场定价，此后影响黄金价格的主要因素是利率预期。

最后，值得一提的是，2022 年黄金价格的走势非常典型。2022 年，主导黄金市场的仍然是美联储的加息问题，但是期间发生了俄罗斯和乌克兰的军事冲突，造成了黄金短暂避险需求的上升，黄金价格也走出了一段多头上涨的走势。此后，美国国债收益率上涨的预期再次主导了市场，而此时避险需求已经降温，于是黄金价格再度走低。

总结一下：

（1）影响黄金价格的常规因素主要有两个：一是市场对于未来通胀的预期；二是市场对于未来利率的预期。当市场利率较低，且未来通胀预期较高时，黄金价格往往能够走出上涨行情。如果市场预期通胀即将见顶，而预期市场利率即将上涨，那么黄金价格往往会受到压制。总之，黄金对冲的不是通货膨胀，而是美元。

（2）除了上述两个基本需求外，黄金还有一个重要的需求就是避险。当发生战争或者重大地缘政治事件时，投资者就会想起黄金。在危急时刻，黄金总是能够得到所有人的信任。但是，一旦人们觉得危机不过如此，又会卖出黄金，买入其他的风险资产以赚取利润。

2.3　期货日内交易策略

本节向大家介绍几种期货日内交易策略。

日内交易是一种交易者仅把持仓限制在一个交易日内的短线交易方式。在市场收盘之后，无论市场上发生什么，都与日内交易者无关了。当然，日内交易者会去了解收市之后市场上发生的事情，因为这些事情会对明天的行情走势造成影响，但已经不会影响日内交易者当前的账户了。日内交易者一个巨大的优势就是可以在收市之后保持旁观者的放松心态，晚上可以安心地睡觉，养精蓄锐以应付明天的市场。

日内交易策略非常多，很多日内交易者都有自己的独门绝技。本书列举了几种笔者认为较为经典的策略，这些策略都经过无数交易者的验证，是可以在市场中赚钱的策略。当然，并非每种策略都适合你，因为每个交易者的人格都是独一无二的。你需要做的是选择一种用起来比较顺手的策略。当然，更好的方案是你从本书列举的几种策略中获得启发，最终形成一套独属于自己的交易策略。

2.3.1　开盘价突破策略（BOP）

这是笔者要介绍的第一种策略，这种策略非常简单，也非常强大。它不但可以用在期货市场上，也可以用在股票等其他金融市场上；不但可以用于日内交易，还可以在波段和长线交易中作为入场策略使用。

1. 原理

价格上涨有两种途径：收阳线和向上跳空。价格下跌也有两种途径：收阴线和向下跳空。

在阳线上做多，在阴线上做空。

当价格高于开盘价时，意味着目前的日 K 线是阳线；当价格低于开盘价时，则代表当前的日 K 线是阴线。

可以参考当前的日线趋势波动周期，以提高胜率。

2. 交易规则

1）做多

（1）开仓条件：市价高于当天的开盘价。

（2）触发条件：K 线阳线吞没阴线（也可以采用其他触发信号，比如平均线）。

（3）止损：前一根 K 线最低价下方，或开盘价下方。

（4）止盈：前期阻力位，或收盘平仓。

2）做空

（1）开仓条件：市价低于当天的开盘价。

（2）触发条件：K 线阴线吞没阳线。

（3）止损：前一根 K 线最高价上方，或开盘价上方。

（4）止盈：前期支撑位，或收盘平仓。

图 2.7 所示是螺纹钢主力期货合约的 5 分钟图。

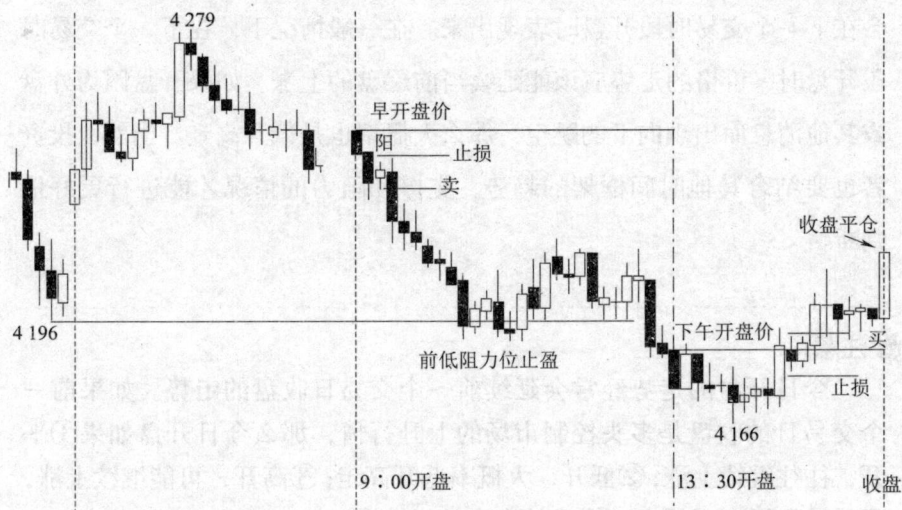

图 2.7

图 2.7 中标注了两次交易。

第一次，早上开盘以后，价格开始下跌，第三根 K 线收出了一根小阳线，与前两根阴线相比，看起来无辜而又弱小，随后就被第四根大阴线吞没了，交易者在此时开仓做空。

此后价格一路走低，直到前一个交易日的低点才得到支撑，此处也是我们的止盈位。

第二次，下午开盘以后，价格先延续上午尾盘的跌势继续走低，随后下跌的动能开始衰竭，其表现就是连续收出四根带下影线的小 K 线，表明多头在这里列队开始了抵抗。随后价格的反弹证明多头的抵抗开始击退空头，当价格上涨开始突破下午的开盘价时，有一个短暂的回调，收出一根小阴线，这是当日空头最后的余晖。就在这根小阴线被另一根突破开盘价的小阳线吞没时，交易者开仓买入，一直持有到收盘的大阳线平仓。

🔍 拓展思考：明天开盘怎么走

在本例中，收盘的大阳线表明当天的尾盘由多头控制了市场，这会在下一个交易时段开盘时表现出来。在一般情况下，在下一个交易时段开盘时，价格的走势应该能延续当前尾盘的上涨。如果开盘因为外盘或其他消息而出现向下的跳空，那么大概率也是低开高走。当然，投资者也要结合其他时间框架的趋势、支撑和阻力的情况才能进行更好地判断。

🔔 注意：

今日开盘的走势经常会延续前一个交易日收盘的走势。如果前一个交易日的收盘是多头控制市场的上升行情，那么今日开盘如果①平开，往往继续上涨；②低开，大概率低开高走；③高开，可能继续上涨，但是需警惕高开低走，昨日的多头趁机卖出。

换一个触发条件试试

开盘价在日内交易中的应用很广泛，价格一旦收在开盘价上方就意味着今日收阳线，反之就意味着今日收阴线。上面的例子采用"K线的价格行为"来做入场的触发信号，这当然不是唯一的答案，还有其他很多可用的指标可以给我们提供开仓和出场的信号，如图 2.8 所示。

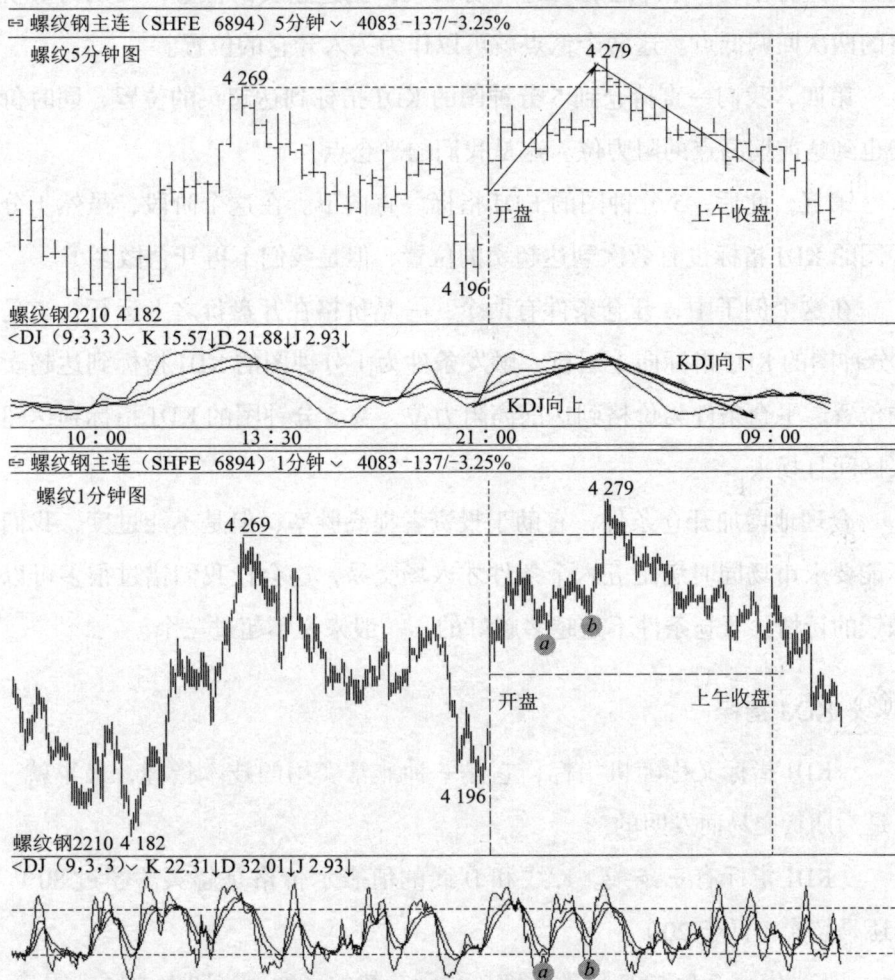

图 2.8

第一，这次我们同时观察了两个时间框架，分别是 5 分钟图和 1 分钟图，而且加了一个很常用的摆动指标 KDJ。我们还是以 5 分钟图为主时间框架，添加 1 分钟图是为了寻找更精细的开仓点。这个技巧在交易中非常常用。

第二，开盘之后，价格一直在开盘价之上运行，符合"阳线做多"的条件。同时观察到 5 分钟图的 KDJ 指标也是在向上运行的。

第三，现在看 1 分钟图的部分，我们发现在 5 分钟图的 KDJ 指标向上运行的过程中，1 分钟图的 KDJ 指标有两次到达超卖的位置，分别对应价格的两次回调低点。这两个低点就可以作为买入开仓的位置。

第四，我们一直持仓到 5 分钟图的 KDJ 指标到达超买的位置，同时价格也到达前期高点的阻力位。这是我们的平仓点。

第五，此后，5 分钟图的 KDJ 指标一直向下。在这个阶段，虽然 1 分钟图的 KDJ 指标也有数次到达超卖的位置，但是我们不再开仓做多了。

在这个例子中，开仓条件有两个：一是价格在开盘价之上运行；二是 5 分钟图的 KDJ 指标向上运行。触发条件为 1 分钟图的 KDJ 指标到达超卖的位置。平仓条件为价格到达前高阻力位，或 5 分钟图的 KDJ 指标到达超买区间且拐头。

合理地增加开仓条件，有助于投资者提高胜率；但是不能过度，我们不能要求市场同时满足五六个条件才入场交易，这会让我们错过很多可以赚钱的行情。开仓条件不是越多越好的，一般来说不超过三个。

⊕ KDJ 指标

KDJ 指标又称随机指标，它是一种非常实用的技术指标，最早就是为期货交易而发明的。

KDJ 指标有三条线，K 线和 D 线的值表示价格是超买（超过 80）还是超卖（低于 20）。

J 线代表 D 值与 K 值的散度，预示趋势的强度。当图表中形成较大的脉冲波时，K 线和 D 线之间的偏差会增大，导致 J 线上升。对于图表中的 K 线和 D 线，J 值可以在 [0，100] 区间之外。

当三者汇合时，通常意味着一个可能的趋势正在形成。

KDJ 指标经常和其他指标一起搭配用于构筑交易策略。最常搭配的指标就是 K 线、移动平均线和 MACD 等。

3）交易策略应该包括的要素

一个可用的交易策略应该包括三项基本要素，分别是入场条件（做多或做空）、触发条件和出场条件（止盈或止损）。这些要素是一个完整的交易策略必不可少的，就像一个完整的人，不能缺少一条胳膊或一条腿。

其中，入场条件可以是基于技术面的，也可以是基于基本面的，还可以是基本面和技术面组合在一起使用的。不过，短线的日内交易和波段交易的入场条件主要还是基于技术面的，而长期持仓交易的入场条件有必要加入一些基本面的内容。期货市场上的基本面因素主要看供求关系，而股票市场上的基本面因素主要看公司的成长能力和持续盈利水平。

需要注意的是，很多投资者都没有弄清楚入场条件和触发条件之间的区别，满足入场条件并不一定意味着投资者可以马上开仓进场，还需要交易策略发出清晰的可入场条件，这就是入场的触发条件。在同样的开仓条件下，可以有完全不同的可入场信号，其结果也有很大的差别。

触发条件的作用有两个：一是择时，让交易者尽量从一开始就能站在市场正确的一面，至少是暂时正确的一面；二是稳定交易者的胜率，只有稳定了胜率，才能让回报风险比发挥作用，设计出预期回报为正数的交易系统。交易者稳定盈利的必要条件就是"预期回报为正数"。

入场条件解决的是能否入场的问题，触发条件解决的是何时入场的问题，出场条件解决的是何时出场的问题。

出场条件分成止盈和止损两种，一个完备的出场条件应该同时包含这两者。在不同的市场结构下，每个入场的触发条件所带来的止盈和止损的比例关系是不同的，这就是盈利亏损比，交易者根据盈利亏损比来决定当前的触发条件是否可以入场。能够入场的盈利亏损比至少要大于 1 ∶ 1，这样才能保证交易者始终站在交易优势的一边。

2.3.2　KP 策略与 123 反转策略

这两种策略在第 1 章中就介绍过，是利用价格的摆动高点和摆动低点进行交易的策略。这两种策略不但可以广泛地应用于股票、期货、外汇等各个市场和各个品种中，还可以应用于各种风格的交易；不但日内交易者可以使用，在波段交易中也可以使用，甚至对于长线交易也是一种"神器"。

1. 原理

寻找价格走势在日内变动的短期高点和短期低点。

这些短期的摆动高点和摆动低点共同构成了日内趋势。

日内上涨趋势是由一个个不断被抬高的短期高点和短期低点构成的（主要是短期低点不断被抬高）。日内下跌趋势是由一个个不断降低的短期高点和短期低点构成的（主要是短期低点不断降低）。

2. 交易规则

有两类交易规则。

1）做多

首先讲一下 KP 策略。

（1）开仓条件：行情处于短期低点和短期高点不断被抬高的日内上涨趋势中。

（2）触发条件：在更高的短期低点（HL）形成后，出现向上反转的 K 线形态（阳线）。

（3）止损：前一个短期低点（HL）的下方。

（4）止盈：形成短期高点，或前期的阻力位。

再讲一下 123 反转策略。

第一，开仓条件：日内趋势向上反转，形成 123 反转形态。

第二，触发条件：形成更高的短期低点 3（HL），K 线向上收阳线。

第三，止损：短期低点 3（HL）的下方。

第四，止盈：形成短期高点，或前期的阻力位。

2）做空

先讲一下 KP 策略。

（1）开仓条件：行情处于短期高点和短期低点不断降低的日内下跌趋势中。

（2）触发条件：在更低的短期高点（LH）形成后，出现向下反转的 K 线形态（阴线）。

（3）止损：前一个短期高点（LH）的下方。

（4）止盈：形成短期低点，或前期的支撑位。

再讲一下 123 反转策略。

第一，开仓条件：日内趋势向下反转，形成 123 反转形态。

第二，触发条件：形成更高的短期低点 3（LH），K 线向下收阴线。

第三，止损：短期低点 3（LH）的下方。

第四，止盈：形成短期低点，或前期的支撑位。

图 2.9 所示是铁矿石期货合约的 5 分钟图。当日从夜盘开盘算起，一直持续到第二天下午接近收盘的时候，基本上都处于日内下跌趋势中。

可以从图 2.10 中清晰地看到一个个不断降低的短期高点（LH）和短期低点（LL），这符合 KP 模式日内做空的条件。

可以在图 2.10 中轻松地找到四个可用的触发做空的点。止损就放在前一个 LH 的上方。可以在下一个短期低点（LL）出现后止盈。如果想要持仓更久，则可以一直持有到价格到达前期的支撑位，本例中的支撑位是上一个交易日形成的低点 754.5 元 / 吨。

图 2.9

在下午接近收盘时，这一波日内的下跌趋势刚刚跌破了 754.5 元 / 吨的支撑，形成短期低点后，又迅速拉回。

此时这波日内的下跌趋势逆转了，构成了 "123 反转模式"，只不过其触发做多的信号出现在当天最后一根 K 线上。对日内交易者而言，此时恐怕没有机会做多了。如果交易者再次做多，把仓位留到下一个交易日，则还是可以取得一波不错的短期利润的。

3. 总结

这两种策略是价格行为分析的基本策略，因为其适用性强，所以可以应用于各种金融交易中。这两种策略没有添加任何二手指标，甚至连移动平均线都没有，完全依靠 K 线、支撑和阻力来分析和交易，这就是价格行为分析策略的最大特点。

价格行为分析背后的逻辑是，无论何种上涨理由，价格的上涨最后一定会归因于买盘的力量大于卖盘的力量。同样，价格下跌的根本原因一定是卖盘的力量大于买盘的力量。所以，观察市场上买卖双方力量对比的变化是离结果最近的分析工具。

　　价格行为分析策略还有一个好处，那就是在投资者使用其他交易策略暂时不顺利的时候，回归价格行为分析能够让交易者迅速厘清市场脉络。

2.3.3　均线带策略

　　移动平均线是交易者常用的指标，其作用有二：一是为交易者指示市场的方向；二是为交易者提供支撑和阻力的入场点。

　　移动平均线的设置和选用非常多，比较常见的有 20MA 、50MA、200MA等。此外还有算法上的区别，最普通的就是简单移动平均线，还有线性加权、指数加权、时间序列等各种算法。

　　在本策略中，使用的是简单 20 周期的移动平均线，但是跟一般的算法有所区别。一般计算移动平均线都是采用收盘价来计算的，在本例中采用的是最高价和最低价分别计算，这样就形成了一条移动平均线带。

　1. 原理

　移动平均线可以为我们指示市场的方向，由高、低两条均线组成的"移动平均线带"也是如此。

　　当带状方向向下时，市场处于下跌趋势；当带状方向向上时，市场处于上升趋势；当带状走平时，表示市场正在盘整。

　　在上升趋势中逢低做多；在下跌趋势中逢高做空；当市场处于盘整状态时，可以做区间交易，也可以不做。

　2. 交易规则

　有两种情况。

　1）做多

　（1）开仓条件：移动平均线带的方向向上。

　（2）触发条件：价格在移动平均线带内出现短期低点后，K 线收出阴线。

　（3）止损：短期低点的下方，或者移动平均线带的低线下方。

（4）止盈：前期的阻力位，或者在移动平均线带方向不变的情况下，持仓到收盘。

2）做空

（1）开仓条件：移动平均线带的方向向下。

（2）触发条件：价格在移动平均线带内出现短期高点后，K线收出阳线。

（3）止损：短期低点的下方，或者移动平均线带的高线上方。

（4）止盈：前期的支撑位，或者在移动平均线带方向不变的情况下，持仓到收盘。

图 2.10 所示是甲醇期货合约的 5 分钟图。

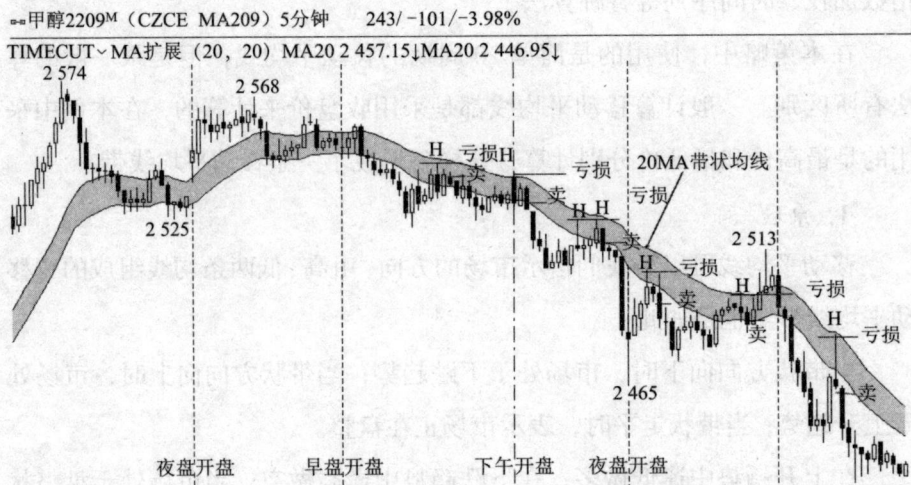

图 2.10

我们可以从图 2.10 中清晰地看到一条移动平均线带，给我们指示了当前市场的方向。在第一个夜盘刚开盘时，移动平均线带由缓慢地上升转为横向移动，表明在这个时间段内，市场上涨的动能开始有所衰减。此时按照本交易策略，没有很好的交易信号。观察仔细的交易者可以看到 K 线的摆动低点是越来越低的，代表市场在缓慢地向下迈步。此时敏锐的交易者已经可以预期移动平均线带所代表的趋势可能即将转向。

在早盘开始之后，移动平均线带开始由平盘转为下降，此时我们就要留心市场发出的做空信号。当市场反弹到两条移动平均线之间的区域，并且在此区域内形成短期高点时，就意味着我们可以随时在阴线上做空。止损就放在短期高点的上方，或者移动平均线带的高线的上方。

这条下降的移动平均线带持续了好几个交易时间段，可以连续捕捉到6 次做空的机会，中间只有一次触发止损，胜率的表现很好。而且直到这张图表结束时，这条移动平均线带的下降趋势仍未结束，也就是说，后续仍然可以给我们带来获利机会。

3. 延展

在上述例子中，使用的是 20 周期高低价移动平均线构成的均线带。这当然不是唯一的答案。事实上，投资者可以根据市场情况的实际需要，采用不同周期和不同算法的移动平均线。当然，也不一定像笔者一样使用最高价和最低价计算出来的均线，使用两条或三条不同周期的移动平均线构成均线带也是很常见的用法，如图 2.11 所示。

图 2.11

在这里使用了 12 周期和 50 周期的普通移动平均线。这两条移动平均线在 A 点出现交叉，此后便开始一路向下，下降趋势连续贯穿了几个交易日。在这里可以很清楚地看出市场的方向，唯一要做的就是寻找可以入场做空的触发信号。

我们也可以延续上例，在这两条均线之间寻找短期的摆动高点，然后在阴线上做空。不过，在本例中，12MA 可以给我们提供很清晰的入场信号——价格跌破 12MA。在四个交易时间段内，该信号共触发了 7 次，肉眼可见，几乎每一次都能够获利出场。这在趋势中是胜率非常高的交易。如果一位交易者想以此设计一种交易策略，那么只需好好规划一下止损点和止盈点即可。

2.3.4 动量交易策略

动量交易就是利用价格波动的强度作为开仓基础的策略。这种策略在短线交易中非常常用，很多短线交易者都依靠动量策略维持生存。在介绍动量交易策略之前，先来介绍一下什么是动量交易。

1. 什么是动量交易

动量交易是指根据近期价格走势的强弱来进行交易的行为。

它的基本思想是，如果价格变动背后有足够的力量，那么它将继续朝着同一个方向运动。当一种资产的价格上涨时，它通常会吸引更多"羊群"投资者的注意力，从而推动市场价格进一步上涨。这种情况一直持续到大量卖家进入市场，例如，当一个不可预见的事件导致他们重新考虑资产的价格时。一旦市场上有足够多的卖家，动量就会改变方向，迫使价格下跌。

动量交易者希望寻找价格在一个方向上变得强劲的机会，然后在价格上涨或下跌的动量已经变强时进入市场，并在趋势开始失去能量时平仓退出。动量交易者不一定要抓住一个趋势的顶部和底部，而要集中在价格变动的主体，旨在利用市场情绪和羊群效应——追随多数人的倾向。

总的来说，动量交易就是在高价买入，然后在更高价卖出；或者在低价做空，然后在更低的价位回补。

那么，到底如何理解价格变化的动量呢？在物理学中，p 是动量，用质量 m 乘以速度 v，就得到动量，即 $p = mv$。

可以借鉴物理学中动量的含义——动量是一种衡量价格的变化速度的工具，动量大表明价格正在快速上升或下降。"快"是一个相对于之前的数字，它不相对于其他金融产品，而是相对于同一金融产品的自身价格，价格变动速度比以前更快，则当前的动量更大。

2. 动量交易的技术指标

很多指标都可以用于动量交易，比如动量指标、RSI 指标、MACD 指标等，这些指标也都是目前市场上很常用的技术指标。市场上有大量介绍这类技术指标原理和应用的书籍与文章，尤其是 RSI 指标和 MACD 指标，已经成为很多交易软件的开篇标配。交易者下载一款新的交易软件，在未自主设置之前，第一眼在图表上看到的往往就是这些指标。

1）动量指标

对动量指标的解读如下：

如果动量指标高于 0，趋势就是上升的。

如果动量指标高于 0，且指标读数正在上升，则上升趋势正在加速。这意味着目前的上升趋势很强劲，价格应该会继续上涨。

如果动量指标开始下降，但仍高于 0 的水平，则表明趋势仍然上升，但价格上涨的势头正在放缓。这意味着上升趋势的动能减弱了，但趋势可能不会立刻逆转。

如果动量指标低于 0，趋势就是下降的。

如果动量指标低于 0，且指标读数正在下降，则下降趋势正在加速。这意味着目前的下跌趋势很强劲，价格应该会继续下跌。

如果动量指标开始上升，但仍低于 0 的水平，则表明趋势仍然是下降的，但价格下跌的势头正在放缓。这意味着下降趋势的动能减弱了，但趋势可能不会立刻逆转。

如图 2.12 所示，图中有两段上涨行情和一段下跌行情，这两段上涨行情的动量都比较温和，而这段下跌行情却好像高山滚石一样动量实足。由此可见，动量指标完全可以作为信号触发器使用，比如，当交易者想要寻找入场做多的信号时，可以用动量指标上穿零线作为触发器；反之，如果投资者想要在下跌的市场中做空，则可以用动量指标下穿零线来捕捉机会。动量指标很少单独使用，往往和其他的技术指标配合在一起，这是一个很好的"打辅助"的工具。例如，我们在 1 小时图上观察到了上涨趋势，此时就可以考虑在更短的时间框架上——比如 15 分钟图——利用动量指标上穿零线作为入场点。

图 2.12

2）RSI 指标

威尔斯·怀尔德开发的相对强弱指数（RSI）是一种动量震荡器，用来衡量价格运动的速度和变化。RSI 在 0 ～ 100 波动。传统上，当 RSI 高于 70 时被认为是超买，低于 30 时被认为是超卖。如果需要，还可以调整这些传统级别，以更好地适应安全性。例如，如果某个期货品种或股票的价格反复达到超买水平 70，则可以调整超买水平至 80。

　　在强劲趋势期间，相对强弱指数可能会在较长时间内保持超买或超卖，这一点特别值得注意。

　　RSI 指标还经常形成可能不会在基础价格图上显示的图表模式，如双顶、双底和趋势线。同时，交易者还可以观察 RSI 指标的支撑或阻力。

　　在上升趋势中，相对强弱指数倾向于保持在 40~90 区间，40~50 区间作为支撑。在下跌趋势或熊市期间，相对强弱指数倾向于停留在 10~60 区间，50~60 区间作为阻力位。这些范围将根据 RSI 设置和价格强度或市场的潜在趋势而变化。

　　如果价格创下新高或新低，而 RSI 却没有，那么这种背离可能预示着价格的反转。

　　如图 2.13 所示，这是一段下跌趋势，交易者应用 RSI 指标上的趋势线可以找到高胜率的四个空单入场点。每次当 RSI 指标跌破支撑价格反弹的趋势线时，就可以开仓入场做空，这也是空头的动能在下跌趋势中再次迸发的时刻。

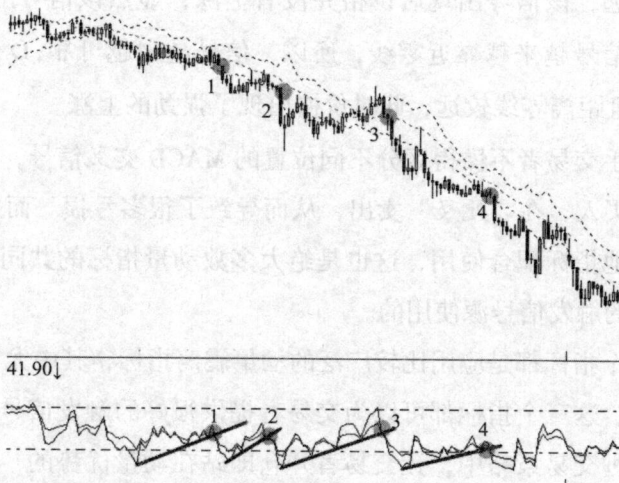

图 2.13

与动量指标一样，RSI 指标一般也不单独使用，而是作为其他指标的辅助工具，为交易者提供入场的触发信号。

3）MACD 指标

MACD 指标是一个动量震荡器，同时可以用于交易趋势。它虽然是一个震荡指标，但通常不用于识别超买或超卖的情况。其在图表上显示为两条无边界震荡的线，这两条线交叉给出的交易信号类似于两个移动平均线系统。

首先，MACD 指标上穿零线通常被认为是看涨，而下穿零线则被认为是看跌。其次，当 MACD 指标从负值上升时，就被认为是反弹信号；当它从 0 以上回落时，就被认为是回调信号。

当 MACD 指标从信号线下方穿到上方时，常常被当作做多的触发信号。在零线上方越远，信号越强。

当 MACD 指标从信号线上方穿到下方时，常常被当作做空的触发信号。在零线下方越远，信号越强。

在图 2.14 中，我们看到 MACD 指标发出了 A、B、C、D 四个向上穿越的信号，其中 A、B、C 三个信号都在零线下方。A 信号出现的位置距离零线最远，该信号出现后价格并没有上涨，显然该信号出现得太早；B 信号和 C 信号越来越靠近零线，所以，信号越来越可靠；D 信号位于零线上方，而且距离零线较远，此时价格出现了强劲的上涨。

很多新手交易者不懂得区分不同位置的 MACD 交叉信号，只是简单地在"金叉"买入、在"死叉"卖出，从而导致了很多亏损。而且 MACD 指标最好与其他指标配合使用，这也是绝大多数动量指标的共同使命，那就是作为辅助的触发信号源使用的。

以上三个指标都是应用比较广泛的动量震荡指标，其中尤以 MACD 指标应用最广。这三个指标都可以为交易者提供很好的触发信号，可以广泛地应用在各种交易策略中，让交易者开仓即站在动量优势的一边。这三个指标比较通用，运用得好都可以帮助交易者提高胜率。

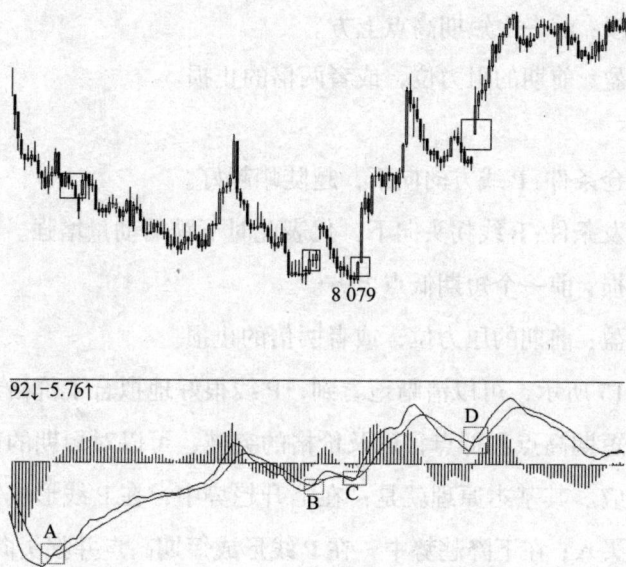

8 079

92↓-5.76↑

D

B　C

A

图 2.14

3. 动量突破策略

动量突破策略仅使用一条移动平均线和 K 线来构筑，不过这条移动平均线比较特殊，用的是 "6 周期" 的时间序列均线，给该均线起个名字叫 "P 线"。

P 线代表价格真正的动量走势。如果我们仔细观察 P 线，则会发现它能很好地拟合走势，而又不像收盘线有那么多 "毛刺"。这对于观察趋势和支撑主力都很有用。

P 线可以形成摆动高点和摆动低点，这些高、低点直接的位置关系反映了市场的真正趋势。

在上涨趋势中，P 线拐头向上，意味着上涨动量再次增强；在下跌趋势中，P 线拐头向下，意味着下跌动量再次增强。

1）做多

（1）开仓条件：P 线高、低点呈现上涨趋势。

（2）触发条件：P 线拐头向上，代表此时上涨的动量增强。

（3）止损：前一个短期高点上方。

（4）止盈：前期的阻力位，或者两倍的止损。

2）做空

（1）开仓条件：P线方向向下，越陡峭越好。

（2）触发条件：P线拐头向下，代表此时下跌的动量增强。

（3）止损：前一个短期低点上方。

（4）止盈：前期的压力位，或者两倍的止损。

如图 2.15 所示，可以清晰地看到，P 线很好地拟合了价格走势，该动量线形成的短期高点和低点，以及价格的突破，可以对短期的市场趋势及时地做出反应。其基本原理就是：在上升趋势中，在 P 线形成短期低点并拐头向上时买入；在下降趋势中，在 P 线形成短期高点并拐头向下时卖出。止损就放在 K 线的摆动高点以上（空单）或摆动低点以下（多单），止损的空间非常小。

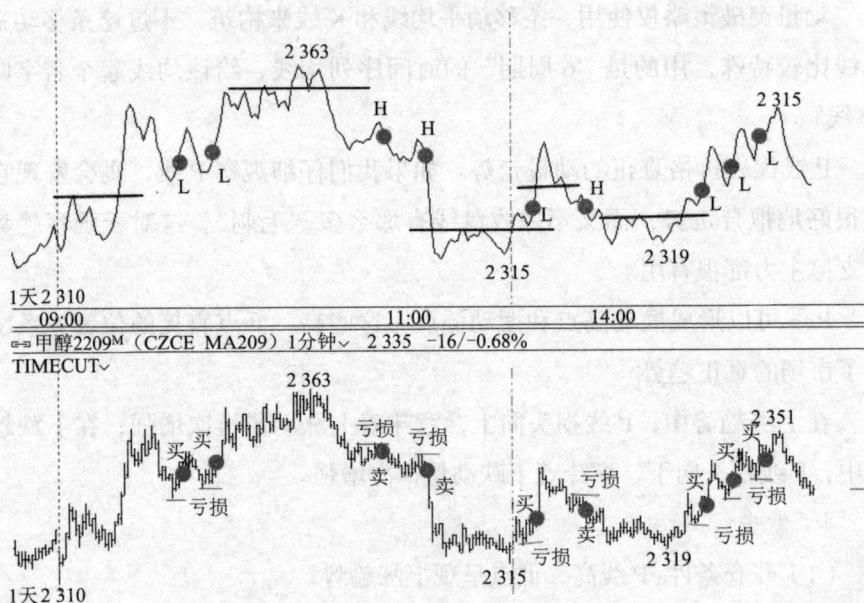

图 2.15

2.4　期货波段交易策略

波段交易旨在捕捉中、短期价格的变化。这种交易以剧烈的价格波动为目标，持仓时间从两三天到几周不等。

与日内交易不同的是，波段交易的频率相对较低，并且保持"隔夜"仓位，这意味着与日内交易者相比，波段交易者管理风险的时间更长。所以，一种"舒适"的交易策略对波段交易者而言更加重要。

2.4.1　何谓舒适的策略

所谓舒适的策略，一是相对准确地定位价格波动即将开始的入口点；二是可以有效地管理风险；三是可以有节奏地跟踪行情，稳定持仓。

波段交易的主要方法还是以技术分析为主，有时也要结合一些基本分析的辅助。基本分析虽然并非必不可少，但对交易者而言绝对有用，我们交易的周期越长，基本分析在其中的作用就越大。尤其是对于持仓来说，技术面与基本面的相互印证能够给交易者带来极大的持仓信心。此外，一些经济数据的发表也会影响短期行情，比如美国的非农就业报告和原油库存数据。这些重要的经济数据一经发出，就会给市场带来短期的剧烈波动。

对波段交易来说，日线图至关重要，了解日线图上的市场结构和趋势方向，交易者就有了至关重要的"航海图"。主交易时间框架则可以放在1小时图、2小时图等更细分的图表上，这有利于交易者进行更精准的控制。其他周期的交易图表也有作用，如周线图可以帮助波段交易者发现关键的支撑位和阻力位，短于1小时的时间框架可以帮助波段交易者识别更精准的入场点。

2.4.2　T线策略

我们说过，T线就是 8 日指数移动平均线（EMA）。我们还说过，把单独的一条 T 线变成由最高价和最低价组成的"T 线带"对交易者更加有利。

图 2.16 所示是螺纹钢期货合约的日线图，图中的带状区域就是由 8 周期的 EMA 组成的平均线带（T 线带）。交易者可以从图中看出哪些必要的信息呢？

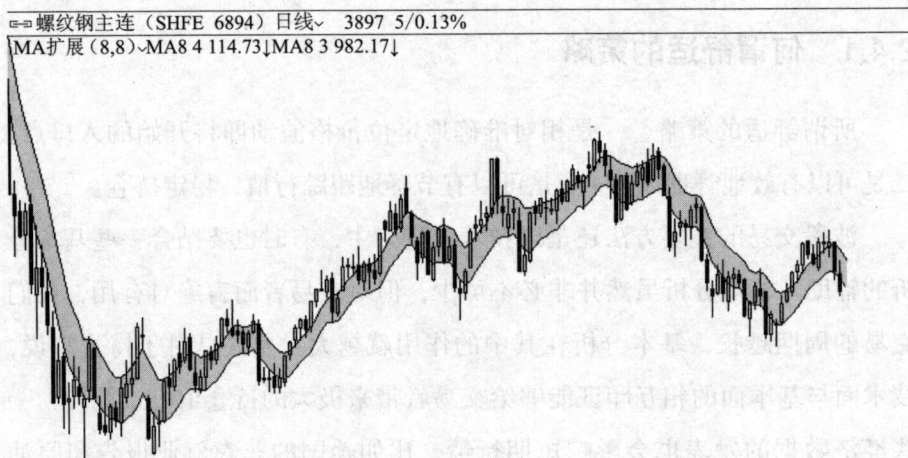

图 2.16

首先，螺纹钢在日线上刚刚经历了一段上涨趋势，这段上涨趋势是由四个上涨波段和三个回调波段组成的。其表现就是向上延伸的 T 线覆盖的上涨波段比向下延伸的 T 线覆盖的下跌波段更长，且高点和低点都在不断地被抬高。

其次，在上涨趋势的上涨波段中，T 线的下轨形成了有力的支撑，这给交易者带来了很好的进入市场的机会。

最后，这波上涨趋势已经结束，目前处于下跌趋势，并且已经走完了一个主下跌波段和一个回调波段，T 线再次拐头向下，这应该是一次寻机做空的行情。

我们在图表上把要素标注出来，如图 2.17 所示。

通过图 2.17 的分析，发现目前做空对交易者更加有利，而且有明确的交易目标，就是捕捉一波下跌趋势中的下跌波段。通过这个例子，读者就应该了解了波段交易者如何使用日线图来确定自己的交易目标和交易方向。既然是波段交易，当然要明确自己交易的是哪个波段，以及这个波段在整体市场结构中的位置。简要来说，就是捕捉上升趋势中的上升波段和下跌趋势中的下跌波段。

明确了交易目标之后，该如何捕捉这个波段呢？

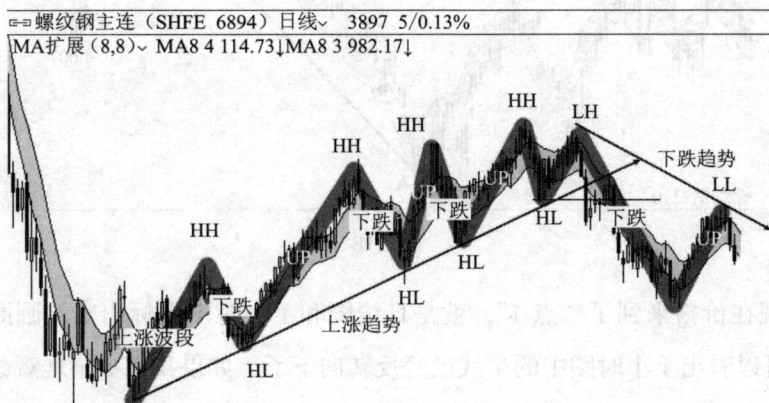

图 2.17

现在，让我们把图表放在 1 小时图上，如图 2.18 所示。

在图 2.18 中我们看到了日线图和 1 小时图中的对应关系，在日线图中短短的一段由 A 至 B 的反弹，在 1 小时图中看来是很大的一波上涨。这就是观察更长时间框架的好处。如果我们仅观察 1 小时图，说不定会想尽办法找机会做多；但是，把这段行情放在日线图中来看，仅是更大下跌趋势当中的一小波反弹而已，而目前这波反弹已经结束了。

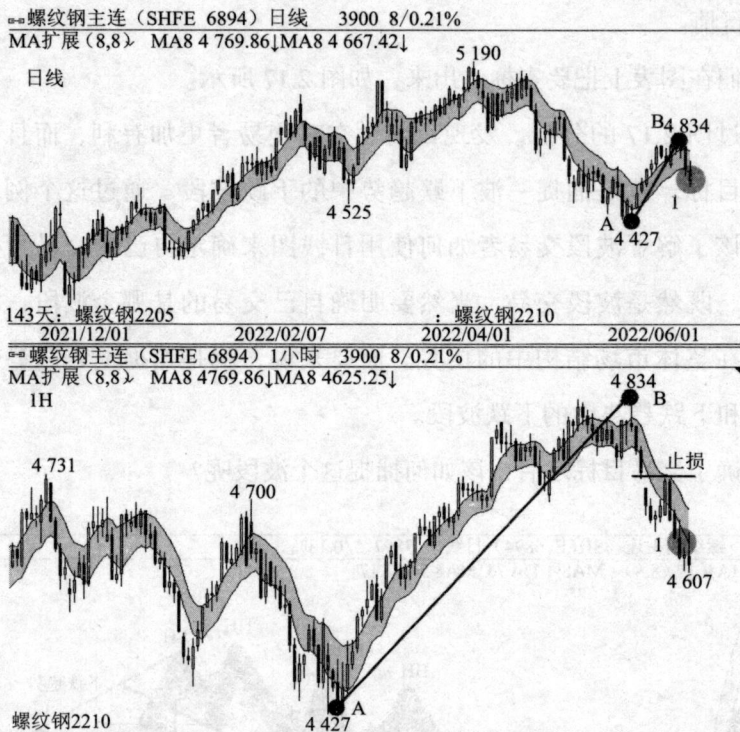

图 2.18

现在价格来到了"点1"，就是日线图和1小时图中标出来的圆圈，很明显可以看出1小时图中的T线已经反转向下了。如果我们更早地观察1小时图，则会发现前面有一个向下的跳空，并出现了回补，而这个回补正好在T线的上沿遇到阻力。当然，这也是跳空缺口的阻力，如果我们在此处做空，则可以抓住风险很小的入场点，但现在价格已经向下，我们就可以把该位置当成止损点。此处别忘了我们的目标是捕捉日线图上一波下跌趋势中的下跌波段，反映在1小时图上，就可以利用1小时图上的T线作为跟踪。止盈可以考虑当1小时图上的T线转头时，这是作为波段交易者理所当然的反应。

T线策略的交易规则如下。

1）做多

（1）开仓条件：日线图处于上涨趋势中，并且在回调后，新的上升波段即将或已经开始。

（2）触发条件：1 小时图上的 T 线向上拐头或 K 线的向上反转、上涨延续形态。

（3）止损：前期 K 线的短期高点或最近阻力位或 T 线上沿之上。

（4）止盈：1 小时图上的 T 线向下拐头。

2）做空

（1）开仓条件：日线图处于下跌趋势中，并且在反弹后，新的下跌波段即将或已经开始。

（2）触发条件：1 小时图上的 T 线向下拐头或 K 线的向下反转、下跌延续形态。

（3）止损：前期 K 线的短期低点或最近支撑位或 T 线下沿之下。

（4）止盈：1 小时图上的 T 线向上拐头。

图 2.19 所示是硅铁主力期货合约的日线图和 1 小时图。价格在经过一段由 A 至 B 的反弹后，开始逐步下跌波段。后续给我们提供了三次卖出的波段交易机会，也就是 1 小时图上黑色圆圈 1、2、3 所示的卖出开仓点。"卖点 1"的止损放在前期 T 线上沿位置，也就是前一根 K 线（流星）的最高点；"卖点 2"和"卖点 3"的止损全部放在 1 小时图摆动高点的上方。同时以 1 小时图上的 T 线向上拐头止盈平仓。

图 2.20 所示是本轮做空下跌波段交易的整体思路。T 线在此充当了便于识别方向变化的工具，还可以使用其他指标工具来达到这个目的。当然，一位熟悉 K 线的交易者可以完全凭借 K 线达到这个目的，而不借助多余的指标。但是，对于交易新手而言，恰当地使用工具也是非常重要的，可以让他们更轻松地把握市场变化。并不是说老手们都排斥使用工具，只是老手们都懂得"非必要勿添加"的重要性。笔者建议大家的图表上不要超过三个技术指标，因为科学研究表明，人的大脑无法在短时间内对太多的信息做出反馈，我们要把一套清晰的逻辑贯彻到底，而不是添加一堆指标，试图预测市场未来的走势。

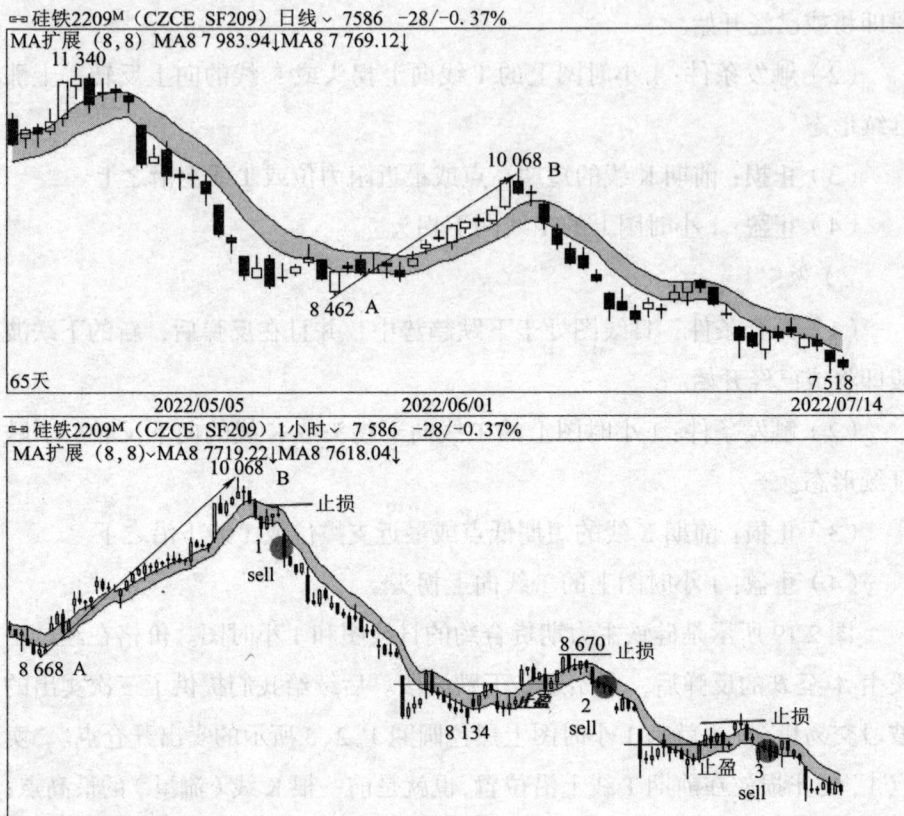

图 2.19

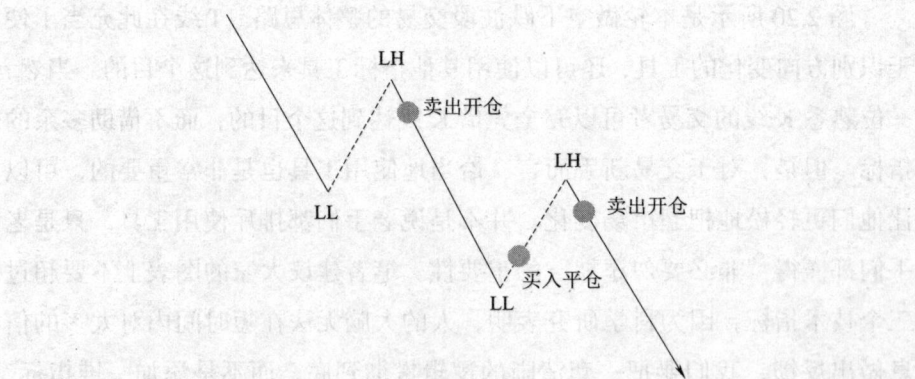

图 2.20

2.4.3　赫尔移动平均线（HMA）策略

在第 1 章里还介绍了一条赫尔移动平均线，这条移动平均线可以起到与 T 线相似的效果，其交易规则也大同小异。

1. 做多

（1）开仓条件：日线图处于上涨趋势中，并且在回调后，新的上升波段即将或已经开始。

（2）触发条件：1 小时图上的 HMA 向上拐头或 K 线的向上反转、上涨延续形态。

（3）止损：前期 K 线的短期高点或最近阻力位或 T 线上沿之上。

（4）止盈：1 小时图上的 HMA 向下拐头。

2. 做空

（1）开仓条件：日线图处于下跌趋势中，并且在反弹后，新的下跌波段即将或已经开始。

（2）触发条件：1 小时图上的 HMA 向下拐头或 K 线的向下反转、下跌延续形态。

（3）止损：前期 K 线的短期低点或最近支撑位或 T 线下沿之下。

（4）止盈：1 小时图上的 HMA 向上拐头。

如上，只是把开仓条件中的"T 线"换成了 HMA。

图 2.21 所示是螺纹钢期货合约的日线图与 1 小时图的组合。日线图中的 A—B 段是一个完整的上升趋势。但是这段趋势反映在 1 小时图中，就可以看出它是由几个波段组合而成的。我们可以选择在日线图上持仓，直接做一个完整的由 A 至 B 的线段。但是，如果我们没有赶上最开始的入口，就可以在 1 小时图上再寻找新的入口点。幸运的是，1 小时图给我们提供了三个完美的入口点（图中粗线条开始的地方）。这三个入口点分别

对应着三个短期低点，可以作为止损点。只因我们可以一直持有到日线图上的 B 点出现，也可以在 1 小时图上止盈，基本上都是盈利亏损比不错的交易。

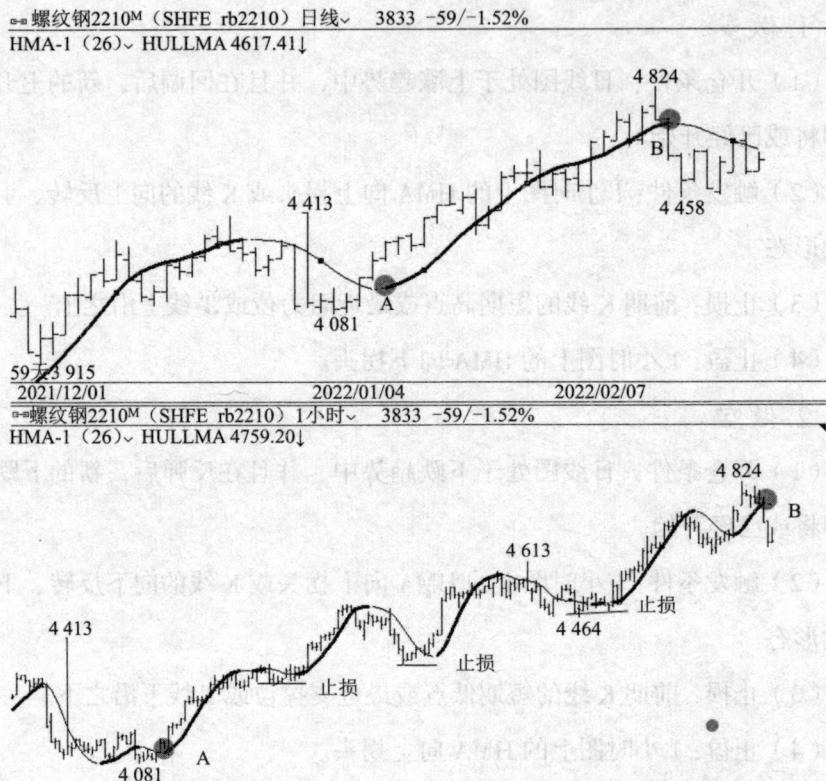

图 2.21

这种在上升趋势中捕捉上升波段的交易，其基本原理如图 2.22所示。

在整体上升趋势中，在短期低点出现后，寻找入口进入市场做多，一直持有到这个上升波段结束，即市场出现短期高点，然后寻找一个合适的出口退出交易。

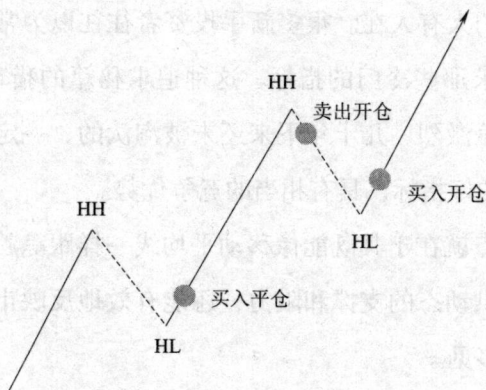

图 2.22

以上两种策略分别列举了一个上升趋势中和一个下跌趋势中的例子，总结来说，波段交易者的日常就是在上升趋势中捕捉主要的上涨波段，在下跌趋势中捕捉主要的下跌波段。对于市场回调的波段，我们一般不参与。一是因为逆势，在胜率上比较吃亏；二是因为回调的幅度不确定，交易者很难做出很好的盈利亏损比。尤其是在强劲上涨的趋势中，捕捉回调波段往往会面临比较高的风险。波段交易者可能会面临隔夜风险，因为与主要趋势方向相反的隔夜仓容易面临第二个交易日大幅跳空的风险，这在金融市场中屡见不鲜。

2.4.4　布林带交易策略

如果交易者一定要在主图上添加一个 K 线之外的指标，笔者一向推荐的是布林带，这是一个对交易者非常友好，而且能够处理各种复杂盘面的技术指标。

布林带是约翰·布林格在 20 世纪 80 年代发明的，也是以他的名字命名的。虽然该指标诞生只有将近 40 年，可能比很多投资者都要年轻，但它已经被广泛应用于技术分析中，不论是个人投资者，还是专业的对冲基金，使用该指标的大有人在。很多新手投资者往往以为常见的指标人所尽知，反而孜孜以求那些冷门的指标。这种追求秘籍的猎奇想法大错特错，因为金融市场竞争激烈，几十年下来还未被淘汰的，一定是那些具有生命力的、去伪存真的好指标，具有相当的竞争优势。

布林带的优点就在于其既能像移动平均线一样跟踪趋势，又能比移动平均线更高地提供动态的支撑和阻力，还能有效地反映市场的波动性。这样的好指标可不多见。

在讨论它是如何做到这一点的之前，先谈谈它是什么及它长什么样。

如图 2.23 所示，布林带由中线（移动平均线）、上线和下线组成。由于上、下线之间的区间是在移动平均线的上方和下方设定一定数量的价格标准差形成的，因此，包含波动性。一般的原则是，通过比较价格相对于布林带的位置，交易者可以确定当前价格是相对低的还是相对高的。此外，布林带的宽度可以作为波动率的指标（较窄的区间表明波动率较低，而较宽的区间表明波动率较高）。

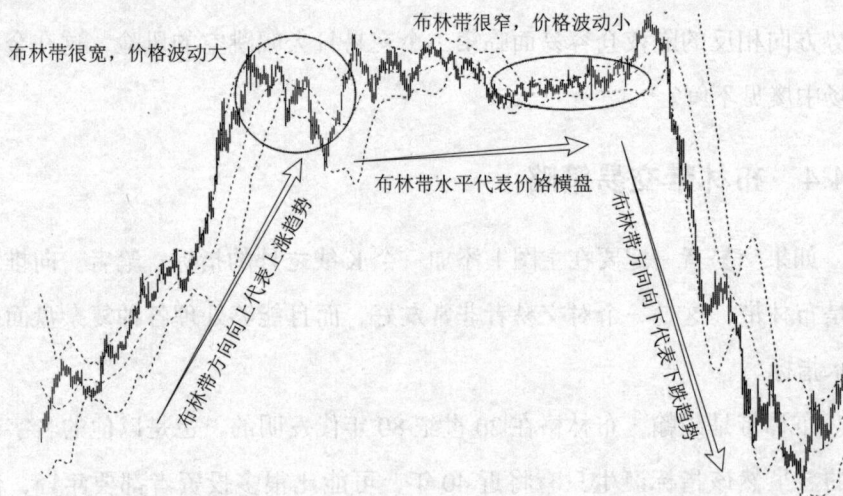

图 2.23

利用布林带来确定当前的趋势非常容易，带子向上飘就是上涨趋势，带子向下飘就是下跌趋势，横向躺平就是盘整。我相信这一点不会有人看错。

此外，布林带的上、下线可以告诉交易者提供支撑和阻力的位置，在上涨趋势中，布林带的下线经常成为反弹的高点；在下跌趋势中，布林带的上线经常成为回调的低点；在盘整行情中，价格一般在布林带的上、下线之间来回摆动。

布林带交易策略的交易规则如下。

1. 做多

（1）开仓条件：当布林带向上运行时，代表当前是上涨趋势，此时交易者寻求做多。

（2）触发条件：价格回调到布林带的下线处，并且 K 线走出向上反转形态。

（3）止损：布林带的下线短期低点的下面。

（4）止盈：前期摆动高点或布林带的上线或 K 线向下反转形态。

2. 做空

（1）开仓条件：当布林带向下运行时，代表当前是下跌趋势，此时交易者寻求做空。

（2）触发条件：价格反弹到布林带的上线处，并且 K 线走出向下反转形态。

（3）止损：布林带的上线短期高点的上面。

（4）止盈：前期摆动低点或布林带的下线或 K 线向上反转形态。

3. 盘整

（1）布林带横向运行，价格在布林带的上、下线之间盘整。

（2）当价格达到布林带的上线，并且出现 K 线的向下反转形态时做空，止损放在前期摆动高点上方。

（3）当价格达到布林带的下线，并且出现 K 线的向上反转形态时做多，止损放在前期摆动低点下方。

（4）布林带的上线是多单的止盈，下线是空单的止盈。

图 2.24 所示是一个布林带的经典下跌模式，整条布林带都在向下方运行。我们可以发现，下跌趋势中的反弹经常在布林带的上线处遇到阻力，然后 K 线形成向下反转形态，为交易者提供了很好的空单入场点。止损就放在布林带的上线短期高点的上方。此外，在下跌趋势比较强劲的时候，反弹有时只到达布林带的中线处，这是因为移动平均线发挥了阻力作用。其实在这种位置交易者也可以入场，其原理与在布林带的上线处做空一样。

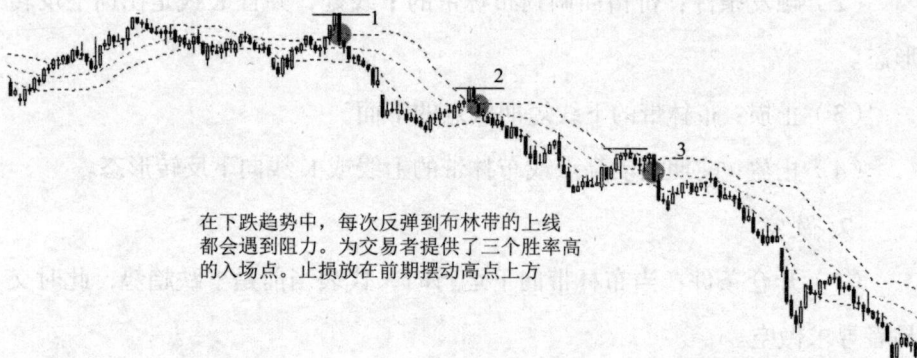

在下跌趋势中，每次反弹到布林带的上线都会遇到阻力。为交易者提供了三个胜率高的入场点。止损放在前期摆动高点上方

图 2.24

此处我们不再举更多的例子，对于上涨趋势和盘整行情的做法，其原理也都一般无二。总之，布林带是一个非常有用的指标。如果交易者不想研究太多的技术指标，则只需熟练使用 K 线和布林带，即可应付市场中的绝大多数情况。

第3章 >>>>>>
股票

在我国，股票已经成为除基金外，投资者参与最多的金融产品。而且随着金融业的发展和深化，股票还会被越来越多的投资者所接受。

虽然目前我国参与股票市场的投资者已经不少，但是真正在股票市场中赚钱的投资者并不多。

其中有一个关键原因就是相当一部分股票投资者缺乏股票市场的基础知识和交易训练。基础知识是市场认知的根本，交易训练是技能成长的必需。好比一位钢琴演奏者既要懂得基础乐理知识，又要受过钢琴弹奏的技能训练，两者缺一不可。

3.1　股票市场的基础知识，你了解这些就够了

看看下面几则财经新闻的标题，你能明白它们代表什么意思吗？如果你没有任何阅读障碍，则代表你对股票已经有了一定的了解。

> 京东第一季度 EPS 不及预期，股价盘前大跌近 4%
>
> ——《东方财富网》 2018 年 5 月 8 日
>
> 蚂蚁集团称目前没有重启 IPO 计划！阿里股价重挫，跌幅超 8%
>
> ——《21 世纪经济报道》 2022 年 6 月 10 日
>
> 市盈率创历史新低，这 27 只低估值股值得关注
>
> ——《证券时报》 2019 年 6 月 5 日
>
> 三连板苏州高新：正在筹划对医疗器械产业公司实施现金增资
>
> ——《每日经济新闻》 2022 年 3 月 18 日

这些财经新闻的背后蕴含着股票市场的基础知识，其实非常简单。本节将带领读者快速入门股票市场，快速了解股票市场的一些基础知识。阅读完本节内容，你不但能理解股票市场的专有名词——每股盈余（EPS）、上市（IPO）、市盈率（P/E）等，还能对股票市场的本质有一个清楚的认识。

3.1.1　从创业到上市

假设我在某个世界发明了一种神奇的香皂，超过目前市场上其他所有的产品，毫无疑问，这种颠覆性的产品中蕴含着巨大的商机。

但是，我要把新产品变成财富面临很多困难，既没有本金，也毫无人脉，而且我对如何募集资金缺乏了解。

现实中，很多创业者都跟我一样陷入相同的困境。一个人的生意风险过大，我首先需要找到好的合作伙伴，我需要说服他们，与我共同创业，或者成为我的财务投资者，也就是初创公司的股东。

假设我找到了四个合作伙伴，加上我共五个人，每人出 1 000 个银币（方便举例），成立了一家"香皂商号"。公司资本额总共 5 000 个银币，发行 500 股，每股价值 10 个银币，我们五个创始人都是公司的股东、各自拥有这家公司 20% 的股份。

什么是股东？

股东就是拥有这家公司的人，如果你购买了一家公司的股票，那么你就是这家公司的股东，代表你拥有这家公司的一部分，注意，你拥有的并不是公司的全部，就好像在这个例子中，我们每个人只拥有公司的 1/5。

我很幸运，香皂的生意取得了很大的成功。

一年后，我的"香皂商号"取得的营业收入，在扣除各项成本和费用后，净赚了 1 000 个银币。也就是 20% 的净利润。

那么，分到我们每个股东个人头上赚了多少钱呢？

由于我们各有 20% 的股份，所以分下来每人可以拿 20% 的利润，也就是 200 个银币。

这里就带出来一个我们在股票市场中经常听到的重要概念——每股盈余（EPS），这是一个衡量公司为股东赚钱能力的指标。

每股盈余的意思是每张股票能够赚取的公司利润，知道每股盈余，我们就知道了我们作为公司的股东能够在公司的利润中获取的数额。

🔍 每股盈余（EPS）的计算

每股盈余 = 公司净赚的钱 / 公司发行的股数

本例中，每股盈余 =1000÷500=2。

我的香皂商号总共发行 500 股，每个人都持有 100 股。

我拥有 100 股的香皂商号的股票，每股能够赚到两个银币的利润（EPS=2），所以我作为股东的利润是 200 个银币。

所以，只要看看每股能赚到多少钱 (EPS)，也就知道每个股东赚了多少钱。理论上来讲，一家公司的每股盈余肯定是越高越好，代表这家公司的投资者（股东）的利润就越高。

投资的最终目的就是获利，所以每股盈余是一家公司的股票持有者最关注的指标之一。

但光看企业 EPS 高，我们就能直接买了吗？

并非如此，如果这么简单的话就不会有人在股票市场上赔钱了。后面会为大家进一步解释。

既然我的"香皂商号"取得了业务上的成功，那么下一步自然是要扩大营业规模，雇更多人、开发更多的产品，比如洗发水、洗衣粉等，然后还要再开设新的分公司，扩大市场占有。于是我和几个创始人算了一下，估计再开设一个店铺还需要再有 1 000 个银币，但商号根本没那么多钱。

因此，我跟另外四位创始人兼股东商量，考虑再发行一些股票，吸引更多的投资参与进来。但是我人脉不够，另外四位创始人也并不擅长此道。

于是经人推荐，我找到了一个在这里人脉很广的朋友——高盛，他是一个很成功的生意掮客。

高盛对我们的生意非常热心，说："小意思，这个业务我熟悉，你们可以在商会挂牌，把你们的股票挂牌在商会的公开转让中心，这样就再也不发愁缺少投资者了，而且这里的股票可以公开报价、自由买卖，如果业绩好，未来的股价也会越涨越高，你们这些创始人就都变成大富翁了。"

我一听，嗨，这不就是上市吗！

公开的报价、自由的交易，这就是"证券交易所"呀。

证券交易所就是让市场上的投资者可以公开、自由地买卖股票的场所。大家在这里集中交易，集中报价，例如我国的上海证券交易所、美国的纳斯达克证券交易所等。

于是，我们就聘请高盛担任我们的"财务顾问（以下简称 FA）"，协助我们完成此次 IPO 上市，并帮忙宣传，让这里的投资者也分享到我们公司发展的成果。

高盛很快帮我搞定了所有的审核的文件。商会审核了我的香皂商号的业务和财务状况，觉得我们不是骗子，不会拿了钱以后就人间蒸发，于是同意我们上市，这是必要的监管，也就是投资者保护。

高盛干的，就是所谓的"投资银行"的业务。在我国，一般属于券商的业务范畴。

券商，就是证券公司。我们在进入股票市场之前，都要先去证券公司开一个股票账户，这属于证券公司的经纪业务。除此之外，券商还有许多其他的业务，比如帮助公司进行股票的发行、上市等。

以前我国的证券公司都是本土的，现在随着政策的逐步放开，一些国际投资银行开始进入我国的证券市场。这些专精此道的金融机构，会负责承销公司的股票，帮我的香皂商号募集更多的资金。

高盛按照我们的诉求：新发行 100 股、每股 10 个银币、总共募资 1 000 个银币。

…………

随后又办了几场大规模的宣传说明会，告诉投资者"香皂商号"的盈利能力如何强大、产品如何具有颠覆性、商业模式如何开拓创新……这就是路演。每家公司在公开上市之前基本上都要经过路演。

路演取得了成功，投资者踊跃认购，于是我的商号就成功地在这里 IPO 上市了。

IPO 的英文全称是 initial public offering，中文意思是首次公开募股。上市后，我们就可以把股票卖给这里的股民朋友了。

上市是一个具有挑战性的、耗时的过程。对于大多数公司来说，独自经营规模小、风险大。一家计划首次公开募股（IPO）的私人公司不仅需要为公众监督做好准备，还需要提交大量文件和财务披露材料，以满足监管机构的要求。

这就是为什么一家计划上市的私人公司会雇用一家承销商，通常是一家投资银行，来为首次公开募股（IPO）提供咨询服务，并帮助其确定 IPO 的初始价格。承销商帮助管理层为 IPO 做准备，为投资者创建关键文件，并安排与潜在投资者的路演会议。

一旦公司及其财务顾问确定了 IPO 的初始价格，承销商就会向投资者发行股票，公司的股票就会在证券交易所公开的股票交易所里进行交易。

首次公开募股可能是公众第一次可以购买一家公司的股票，但是首次公开募股的目的之一是让公司的早期投资者兑现他们的投资，这一点很重要。

我的"香皂商号"上市时投资者非常踊跃，人人想要成为"香皂商号"的股东。但能申购的股票很少，只发行 100 股，结果却有 200 人想要认购。

怎么办呢？抽签呗。

募股之后，我的"香皂商号"就有了 600 股。

现在的股权结构如下：

5 个创始人的股份从 1/5 变成了 1/6，我们的股权被稀释了。稀释的部分分配给新来的 100 位投资者。这 100 位投资者都购买了我们的股票，他们各自拥有 1/600 的股份。

后来，商号的生意快速增长，规模不断扩大，产品层出不穷，我们又推出了洗发水、沐浴露等多个畅销产品，后来成为那里的知名企业。大家都想购买我们的股票，于是股价也就越来越高。

3.1.2　股息与价差

投资者在股市中赚钱主要有两种方式。

（1）股息，即公司利润给投资者的分红。

（2）资本收益，即投资者靠股票价格上涨的部分赚钱，这是最常见的方式。

股息，可以理解为购买股票的利息。我们把钱存到银行，或者购买债券和一些理财产品都会有利息，为什么购买股票的时候没有利息呢？

因为银行存款、债券属于债务（借贷）的范畴，而股票属于股权投资的范畴。好比我在上文中举的发明香皂创业的例子。如果我通过借钱来发展业务，那么我需要向债权人支付利息。但是，我是通过向他们转让公司的股份来融资的，所以无须支付资金的利息，但是我让出了公司的部分所有权。

公司把利润分配给股东，这在股票市场上叫作股息，公司是否支付股息是由董事会投票决定的。所以，并不是每只股票都会派发股息的。

很多企业不喜欢派发股息，比如巴菲特就在致股东的信中表示不会派发股利给股东。因为这些公司觉得可以拿手上的钱去做更多的事情，比如投资、收购、研发等，公司用利润来支持加速扩张，公司股价也就更高，股东当然也开心。既然如此，为什么还会有公司派发股息呢？

公司派发股息是为了吸引那些想分享公司利润的投资者。有一种投资者以股息作为收入来购买并持有股票。这些投资者寻找派发高额股息的公司，将其作为购买股票的关键指标。

稳定的股息往往是价值股的标志。通常派发股息的公司会树立一种信誉良好的公司形象，被认为是价值股，比那些成长型公司更稳定。成长型公司往往将利润进行再投资，以获得更多的发展和增长。

不是每家公司都是派息公司。记住，投资者要么通过资本收益（股票升值）赚钱，要么通过股息赚钱。公司可能会选择以增长为导向，而不提供股息。这在新成立及成长型公司中很常见。

公司不再分配利润，而是进行再投资，这样就可以实现增长，让股票升值。这吸引了不同类型的投资者——他们希望看到股价大幅上涨。

股息对投资者也有吸引力，稳定、可靠的股息流为投资组合的回报提供了良好的平衡。例如，消费品巨头宝洁公司自 1891 年以来每年都派发股息。自 1891 年以来，宝洁公司的股价并未每年上涨，但持有该股的股东至少在股价下跌的那些年里得到了回报。他们并不完全依赖资本收益来获得报酬。

不断增加的股息流不仅能对冲通货膨胀，还能加速投资回报。把回报看作股票投资的安全网。没有人确切地知道一只股票随着时间的推移会如何表现，但计算回报期有助于建立一个预期的基准表现。

根据股息流计算一只股票的回报迫使你解决以下问题：如果这只股票的价格从来没有让我赚到任何钱，那么多久股息才能让我从最初的投资中摆脱出来？

要理解回报的概念，请看下面的示例。假设你购买了 40 元 / 股的股票 200 股，你的投资是 8 000 元，股票每股每年支付 1.20 元的股息（收益率为 3%）。据此，你预计第一年会得到 240 元的股息。如果股息流从未改变，那么你将在大约 33 年内收回最初的 8 000 元投资。如果股息流每年只增长 5% 呢？你可以在 20 年内收回初始投资。换句话说，投资回收期将缩短 13 年。

所以，股息稳定的股票带给投资者一条安全的底线，即使购买后股票价格一直没有上涨，也可以在若干年后收回投资。

平均而言，派息股票的波动性要小于非派息股票的波动性。而股息流，尤其是在利用复利的力量进行再投资时，随着时间的推移，可以帮助积累巨额财富。

然而，分红是有成本的，公司不可能在影响其市场价值的情况下向股东支付分红。

想想你自己的家庭财政。如果你经常给孩子零花钱，那么你的净资产也会减少。公司也一样，公司支付给股东的钱不再是公司资产基础的一部分，这笔钱不能再用于再投资和公司发展。该公司财富的减少必然会反映在股价的下行调整中。

所以，当公司派发股息时，股价往往会向下调整。尤其是当公司派发特别股息（也被称为一次性股息）时，这种调整更加明显。当公司向股东派发特别股息时，股价立即下跌。

对于 A 股市场而言，现在股息派发也越来越多了。2022 年 5 月 5 日中国新闻网一篇报道的标题为"A 股分红连续五年超万亿元 TOP50 公司股息率均超 7%"，文中总结了 A 股市场中派息较高和派息比较稳定的公司所在的行业。

文中指出，A 股市场共有 178 家公司连续 3 年（2019 年至 2021 年）股息率均超 3%。从申万一级行业来看，上述公司主要扎堆在银行（24 家）、交通运输（15 家）、纺织服装（13 家）、房地产（12 家）四大行业。

此外，千万不要忘了港股市场。港股市场的价格比较便宜，而且很多中国大型的国有企业都在港股上市，并派发相当不错的股息，比如中国移动、中国电信的股息率都超过 8%，中国工商银行、中国建设银行的股息率也超过 7%，中海油的股息率甚至超过 10%。

这些中国大型的国有企业和中央企业几乎不用担心信用问题，如果能在合理的价位买到其高额派息的股票，则是一笔很好的长期投资，其收益远远超过购买银行理财产品的收益。

3.1.3　价值股和成长股

在谈到股息的时候，我们说过价值股和成长股。那么，到底怎么区分价值股和成长股呢？

巴菲特在 1993 年提出了一个很生动的股票投资的概念——"护城河"。

"护城河"的概念理解起来相当容易，比如我们很难想象有一个新创的碳酸饮料品牌能够打败可口可乐，因为可口可乐品牌已经在用户心中根深蒂固，甚至已经形成一种文化。哪怕你创造的饮料更好喝，也无法取代可口可乐在用户心中的地位。这就是品牌的力量。

当然，有人不信邪，比如，特斯拉创办人马斯克就不认同"护城河"理论。他在 2018 年的财报会议上批评巴菲特的"护城河"理论非常古板且过时，并表示如果对抗敌人的唯一防御就是护城河，那坚持不了多久。重要的是创新，才是维持竞争力的核心。

说到这里，很多读者会觉得，马斯克说得也很有道理——创新确实非常重要，是一家企业永远保持竞争优势的核心竞争力。一家躺在护城河后沾沾自喜的公司，岂不是要被市场淘汰？

那么，我们该如何理解巴菲特和马斯克的说法呢？

其实，从投资的角度来看，巴菲特和马斯克说的是两种不同类型公司的股票，也就是价值股和成长股的区别。

1. 价值股

传统上我们理解的价值股通常具有以下特点：①它们通常是成熟的企业；②稳定（但并不惊人）的增长率；③相对稳定的收入和利润；④大多数价值型股票都要支付股息，尽管这并非一成不变的规则。

总的来说，价值股重在一个"稳"字，稳定的市场、稳定的利润、稳定的客户。但是我们都知道，在激烈的市场竞争中，想要做到"稳"，并不是一件容易的事情。这些企业能够长年维持市场和利润，不被后来的竞争者打败，必然有强大的武器维持其竞争优势。

所以，理解这些公司是如何维持其竞争优势的，对于我们理解价值股就显得非常重要。巴菲特的"护城河"理论无疑给我们提供了很好的理解价值股的视角。

美国晨星公司的股票研究部主管帕特·多尔西把企业的"护城河"归纳为五种：无形资产、转换成本、网络效应、成本优势、有效规模。

1）无形资产

非实体形式的企业经营资产即为无形资产，包含品牌、专利及法规特许经营权等。

> 🔔 **注意：**
> 我们从上市公司的资产负债表中可以看到有一个项目叫无形资产。但是对企业而言，真正有价值的无形资产其实很有限，千万不要根据企业资产负债表上的数字来判断企业无形资产价值的大小。

可以考察三个方面来判断一家企业无形资产的价值。

（1）品牌

一个优秀的品牌能够在消费者心中占有一席之地，增强消费者的忠诚度及信任，并愿意支付更高的价格购买。

比如可口可乐、苹果手机就是典型的例子。可口可乐已经成为一种品牌文化符号；而苹果手机具有强大的品牌效应。

又如中国的茅台，这个品牌的特点是"历史独特性"，其他白酒企业即使花再多的广告费也是难以复制的。

（2）专利

拥有专利等于受到法律的保障，让其他竞争者无法制造相似的产品，从而建立了一种法律的壁垒。其他企业想使用该专利技术，就必须向专利拥有者取得授权。

不过，专利是有期限的。当专利过期之后，竞争者就可以合法使用这项专利。因此，企业必须不断推陈出新，增强研发力量，才能在产业内站稳脚步，保有竞争优势。

（3）法规特许经营权

有些行业需要通过政府许可才能进入，这样的行业具有较高的门槛，行业内的企业拥有坚固的护城河。

例如，我国有很多关键行业都是存在政策门槛的，要么不允许私人资本进入，要么具有很高的资本金和监管要求，这些行业享有稳定的资本报酬。

2）转换成本

一个人已经习惯使用某一产品，如果要换成另一个产品，则需要付出一定的成本，如金钱、习惯的改变、花更多时间重新学习等。

需要注意的是，转换成本不仅包括财务成本，还包括其他成本，如心理成本、时间成本和基于努力的成本。

假设一个人目前每月支付 200 元的手机费。现在他发现，另一家服务提供商相同的话费套餐，每月的费用只需 150 元。在这个例子中，如果换了手机话费套餐，则将每月节省 50 元。然而，转换成本是不能不考虑的。

沟通成本：更换其他服务提供商的话费套餐，意味着更换手机号码，增加了沟通成本。

心理成本：原先的手机号码已经让我们有了心理习惯。

又或者原先已经习惯使用某机器设备的客户，突然更换设备时也会需要花时间摸索，重新培训员工，以及改变使用习惯。

转换成本高，意味着产品或服务与客户之间具有紧密的联系。当客户很难转换使用其他产品或服务时，该企业就容易创造出高度的竞争优势。

3）网络效应

一家企业提供的服务或产品，随着用户数量的增加，透过原用户的介绍分享，串联更多新的用户，使该企业的服务或产品价值提升，形成强大的网络效应，让竞争对手难以超越。

举例来说，使用微信的人越多，便会形成一种群聚效应，吸引周遭更多的人纷纷加入使用，让其他通信软件很难产生竞争优势，哪怕其功能可能比微信的功能更加突出。

4）成本优势

价格通常是客户决定购买的重要依据，所以，具有成本优势就是关键。

一家企业如果能比竞争对手拥有更低的生产成本，自然能够创造更多的利润。而低成本的来源可能是企业拥有绝佳的地理位置、掌握着特殊资源、运行低成本的生产程序或具备庞大的经济规模。

例如，全球最大的零售商沃尔玛专注于节约开支，在采购、运输、销售和存货等环节降低成本，造就了它在零售业的领先地位。大量的采购能够让它在和供应商谈判时握有谈判的筹码，以及随着店面数量的增加而建立的物流配送系统也能使其成本降低。

5）有效规模

在有限的市场当中，只有一家或少数几家企业占有这个市场，形成类似垄断的现象，会使其他想加入的同业竞争者很难进入这个市场。因为新加入的企业不但要付出较高的成本，相对应潜在利润也较低，使整体回报率下降。

例如，中国的五大银行就具有有效规模的优势，在用户存款和优质客户垄断方面具有其他小型民营银行不具备的竞争优势。

🔍 识别真假价值股

大家想一想，联想是价值股吗？

如果我们仅看企业规模，联想是世界五百强公司之一，毫无疑问是一家大公司。但是，如果我们从"护城河"的概念来理解价值股，联想就不能被称为价值股了。

第一，联想仅仅可以被称作知名品牌，因为它并不具备像可口可乐那样的品牌文化，也不具备像苹果那样的品牌效应，更没有像茅台那样的品牌历史独特性。

第二，联想虽拥有一些专利，但并没有个人电脑方面的核心专利，它的模式就像一个组装厂，其专利并不足以阻挡竞争者的进入。

第三，联想也并不具备"网络效应"，我的亲戚、朋友、客户购买了联想电脑，并不足以让我也非购买联想电脑不可。

第四，在转换成本方面，用其他品牌的电脑来代替联想电脑，并不会产生任何的使用不适。

第五，联想确实是全世界市场占有率很高的个人电脑品牌，但是很难据此认为联想可以形成垄断效应，其组装厂的模式使它更像一个计算机各组件的二手渠道商。

从联想的例子中可以看出，价值股并不等于大公司的股票，而是要在竞争优势上具有其他竞争对手难以跨越的障碍，使其能够常年保持稳定的利润率和市场占有率。

这是我们分辨价值股的精髓，也是"护城河"的本质。一些大企业容易让人觉得其股票符合价值股的特征，不过这也是经常让人忽略"护城河"本质的原因。

2. 成长股

成长型股票简单说就是那些收入和收益增长速度快于行业或市场平均

水平的公司股票。

通常，一家成长型公司已经开发出一种创新的产品或服务，这种产品或服务在现有市场中抢夺份额，或者开拓一个新的市场，甚至创造出全新的产业。

价值股往往是已经在市场上取得了相当的市场占有率，很难再继续扩大规模，并且已经保持稳定营收的公司股票。

从投资的角度来看，成长股相对于价值股有三个明显的劣势：一是成长股的波动性较大，这意味着比较高的风险；二是成长股往往不派发股息，完全是依靠价格的上涨来盈利的，所以，成长股的标签往往是高增长；三是与价值股相比，从市盈率、市销率和自由现金流比率等指标来看，高增长股票往往比普通股票价格更高。

尽管这些成长型股票标价高昂，但它们仍能为投资者带来创造财富的回报。成长型股票的发展速度高于平均水平的企业，在此过程中为股东带来可观的回报。而且，它们增长得越快，回报就越大。

考虑投资成长股，我们的思路是什么？

1）具有惊人的增长潜力

这是我们选择成长股最重要的考量。

首先看行业是否具有前景。趋势很重要。如果你积极参与到一种趋势中，那么这种趋势背后的公司就是一个成长型股票有更大成长空间的强有力的例子。比如十年前的互联网就是最好的例子。

那么，什么是未来的行业趋势呢？

绿色能源、人工智能、老龄化……

其次要考察公司和产品。一家公司做一款产品并且做得好，那么说明它已经进入了一个有利可图的利基市场，并将在很长一段时间内利润可期。

任何一家销售产品或服务的公司，如果拥有一个忠实的客户群，并且正在投入必要的研发资金，以控制这个利基市场，那么这家公司就值得一看。

在一个巨大的利基市场中发现成长型股票——擅长一件事情并且正在脱颖而出的公司——是能够在未来几年盈利的公司。

你有信心在新兴产业中挑选出赢家。你经常会在经济快速发展的领域里发现成长型股票，比如科技股。

此外，许多不同的成长型公司相互竞争是很常见的。你需要尽可能多地挑选一个行业的最终赢家，同时避免失败者。

2）有良好的财务基础

认识公司的基本面对投资成长股来说非常重要。因为成长股不同于价值股，其风险相对较高，高增长的背后总是蕴含着很高的失败的可能性。

我们可以看以下几个指标：

（1）资产负债表。资产负债表显示公司在特定时间点的资产、负债和资本，包括公司在前一时期的收支平衡。

（2）现金流。现金流是公司财务增长的关键，能够产生持续的正现金流是财务健康的良好指标，拥有良好现金流的公司是相对安全的。

（3）损益表。损益表是显示一家企业的利润和损失的报表。损益表被认为是一家公司最重要的基本财务文件，因为它报告了公司在特定时期（如一个季度或一年）的收入、费用、损益和最终净收入。

上述公司财务基本面表明，如果公司的产品或服务具有需求，且公司由强大的管理团队运营，以及公司有能力产生收入，能妥善管理债务，并拥有现金流，就能在未来几年里实现显著增长。

3）宏观经济环境

成长型股票对经济环境非常敏感，毕竟公司在宏观经济景气的时候，总是更容易拓展业务；而在经济处于衰退和萧条时期，消费者压缩开支，高成长的公司往往容易陷入困境。

一般来说，成长型股票在利率下降和公司收益上升的情况下有可能表现得更好。然而，它们也可能是第一批在经济降温时受到惩罚的对象。

成长型股票的价格往往对公司未来业务前景的变化极为敏感。当情况好于预期时，成长型股票的价格就会飙升；当它们令人失望时，定价较高的成长型股票也可以同样迅速回落。

当利率处于低位时，成长型股票会在经济扩张期间蓬勃发展。自 2008年金融危机以来，成长型股票的价格大幅上涨，其表现明显优于价值型股票和整个标准普尔 500 指数。中国也不例外，比如在 2020 年和 2022 年，中国的利率走低，成长股的表现就非常不错。

而价值股通常是周期性行业的股票，在经济复苏初期可能表现良好，但在持续的牛市中通常更有可能滞后。

3.1.4　每股盈余和市盈率

影响股票表现的有两个关键因素：一是基础公司的盈利能力；二是投资者如何评估这种盈利能力。一份收益报告可以告诉你一些关于公司业绩的信息，但是，它不能告诉你任何关于投资者对公司业绩的看法。衡量这一点的一种方法是市盈率。

前面我们说过每股盈余（EPS），是当期净利润除以总股数所得的数值，即总净利除以总股数等于每股盈余。

这是一个衡量股东收益的指标。如果每股盈余比较高，则表示公司经营业绩良好，能为股东赚钱；如果每股盈余比较低，则代表这家公司为股东赚钱的能力比较差。

这是一个非常直接的指标。

那么，是不是我们购买股票，只要挑选每股盈余比较高的就可以了呢？

并非如此，因为一家每股盈余高的公司可能股价很高。虽然这家公司比较赚钱，但是股价太高了，投资者反而需要更长的时间才能收回成本。

例如，一家公司的 EPS 是 2 元 / 股，目前股票的市价是 10 元 / 股，那么在此价格买入的投资者需要 5 年的时间收回成本；另一家公司的 EPS 是 5 元 / 股，比前一家公司的 EPS 足足高了 2.5 倍，但是这家公司目前股票的市价是 50 元 / 股，那么在此价格买入的投资者需要 10 年的时间才能收回成本。

所以，为了更好地衡量一只股票的投资者收益，发明了另一个指标——市盈率。

市盈率（P/E 或 PER）代表每股市价是每股盈余的倍数。假如某企业目前的股价为 100 元 / 股，每股盈余为 10 元，那么市盈率就是 10 倍。

市盈率是基本面股票估值分析的基石，最常用于单个公司。市盈率，顾名思义，是用股价除以公司每年每股盈余的比率。这里隐含的逻辑是，一家成熟的公司（没有资本支出投资）将所有利润通过股息返还给股东。这样市盈率就成了衡量投资者需要多少年才能从初始投资中赚回本金的指标。

可见，一家公司的每股盈余越高，则市盈率越低；股票价格越高，则市盈率也就越高。这里需要特别指出的是，由于目前的交易价格反映的是未来的业绩，因此需要推算的是未来的收益，而不是过去的收益。

一家公司今年的收益高，不代表明年的收益也高；同样，今年利润低的公司，也许明年就能够创造很高的利润。

一切都是看未来的，股票价格反映的是投资者对未来的预期，这是每个投资者需要牢牢记住的基本原则。

不管是市场还是个股，市盈率的单位都代表"倍数"，代表流通股基本上是在投资未来，这也就意味着交易中有一定程度的泡沫。

高市盈率表示相较于收益，股票交易价格偏高，泡沫的程度较高；低市盈率表示相较于收益，股票交易价格偏低，泡沫的程度较低。

一只股票具有 10 倍的市盈率，意味着该股需要花费 10 年时间，而且需要保持和现在同样的收益，才能让投资者回收成本。

在这里再提醒一点，不同的行业，其市盈率往往天差地别，比如消费板块和互联网板块的市盈率差距就很大，因此，比较市盈率往往局限在同板块的不同股票之间。此外，不同的市场，其市盈率也有很大的差别，在美国和中国股票往往以 20 倍以上的市盈率交易，而在韩国股票往往以 10 倍以上的市盈率交易。

3.1.5　市净率

除了市盈率外，还需要了解一个重要的指标——市净率。

市净率（P/B 或 PBR）是每股市价除以每股净资产所得的数值，也就是说，股价是每股净资产的几倍。假如某家公司目前的股价为 100 元 / 股，每股净资产也是 100 元，那么市净率就是 1 倍；每股净资产是 200 元，市净率就是 0.5 倍；每股净资产是 50 元，市净率就是 2 倍。

市净率的逻辑是：购买了一家公司的股票，就拥有了这家公司的一部分。那么，当公司清算时，我们分到的公司资产是多少？能拿回全部投资吗？

如果市净率等于 1，就代表我们的投资正好等于该公司的每股净资产。一般来说，市净率不会这么低，因为股票价格反映的是对未来的预期，公司未来还要发展、赚钱，所以股价已经反映了未来的资产价值。但是，如果市净率过高，投资者就有理由怀疑股价泡沫过大。

根据评估资产的方式和类型，计算出来的净资产可能会有很大的差异。非专业的一般投资者只要简单地用总资产减去总负债的方式计算即可。

好了，现在大家已经了解了基本概念。

在评估股价时，最基本的指标就是市盈率和市净率。它们用来判断相较于每股盈余、每股净资产，以目前的股价交易是高估还是低估。

当然，我们一般认为，购买那些相对净利润和净资产被低估的股票会更好，但是到了具体的投资实战中就完全不同了——我们经常会发现那些被高估的股票反而价格上涨了更多，而精心选出的被低估的股票反而价格下跌了更多。

这是怎么回事呢？

3.1.6 市盈率和市净率告诉我们的市场秘密

> 成功的投资是预测别人的期望。
>
> ——约翰·梅纳德·凯恩斯，英国经济学家

任何学过经济学的人都知道凯恩斯的名字，他是有史以来对世界影响最大的经济学家之一。

当前各个国家对经济调控的基本理论就来源于凯恩斯，他不但是一位成功的经济学家，还是一位投资大师。这一点从现在来看也是弥足珍贵的。

20 世纪 30 年代，在当时英国的报纸上有一个很流行的游戏，让人们从 100 张照片中猜出最漂亮的面孔。每个读者可以选择 6 张照片，他们的选择将与所有其他玩家的选择进行比较。如果某个读者选择的照片中包含所有参赛者最终选出的结果，他就会赢得奖品。

一天早上，凯恩斯在报纸上看到了这个游戏。在此之前，尽管凯恩斯是一位杰出的宏观经济学家，但他在股市上的表现却非常糟糕。他会根据自己预期的宏观经济政策来预测金融市场何时会发生变化。但尽管他比大多数人都更懂经济学，他的投资回报却并不理想。

凯恩斯对此非常困惑，因为尽管股票的基本价值在短期内没有太大的变化，但是股价的波动却是惊人的。凯恩斯就在思考到底怎样解释股市的泡沫、崩盘和剧烈的价格波动。

报纸上的选美比赛游戏吸引了他的注意，他认为这就是他想要的模式，并在 1936 年的惊世作品《就业、利息和货币通论》中对此进行了描述。

根据凯恩斯的说法，在参加选美比赛时，你可以使用多种不同的策略。一种策略是你可以简单地选出 6 张你认为最漂亮的面孔。凯恩斯称之为"天真的策略"，因为它是基于你自己的爱好的选择，如同我们主观地认为一家公司很好一样。

另一种策略是基于你认为其他玩家会觉得最漂亮的面孔做出决定。这稍微理性一些，不过，它是在假设其他所有人都使用"天真的策略"的前提下运行的。

但是，如果其他所有人都使用这种更为复杂的策略，并试图猜测其他人的想法，那事情就复杂了。

你不仅要猜测别人觉得最漂亮的面孔，还要猜测别人的猜测。但是，一旦我们采取了这种策略，就会陷入无限循环。为了获得成功，每个玩家都需要比其他人更深入一个层次：他们需要猜测其他人的偏好，再加上其他人的猜测，以及其他人对其他人猜测的猜测……

虽然最终可能会有一个赢家，但是一个简单的决定哪张面孔更漂亮的游戏变成了一个复杂的、无穷无尽的猜谜游戏。

凯恩斯将这种思维比作股市。

要想在股票市场上投机赚钱，你必须猜测其他人的偏好，然后乘着这股投资者信心的浪潮，并在股价不可避免地暴跌之前退出。因此，如果你能找出股市中大多数玩家的想法，你就能打败他们。

然而，凯恩斯认为，这种理论是行不通的，因为与选美比赛中看到的同样有缺陷的无限推理一样，我们试图猜测其他投资者会买入和卖出什么，其他投资者会猜测其他投资者的什么，以及其他投资者会猜测其他投资者的什么……以此类推，直到永远。

最终凯恩斯彻底放弃了这种思路，而采用忽略短期波动，投资股票价值的方法来交易股票。凯恩斯的这种投资方法为后来格雷厄姆和巴菲特的成功奠定了基础。

借用凯恩斯的故事，笔者想说的是，很多投资者都没有意识到股票市场中一个重要的真相，那就是股票价格的起起落落不仅仅取决于一只股票的基本面，还取决于其他参与者对该股票的未来的预期。这种预期在很多情况下是一种羊群效应，且具有广泛的偏见。

笔者说这些是什么意思呢？

市场当中的价格绝不仅仅是企业利润、成本等基本面的反映，还包括市场参与者对这只股票的看法在内。这种看法既包括对该股票当前的看法，也包括对该股票未来的看法。

任何以价格为基础的指标都是包含了投资者的偏见因素的（比如情绪、不完备的思考）。市盈率也是如此，因为市盈率中包含了市场参与者的偏向。

就好像报纸上的选美比赛，如果用一个明确的标准来进行选美，比如眉间距要求、眼睛与面孔的比例等，就不存在上述情况了。但现在选美比赛是通过大众的偏好来进行的，而这种群体的偏好是不会与某一个合理的标准严格贴合的。

所以，公开市场上交易的任何金融产品的价格，其中都包含两部分：一是基本面的部分，包括每股盈余、每股净资产等；二是市场预期的部分，也就是选美比赛的部分，说白了就是市场上的投资者预期这家公司的股价会变得更高还是更低。

如果说第一部分属于理性的部分，那么第二部分就属于非理性的部分。

每股盈余是纯粹理性的基本面，但是市盈率和市净率的计算公式中都包含了价格，其中也就包含了市场预期的部分，也就是说，其中包含了选美比赛性质的非理性预期。

或者说，纺织业的市盈率是 10 倍，汽车业的市盈率却是 6 倍，这些数字是由谁决定的呢？

虽然我们可以通过理论基础，根据利率与投资回收的概念来计算出市盈率，但仔细想想，其实最终仍是市场的决定。市盈率的标准并非由特定人士来颁布，而是由加入市场的投资者共同认可的，最终成为所谓的"合理市盈率"。

不同的公司和不同的行业可以获得不同的市盈率，即使它们每股产生的利润水平相同。换句话说，两家公司可能都报告每股 1 元的收益，但是一家公司的股票以每股 20 元的价格交易，而另一家公司的股票则以每股 30 元的价格交易。这可能部分归因于收益的一致性、对未来收益增长的预期以及每只股票所处的行业类别。如果投资者对某家公司的前景充满热情，那么他们可能愿意接受更高的市盈率，来购买该公司的股票。如果投资者感到某家公司未来的收益不尽如人意，那么其市盈率可能会降至相对较低的水平。

市场非常聪明，企业的未来收益若被预期会大幅增加，那么该股的股价将会以高市盈率交易。而假设未来收益将大幅增加，却没有反映到股价上，则将会有人积极买进。这些人持续寻觅收益将会成长的公司，并判断目前是否套用合理的倍数。

所以，一家公司的市盈率很低意味着什么？

其中既可能意味着股票的价格被低估了，也可能意味着投资者根本不看好未来的股价。如果市场下跌，市盈率变得相当低，那么这时低市盈率除了代表买进时机，也可能代表下跌的理由，甚至还会再继续压低市盈率并继续下跌。

高市盈率可能意味着什么呢？可能意味着泡沫，代表市场上的投资者看好这只股票，愿意为其付出高价，因为他们认为其未来的价格会更高。

股票投资是投资未来的价值，当未来成长性高的时候会赋予其高市盈率。高市盈率并非高估该股票，而是反映其未来的成长，以及认为之后的股价会再上升的集体共识。

另外，如果一只股票被以非常低的市盈率交易，则表示不只是现在，未来其也被视为没有发展性。股票投资的重点在于投资未来的价值，如果只因市盈率低而非要投资已经停止成长的企业，则是一种错误的投资。

> **🔍 要点**
>
> ➤ 市盈率的本质是代表目前市场对该股票基本面（每股盈余）加上未来成长性的预期。
>
> ➤ 市净率的本质是代表目前市场对该股票基本面（每股净资产）加上未来成长性的预期。

基本面很容易确定，只需这家公司公布的财务数据是正确的。但是，对未来成长性的预期造成了股价的波动。如果投资者都觉得100倍的市盈率合理并以此交易，那么市场上合理的市盈率也许就是100倍。而在这之后，如果泡沫破灭，导致股价下跌，那时他们就会说："看吧！100倍的市盈率确实属于高估。"

很多投资者偏好低市盈率或低市净率。当经济景气、市场流动性充沛的时候，他们会挑选比市场平均市盈率更低的股票。当某个产业处于上升趋势时，他们又会寻找该产业中相对平均市盈率较低，也就是同业中较低价的股票。假设现在投资者比较看好有色金属采矿行业，因为原材料价格上涨，这个行业当前的整体产业市盈率约为20倍，而同业中有某些被低估落在15倍左右的个股，他们就会考虑买进那些个股。我们描述此情形为"寻找领域中的廉价股票"。

这种投资方法真的好吗？

未必，投资的逻辑是选择上升趋势行业中被低估的个股，但是很可能的结果是选择了该行业中被投资者抛弃的个股。低市盈率除了代表买进时机，也代表下跌的理由。

除此之外，投资者一定要懂得什么时候需要"高市盈率买进，低市盈率卖出"。

有些目前仍在成长的企业，虽然业绩还不是很好，但得益于拥有的技术等资源，待一两年后业绩转好，现在的高市盈率将变成低市盈率。

如果有一家收益为 100 亿元的企业，总市值是 5 000 亿元，可知目前的市盈率是 50 倍。可是，若一年后其收益暴涨到 200 亿元，考虑到其收益，市盈率将变为 25 倍。

这就是凯恩斯的选美模式准确解释人们的非理性认知如何真正改变一家公司的实际价值。亚马逊就是一个典型的例子，该公司在创业初期因盈利能力差和基本面不稳定而举步维艰。尽管如此，该公司的股价还是飙升了。实际上，早期亚马逊投资者的决策仅仅基于亚马逊成为今天这个庞然大物的感知价值。如果你听取了巴菲特和凯恩斯等价值投资者的建议，那么你可能会在几年内避免这种投资，因为与其基本面相比，这种投资估值过高。尽管如此，根据我们现在所知道的，如果有机会回到过去，那么你可能会投资亚马逊。

投资者的热情可能导致"市盈率扩张"，而投资者缺乏热情可能导致"市盈率收缩"。市盈率扩张指的是投资者的观感有所改善，因此他们愿意为每份收益支付更高的价格。市盈率收缩是指投资者的看法恶化，因此他们愿意为每份收益支付更低的价格。假设总体股票的平均市盈率从 16 倍上升到 20 倍，而总体收益保持相对不变，这就是"市盈率扩张"的一个例子。

如何使用市盈率？

（1）将当前的市盈率与公司自身历史市盈率区间进行比较。

（2）如果合适，则将公司当前的市盈率与同类公司（同一业务或行业集团的其他公司）的平均市盈率进行比较。

一般来说，如果当前的市盈率处于一家公司自身历史市盈率区间的低端，或者该公司当前的市盈率低于同类公司的平均市盈率，则可能表明，无论该公司近期的业务表现如何，该股票都可能被低估了——如果该公司的财务报表和公开信息没问题。

3.1.7　使用市盈率和市净率指标时的注意事项

对任何股票来说，最好的情况是标的公司的收益持续增长，投资者对公司的长期前景充满热情，并对其收益进行高估值，市盈率高于平均水平。话虽如此，在极端情况下，情绪化的买卖会迫使股票进入超买或超卖水平。

从负面来看，基于市盈率，一只股票可能会变得相对"便宜"。尽管在这个价格下，它可能代表也可能不代表极佳的价值，但在投资者发现有一些催化剂出现之前，该股可能不会出现任何有意义的反弹。此外，在某些情况下，一家公司之所以市盈率较低，可能只是因为其未来盈利前景黯淡。这可能会造成一种"价值陷阱"，即一只股票相比之下看起来很便宜，但在未来会证明它便宜是有原因的。

随着股票价格的上涨，投资者需要密切关注股票被抬高到一个过高的市盈率水平。在牛市最热的时候，市盈率超过50倍的"热门"股票并不罕见。虽然这种情况可能会持续一段时间，但最终股价可能会下跌。当一只"热门股"失宠后，随之而来的价格下跌可能是迅速而痛苦的。

除了市盈率外，市净率也是投资者经常参考的指标。

前面说过，市净率等于股票的每股市价除以每股净资产，这里的净资产是公司的账面价值，所以市净率又叫作账面价格比率。

账面价值和市场价值可是两个完全不同的数字，无论你是在谈论一辆汽车、一栋房子，还是财富五百强公司的资产，都是如此。

账面价值是用购买固定资产最初支付的金额，减去任何相关的折旧。而市场价值就是这些资产在潜在买家眼中的价值。换句话说，市场价值就是资产在公开市场上出售时的价格。

同市盈率一样，在市净率的计算中也包含市场价格，也意味着其中包含了投资者对该公司价值的认可程度。换句话说，市净率也具有一定的主观性，因为价格本身就取决于市场对公司未来成长的预期。

市净率计算的另一部分是每股净资产的账面价值。这是一个客观的数字，是用公司资产负债表中的硬数字计算出来的。将所有资产合计，减去所有负债，剩下的就是账面价值。

这一账面价值代表了如果公司进行清算，留给股东的剩余资产。对于希望将风险降到最低的投资者来说，账面价值和每股净资产的账面价值是重要的考虑因素。当账面价值较低或者为负时，意味着公司的负债超过其价值。如果公司在此时进行清算，那么投资者将血本无归。

所以，市净率的思维类似企业的债权人，而不是股东。股东关心的是除去成本费用、利息税收后最终的剩余经营成果，而债权人关心的是企业的经营状况能否支撑按期支付利息和偿还本金。

对于投资者而言，账面价值是衡量公司目前状况的指标，而市场价值则反映了增长预期。一般来说，当一家公司状况良好时，市场价值应该超过账面价值。这是因为在大多数情况下，账面价值并不包括一长串无形资产，如商誉、专利和品牌等。

一家公司的账面价值和市场价值之间的关系可以为投资者提供关键的洞察力。特别地，它有助于澄清一家公司的价值中有多少是有形的。

当市场价值和账面价值相同（比率为 1）或市净率低于 1 时，寻找被低估股票的投资者开始兴奋起来。而当市净率过高时，许多投资者开始担心公司的估值过高。

然而，市净率不能在真空中考虑，低市净率对投资者来说并不总是好消息。一家陷入困境的公司也会有一个较低的市净率，可能是因为其资产被耗尽，负债增加。

这同样适用于市净率较高的公司——有时，它们确实被高估了。还有一种可能是，该公司拥有大量的无形资产，这些资产有望在未来几个月里实现指数增长。

较低的市净率可能意味着一家估值偏低的公司，或者一家陷入困境的公司。高市净率可能意味着股价严重依赖无形资产和消费者信心，也可能表明投资者对公司的成长前景充满信心。

一般来说，不能简单地认为较高的市净率比较低的市净率"好"。这些数字是相对的，都基于行业、无形资产的组合和每家公司独特的成长前景。

高市净率对投资者来说可能是一个坏消息，因为这可能意味着股票的估值过高。

市场对该公司的成长前景感到兴奋，推动股价上涨的速度超过了预期的增长支撑。然而，高市净率并不总是股票估值过高的结果。

在某些情况下，该公司正在产生强劲的资产回报，或者它拥有宝贵的知识产权，但没有显示在资产负债表上。比较净资产收益率有助于将估值过高的公司与那些有足够承诺支撑高股价的公司区分开来。

具体来说，如果市净率和净资产收益率之间存在显著差异，则很可能是由于估值过高。产生强劲的资产回报的公司的市净率也将出现增长。

如果你在寻找被低估的股票，则可以从市净率入手。请记住，低、平价和高市净率之间的区别可能因行业而异，市净率在某些行业比在其他行业更有用。例如，当企业依靠有形资产（如制造业或运输业）开展业务时，较低的市净率就具有重要意义。

通过知识产权（没有显示在资产负债表上的资产）创造价值的公司的市净率无法与重资产的同行进行比较。

一旦你对该公司的市净率低于行业标准感到满意，就可以深入研究该公司的财务状况，以证实该公司被低估了，而不是因为财务紧张，以及资产价值是否被夸大了。

公司的资产回报率低吗？如果是这样的，则可能会造成一个较低的市净率，而这并不能反映被低估的股票，由此带来的不可避免的调整可能会给投资者带来损失。

很矛盾，对吧？但这就是市场的真相。

当我们以市净率作为投资标准时，实际上就是以资产价值为基准，此时，比起成长性来说，投资者更看重的是企业的现行价值。

之所以会这样，是因为这种情形通常发生在经济不景气的时候，或者企业经营出现重大危机，企业的信用危机岌岌可危、破产风险变大的时候。此时，国家、产业、企业成长不是市场首要关注的，投资者重点关注的是风险，市场进入避险模式。

当市场下跌且不够景气的时候，常有低市净率股出现。当成长型股票的价格下跌时，所谓的价值股往往相对表现不错。不过，股票价值中其实也包含"成长价值"，因此，以"资产价值股"来形容会更确切。

此外，即使我们先忽略"计算市净率时，所估算的资产价值可能存在很多错误"的事实，盲目投资低市净率的股票也是一种错误的投资。

举例来说，如果投资一家拥有许多固定资产，具有资产价值的企业，但是这家企业的主营业务却是萎靡不振，也无发展性，那么这项投资和等待这家公司清算没什么差别。具有大型设备的传统产业的确有许多固定资产，但并不表示公司的股价能够大幅上涨。就算可以担保其资产价值，也不能保证其未来的成长。

结论是，不只是市盈率高达数十倍的成长股有投资风险，停止成长而导致市盈率和股价净值比走低的"资产价值股"同样也有投资风险。

投资于成长股，那些开发新技术、新产品、新药等成长性高的公司，市净率最好低一些，因为发展初期的公司随时都可能暴露出财务危机，市净率较低，表示投资稳定性较有保障。不过，大部分成长股不仅市盈率高，市净率也很高。高市盈率反映了对未来价值的期待；而高市净率代表的是，当该公司发展失利或面临财务危机时，有很大的概率会破产。

另外，很多市净率低于1，市盈率却明显低于市场平均水平的公司，则可视为成长停滞，如果我们投资这种股票，便难以等来股价上涨。价值投资者往往会留意市净率低的股票，因为当市场最终赶上公司的真实价值时，这些股票比市净率高的股票更有可能产生回报。

因此，我们必须根据不同情况和时机，采用市盈率和市净率两项指标，并且在判断时要相对比较，而不要依据绝对的数字。此外，盲从千篇一律的资讯非常危险，要能依据不同的情况灵活运用，才能使它们成为有用的指标。

总结而言，不论是市盈率还是市净率，都是一体两面的，其中既包含了基本面，也包含了市场上的投资者对公司未来成长的预期。无论是购买高市盈率和市净率的股票，还是购买低市盈率和市净率的股票，都不是标准答案。

应该区分不同的行业，以及经济的不同阶段来使用这两项指标。在市场利率很低、经济景气、流动性充沛的时候，高市盈率的成长股可能是合理的。一旦经济周期改变，这些高市盈率的公司就会面临危险。

记住，凯恩斯的选美仍然是对股票投资的恰当描述。许多投资者称自己为"价值管理者"，这意味着他们喜欢便宜（被低估）的股票。也有人称自己为"成长股的拥趸"，这意味着他们喜欢快速成长的股票，这些投资者真正想要的是购买价格会上涨的股票——或者换句话说，他们认为这是其他投资者认为的应该更值钱的股票。

通过购买低估股，购买今天市场并未完全升值的股票是可以的，关键是要市场的其余部分尽快而不是迟到认可你的观点。记住凯恩斯的另一句名言："从长远来看，我们都死了。"即使机构投资者做典型的长期投资也不会超过几年，往往只有几个月。因此，要击败市场，投资者必须有一个关于其他投资者将如何改变主意的理论。换句话说，他们的交易策略必须是关于市场行为的。

3.2　个人投资者如何看公司的财务报表

30 多年前，有一个名为罗伯特·福莱特的 CEO 写了一本书，他在书中提出的一个主要观点是，在商业中使用美元来记分，而记分卡就是一份财务报表。

这个观点非常具有启发性，它告诉我们一家公司的核心就是赚钱，一家公司倒闭的根本原因就是不赚钱。如果一家企业长期不赚钱，那么它唯一的结局就是倒闭。所以，把企业赚钱看成体育比赛中的得分，而企业的财务报表就是我们了解这家企业在商业竞争中得分情况的记分卡。

同时他也认识到很多人对利润、资产、现金流和投资回报感到困惑。

很多个人投资者在购买股票的时候，基本上不看这家公司的财务报表，一是因为专业能力所限，二是因为觉得这套东西没有什么用。

其实不然。

首先，财务报表一点也不复杂，我们只要了解一些最基本的知识，哪怕没有学过专门的财会，也可以看懂一家公司的财务报表。

很多投资者有一种错误的观念，总觉得看财务报表要像审计师那样专业，要从中发现上市公司的财务造假才行。这是不对的。

投资者的优势就在于无须成为专业的会计分析人员和审计师——你没有听错——我们无须变身会计界的福尔摩斯，对财务报表进行详尽、专业的分析，甚至要找出其中的财务造假。

投资者看财务报表，目的是对这家企业有一个整体的印象。我们不需要证据来判断这家企业的财务报表"假与不假"，只需要凭借自己对企业财务报表的直观感觉来判断这家企业"美与不美"就可以了。

例如，我们看到一家企业的净利润下降、短期负债增加，让我们感觉不舒服，那么我们无须确认该公司是否在经营上出现了问题，只要不买它的股票就可以了。

其次，投资者对一家企业的财务报表有一个"美与不美"的印象，有助于避免投资陷阱。实际上，在股市中正常亏损并不可怕，可怕的是踩雷。因为正常亏损是投资者可以控制的，而一旦踩雷，则往往意味着无法控制的巨大风险。

本节教大家如何从股市个人投资者的角度来看一家公司的财务报表。

🔍 **要点**

（1）财务报表可以简单理解为企业的记分卡。

（2）我们是投资者，而不是审计师，看企业财务报表的目的是对企业有一个整体的印象。

（3）企业的核心任务只有一个——赚钱。一家公司倒闭的根本原因就是不赚钱。如果一家公司长期不赚钱，而且未来也看不到赚钱的希望，那么这家公司只能破产。

3.2.1 财务报表的基础知识

现在就让我们走进企业财务报表的世界，收起你的畏难情绪，相信我，这没有你想象得那么难。而且这会让你平添一个新的技能，打开新世界的大门。

每家企业都有三张最基础的财务报表，分别是资产负债表、损益表和现金流量表。作为投资者，我们要看的也是这三张基础财务报表。

1. 资产负债表

资产负债表告诉我们在出具报表时企业的资产负债情况如何。

核心公式：资产 = 负债 + 股东权益。

举例：（1）我出资 100 万元，又从银行借了 100 万元（1 年期），开了一家香皂制造厂。

资产负债表如下。

资产：200 万元（货币资金）

负债：100 万元（短期借款）

股东权益：100 万元（实收资本）

资产是公司全部拥有的；负债是公司欠的债，未来是要偿还的；股东权益是股东投入的。"资产 = 负债 + 股东权益"这个会计恒等式告诉我们，一家公司的资产来源于两个渠道：一个是作为股东投入的部分；另一个是作为负债借来的。

（2）现在我购买了制造香皂的设备，花费 50 万元；还购买了一些原材料堆在库房里，花费 10 万元。

资产负债表如下。

资产：200 万元（货币资金 140 万元 + 固定资产 50 万元 + 存货 10 万元）

负债：100 万元（短期借款）

股东权益：100 万元（实收资本）

（3）现在来一点稍微复杂的：我雇用了几个工人，工资总计 10 万元，已经支付 5 万元；耗费 5 万元的原材料生产了一批香皂，全部卖出，收入 50 万元；偿还了 20 万元的贷款。

资产：220 万元

其中包括：

货币资金：140 万元 −5 万元 +50 万元 −20 万元 =165 万元

固定资产：50 万元（还没折旧，不变）

存货：10 万元 −5 万元 =5 万元

负债：85 万元

其中包括：

短期借款：100 万元 −20 万元 =80 万元

应付薪酬：5 万元

股东权益：135 万元

其中包括：

实收资本：100 万元

盈利：50 万元 –5 万元（存货）–10 万元（薪酬）=35 万元

资产 220 万元 = 负债 85 万元 + 股东权益 135 万元

会计恒等式成立！

资产负债表的原理就是这么简单。随着企业业务进程的不断推进，我们只要看资产负债表就可以知道出具报表时企业的资产负债情况如何。

在这里大家也可以发现关键点，那就是资产负债表的出具时间对这张报表的影响很大。资产负债表就像企业的照片，可以显示拍照时企业的情况。

而资产负债表中最重要的一个"勾稽关系"就是会计恒等式：资产 = 负债 + 股东权益。这意味着企业现在拥有的一切不外乎来源于两个方面：一方面是本来就是自己的；另一方面是借来的。在会计上，目前企业拥有的一切就叫资产，而借来的钱就叫负债，自己的钱就叫股东权益。

另外，资产负债表中的资产项反映了公司的资产配置；而负债和股东权益部分则反映了公司的财务结构。

资产结构是这家公司的资产当中货币资金、应收票据和应收账款、存货、无形资产和商誉等分别所占的比例。当然，这些我们看也看不出什么来，只需浏览一下，看有没有让你感觉特别不舒服的地方就行了。

例如，一家公司的货币资金占比很小，那么其流动性就堪忧；一家公司的应收账款也很高，投资者就有理由怀疑是不是东西卖出去后钱收不回来。这些都是最基本的。

一个重点是存货，这是上市公司调节利润和造假的重灾区，因为会计科目很难查验。比如一家公司在全国各地有多个仓库，货物的价值难以确定，甚至有些农牧企业的库存干脆就是地里长的和水里游的，即使是专业的审计师队伍，也很难对其进行查验。此外，利用库存结转来调节利润是很多公司的常规操作。

　　另一个重点是商誉。比如一家公司的公允价值为 2 亿元，然后被一家上市公司以 10 亿元的价格收购，这多出来的 8 亿元就被记在商誉里面。虽然这种以远超公允价值进行收购的情况很常见，但是，如果一家上市公司的资产负债表里商誉的占比过高，那么以后商誉减值的时候，这家公司的资产就会严重缩水。商誉也是股市投资的"雷区"。巴菲特曾经表示，他对商誉过高的公司敬而远之。

　　不过，还是那句话，我们是投资者，而不是审计师，只需看这份报表有没有让我们感觉不舒服的地方就行了，这些感觉就会给我们的投资提供初始印象。

2. 损益表

　　损益表又叫利润表，主要告诉我们在一段时间里公司的盈亏情况。简单来说，就是在这段时间里，公司是赚钱了，还是亏损了。如果赚钱了，那么赚了多少钱；如果亏损了，那么亏了多少钱。

　　结合上面所说的，企业的核心任务就是赚钱，不赚钱的企业最终都会倒闭，所以损益表显得非常重要。

　　损益表最重要的会计关系是：

利润 = 收入 − 成本费用

　　收入包括营业收入（简称"营收"）与营业外收入。比如开一家香皂制造厂，主营业务肯定是生产和销售香皂，这部分业务带来的收入就是营业收入。但这可能不是企业的全部收入，比如用闲置资金购买了一些银行理财产品，获得了一些投资收益，这就是营业外收入。

　　毫无疑问，营业收入非常重要！如果一家公司的收入里面很大比例是营业外收入，那显然不是一个好现象，要么是主营业务萎缩，要么是该公司不务正业，或者兼而有之。投资者绝对不想看到自己投资的软件公司在炒房上赚了大钱。

当然，企业不能光赚钱而不"支出"，企业购买原材料要花钱，给员工发薪水也要花钱，还有平常的办公损耗，机器、厂房要折旧，库存里的一批货放烂了还有损失，赚了钱还要给股民分红等，企业的"支出"可谓五花八门。

但是请注意，前文中的"支出"都打了引号，因为在会计的语境中是没有"支出"这一概念的（会计科目里有一个"营业外支出"，但和我们所说的"支出"不是一个概念）。会计上把这个概念细分成四部分：成本、费用、损失和股利支付。

对于成本和费用，我们也不用特别较真，因为二者在本质上是一样的，都是企业为了赚钱而在日常经营中的开支，都是为了帮企业赚钱服务的。

不考虑专业的会计计算，可以简单地理解这两个概念：成本就是只有生产才产生的支出，比如原材料，不生产就不需要消耗原材料；而费用就是不管企业生产不生产都要消耗的支出，比如借银行的钱要偿还利息、给工人发工资等，就算不生产产品也需要支付这些费用。

好了，现在我们就把上面的公式竖排来看一下。

营业收入

－成本

＝毛利

－费用

＋营业外收入

－营业外支出

＝税前利润

－所得税

＝税后净利润

损益表既简单又重要，它直接反映了一家公司赚钱的能力。投资者看损益表，只要看一下营业收入和税后净利润就可以了，其他的不用管。

损益表与资产负债表的一个重要区别是，损益表统计的是一段时间的情况，而资产负债表看的企业在某个时间点的情况。如果说资产负债表是企业的一张"快照"，那么损益表就是企业的一段"视频"。

3. 现金流量表

企业经营或项目的现金流入或流出的清单就是现金流量表。它告诉我们，在一段时间里，公司收进了多少现金、付出了多少现金、还余下多少现金。

可以把它想象成你在银行里的账户。存款是现金流入，提款是现金流出，账户中的余额是你在特定时间点的净现金流量。

现金流量表非常重要，它直接反映了企业资金的流入与流出。而损益表中的税后净利润是一个推估值，不是真正可以拿来花的钱。

企业有资金链，它直接关系到企业的生死存亡。一家企业的资金链如果出了问题，则往往代表企业的基本面出了问题，此时哪怕你看到企业的资产负债表和损益表再正常也不对。

现金流量表包含三部分内容：

（1）经营活动的现金流量（主要来自损益表）；

（2）投资活动的现金流量（主要来自资产负债表的左边）；

（3）融资活动的现金流量（主要来自资产负债表的右边）。

经营活动详细说明了一家公司提供正常的商品或服务所产生的现金流，包括收入和费用。投资活动包括购买或出售资产产生的现金流，比如房地产或车辆等实物资产，以及专利等非实物资产，而且收到的是现金，而不是债务。融资活动详细说明了债务融资和股权融资的现金流。

1）正现金流

正现金流表明一家公司在一段时间内流入的资金多于流出的资金。这是一种理想的情况，因为拥有过剩的现金可以让公司对自己和股东进行再投资，解决债务支付，并找到新的方式来发展业务。

经营活动的现金流量应该是正数，而且在正常情况下，经营活动的现金流量要大于损益表上的税后净利润。因为税后净利润是要扣除折旧和长期分摊费用的，而经营活动的现金流量是不扣除前期投入的，仅仅是每天进来的流水，这两者的变动趋势直接相关。

同时经营活动的现金流量最好大于流动负债。流动负债为一年内会到期的负债，就是马上要还的钱，如果公司的经营现金收入大于马上要还的钱，则起码说明这家公司在短期内现金流不会有大问题。

2）负现金流

负现金流意味着企业的现金流出高于现金流入，但它并不一定意味着亏损。负现金流可能是由于支出和收入不匹配造成的，但是无论如何，都非常危险，应该尽快解决。

3）投资活动的现金流量

在一般情况下，投资活动的现金流量多为负值，公司为了持续经营，需要不断购入新的厂房、设备等。如果一家公司的投资活动现金流量为 –20 亿元，则说明这家公司正在进行扩张。

人们经常错误地认为现金流量表将显示企业或项目的盈利能力。虽然它们密切相关，但现金流和盈利能力是不同的。现金流量表列出现金流入和现金流出，而损益表列出收入和支出。现金流量表显示流动性，而损益表显示盈利能力。

3.2.2 快速浏览企业的财务报表

下面就教大家如何快速浏览企业的财务报表，对该公司有一个整体的印象。

该财务报表是深圳证券交易所的某股票的 2022 年第一季度报告。

先来看资产负债表的"资产"部分，见表 3.1。

表 3.1　资产负债表（"资产"部分）

项目	期末余额（元）	年初余额（元）
流动资产：		
货币资金	2 028 084 112.32	3 102 993 771.31
交易性金融资产	357 819 986.33	
应收票据	520 832 673.14	509 325 091.20
应收账款	5 445 472 515.11	5 333 412 199.72
应收款项融资	170 156 823.63	185 458 714.81
预付款项	354 423 292.22	283 752 133.82
其他应收款	427 037 907.20	438 654 149.34
存货	1 367 174 239.38	1 257 538 747.13
合同资产	1 027 452 352.15	903 116 015.04
其他流动资产	873 170 537.53	915 644 849.89
流动资产合计	12 571 624 439.01	12 929 895 672.26
非流动资产：		
长期应收款	13 444 748.29	13 455 827.38
长期股权投资	1 475 569 431.83	1 441 122 334.64
其他非流动金融资产	5 503 000.00	5 503 000.00
投资性房地产	26 474 120.50	26 979 185.97
固定资产	2 885 105 950.15	2 998 000 918.26
在建工程	484 975 366.64	391 778 824.00
使用权资产	716 363 879.89	737 447 355.28
无形资产	853 199 795.34	880 664 912.48
商誉	189 285 536.47	189 285 536.47
长期待摊费用	13 597 338.93	12 775 566.93
递延所得税资产	551 309 851.38	539 052 396.25
其他非流动资产	31 871 490.40	34 486 717.87
非流动资产合计	7 246 700 509.82	7 270 552 575.53
资产总计	19 818 324 948.83	20 200 448 247.79

一看就晕了，全是密密麻麻的数字！

下面就教大家如何在 1 分钟内看完这张表。

我们把重点标注一下，如图 3.1 所示。

项目	期末余额（元）	年初余额（元）
流动资产：		
货币资金	2,028,084,112.32	3,102,993,771.31
交易性金融资产	357,819,986.33	
应收票据	520,832,673.14	509,325,091.20
应收账款	5,445,472,515.11	5,333,412,199.72
应收款项融资	170,156,823.63	185,458,714.81
预付款项	354,423,292.22	283,752,133.82
其他应收款	427,037,907.20	438,654,149.34
存货	1,367,174,239.38	1,257,538,747.13
合同资产	1,027,452,352.15	903,116,015.04
其他流动资产	873,170,537.53	915,644,849.89
流动资产合计	12,571,624,439.01	12,929,895,672.26
非流动资产：		
长期应收款	13,444,748.29	13,455,827.38
长期股权投资	1,475,569,431.83	1,441,122,334.64
其他非流动金融资产	5,503,000.00	5,503,000.00
投资性房地产	26,474,120.50	26,979,185.97
固定资产	2,885,105,950.15	2,998,000,918.26
在建工程	484,975,366.64	391,778,824.00
使用权资产	716,363,879.89	737,447,355.28
无形资产	853,199,795.34	880,664,912.48
商誉	189,285,536.47	189,285,536.47
长期待摊费用	13,597,338.93	12,775,566.93
递延所得税资产	551,309,851.38	539,052,396.25
其他非流动资产	31,871,490.40	34,486,717.87
非流动资产合计	7,246,700,509.82	7,270,552,575.53
资产总计	19,818,324,948.83	20,200,448,247.79

图 3.1

首先，大家看数字，不要一个一个地去数位，而要学会看千分位，也就是数字当中的那些逗号或千分空，它们分别代表千分位、百万分位和十亿分位。

我们看报表，只看前面那些大的数字，如十亿分位，后面那些小的数字无关大局，自动忽略。

在本例中，一眼就能看出该公司目前的资产是 198 亿元，约 200 亿元，比年初稍有下降。我们现在对该公司的规模有了一个大概的印象。

其次，看资产的构成，只看前面的数字即可，要注意四舍五入。

总资产（20）= 流动资产（13）+ 非流动资产（7）

在流动资产中，我们马上看到让我们感觉"不舒服"的地方——应收账款（5）。

"应收账款"是企业销售了产品和服务，但是没有收到现金和票据，而是未来才能拿到付款的部分。买家先拿货，然后与卖家约定一定期限再付款，卖家就将这笔款项以应收账款记入财务报表。

问题是这张报表中的应收账款数额有点大，总资产是20，应收账款是5，流动资产是13，应收账款竟然占了总资产的1/4，占流动资产约38.5%。也就是说，如果应收账款拿不回来，那么企业资产将大幅度缩水。

接着往下看，发现还有合同资产（1），合同资产属于"未成熟"的应收账款。例如，某公司接了一个项目，工程已完工且得到了认可，只是卖家还没付钱，这是应收账款；如果工程已完工，卖家说三个月内项目不出问题才付款，意思是工程还没被完全认可，这就是合同资产。其安全性还不如应收账款。

应收占比太大，这就是一个让人觉得"不美"的隐患了。

再来看资产负债表的"负债和所有者权益"部分，见表3.2。

表 3.2 资产负债表（"负债和所有者权益"部分）

项目	期末余额（元）	年初余额（元）
流动负债：		
短期借款	2 991 256 678.15	2 953 145 895.01
应付票据	1 622 273 192.13	1 719 846 600.87
应付账款	3 791 598 992.62	3 966 438 745.44
预收款项	8 139 774.53	16 496 856.58
合同负债	541 532 750.34	470 282 445.36
应付职工薪酬	86 743 055.49	275 368 840.51
应交税费	93 714 981.65	115 348 620.18
其他应付款	354 365 005.46	401 768 040.88
一年内到期的非流动负债	469 204 410.02	510 511 768.73
其他流动负债	350 560 691.48	318 634 693.32
流动负债合计	10 309 389 531.87	10 747 842 506.88
非流动负债：		
保险合同准备金		
长期借款	1 389 369 467.53	1 311 069 467.53
租赁负债	598 586 639.46	618 129 983.48
长期应付款	99 758 690.09	99 830 002.09
长期应付职工薪酬		

续上表

项目	期末余额（元）	年初余额（元）
预计负债	30 762 193.74	30 762 193.74
递延收益	386 243 525.17	374 261 048.45
递延所得税负债	52 619 613.82	51 575 961.46
其他非流动负债		
非流动负债合计	2 557 340 129.81	2 485 628 656.75
负债合计	12 866 729 661.68	13 233 471 163.63
所有者权益：		
股本	1 040 710 713.00	1 040 710 713.00
资本公积	3 273 511 296.91	3 268 058 782.27
专项储备	11 718 962.19	11 558 657.16
盈余公积	168 419 642.70	168 419 642.70
未分配利润	1 544 512 452.08	1 527 436 345.56
归属于母公司所有者权益合计	6 038 873 066.88	6 016 184 140.69
少数股东权益	912 722 220.27	950 792 943.47
所有者权益合计	6 951 595 287.15	6 966 977 084.16
负债和所有者权益总计	19 818 324 948.83	20 200 448 247.79

用一分钟看一下表 3.2 中比较大的几个数字。

负债（13）+ 所有者权益（7）= 资产（20）

不仅短期借款（3）金额高于资产里面的货币资金（2），而且还有应付票据和应付账款。就算应付账款（4）可以暂时不还，短期借款和应付票据加起来也有 3.5 了，比该公司的货币资金还要多。

接着来看一下损益表（利润表），见表 3.3。

表 3.3　损益表

项目	本期发生额（元）	上期发生额（元）
一、营业总收入	1 851 466 475.09	1 393 439 361.25
其中：营业收入	1 851 466 475.09	1 393 439 361.25
二、营业总成本	1 919 498 770.30	1 440 456 403.28
其中：营业成本	1 532 271 764.23	1 108 394 618.78
税金及附加	6 808 468.91	4 192 349.78
销售费用	113 255 010.11	94 966 425.75
管理费用	134 580 253.46	123 095 097.47
研发费用	62 264 507.87	55 195 552.64

续上表

项目	本期发生额（元）	上期发生额（元）
财务费用	70 318 765.72	54 612 358.86
其中：利息费用	65 374 882.06	54 300 162.11
利息收入	7 493 583.63	5 344 222.27
加：其他收益	21 721 446.77	17 724 332.55
投资收益（损失以"-"号填列）	20 630 468.86	25 608 302.50
其中：对联营企业和合营企业的投资收益	20 588 151.71	22 067 720.84
资产处置收益（损失以"-"号填列）	255 793.52	1 359 008.53
三、营业利润（亏损以"-"号填列）	−25 424 586.06	−1 425 238.45
加：营业外收入	546 539.55	2 190 520.75
减：营业外支出	1 785 433.76	2 237 207.82
四、利润总额（亏损总额以"-"号填列）	−26 663 480.27	−1 471 925.52
减：所得税费用	−4 537 485.38	−9 323 245.26
五、净利润（净亏损以"-"号填列）	−22 125 994.89	7 851 319.74
（一）按经营持续性分类		
1.持续经营净利润（净亏损以"-"号填列）	−22 125 994.89	7 851 319.74
（二）按所有权归属分类		
1.归属于母公司所有者的净利润	17 076 106.52	21 227 280.03
2.少数股东损益	−39 202 101.41	−13 375 960.29

损益表反映的是公司的赚钱能力，这也是企业的核心能力。从损益表中可以得出以下信息：

（1）营业收入不到19亿元，按20亿元算，大约占资产的1/10；

（2）公司的净利润处于亏损状态，把子公司算上的归属于母公司所有者的净利润勉强变为正数，但是数字小得可怜，只有1700多万元，已经没必要计算利润率了。

而且少数股东损益还是负数，也让人感觉"不美"。还记得乐视网吗？2016年前三季度乐视网的归属于母公司所有者的净利润高达4.93亿元，而反观少数股东损益，却是巨亏3.54亿元，这就是一个典型的例子。

最后来看一下现金流量表，见表3.4。

表 3.4　现金流量表

项目	本期发生额（元）	上期发生额（元）
一、经营活动产生的现金流量：		
销售商品、提供劳务收到的现金	1 989 464 309.75	1 681 380 484.66
收到的税费返还	2 297 039.39	5 795 184.82
收到其他与经营活动有关的现金	154 421 785.87	144 684 913.93
经营活动现金流入小计	2 146 183 135.01	1 831 860 583.41
购买商品、接受劳务支付的现金	1 913 564 230.82	1 706 128 000.62
支付给职工以及为职工支付的现金	393 645 938.59	306 551 098.46
支付的各项税费	105 816 637.44	92 576 469.88
支付其他与经营活动有关的现金	276 086 084.08	235 325 658.86
经营活动现金流出小计	2 689 112 890.93	2 340 581 227.82
经营活动产生的现金流量净额	–542 929 755.92	–508 720 644.41
二、投资活动产生的现金流量：		
收回投资收到的现金	15 000 000.00	12 000 000.00
取得投资收益收到的现金	2 303 419.57	1 892 526.43
处置固定资产、无形资产和其他长期资产收回的现金净额	19 811.90	1 746 290.00
投资活动现金流入小计	17 323 231.47	31 638 816.43
购建固定资产、无形资产和其他长期资产支付的现金	253 742 585.45	82 100 046.55
投资支付的现金	23 270 000.00	7 345 029.76
支付其他与投资活动有关的现金	357 819 986.33	28 453 122.83
投资活动现金流出小计	634 832 571.78	117 898 199.14
投资活动产生的现金流量净额	–617 509 340.31	–86 259 382.71
三、筹资活动产生的现金流量：		
吸收投资收到的现金	7 050 000.00	262 580 000.00
其中：子公司吸收少数股东投资收到的现金	7 050 000.00	262 580 000.00
取得借款收到的现金	771 000 000.00	1 134 934 699.92
收到其他与筹资活动有关的现金	347 007 198.70	518 833 622.20
筹资活动现金流入小计	1 125 057 198.70	1 916 348 322.12
偿还债务支付的现金	601 585 336.20	1 287 759 471.88
分配股利、利润或偿付利息支付的现金	49 880 482.89	46 836 327.85

项目	本期发生额（元）	上期发生额（元）
支付其他与筹资活动有关的现金	379 115 074.94	543 201 033.93
筹资活动现金流出小计	1 030 580 894.03	1 877 796 833.66
筹资活动产生的现金流量净额	94 476 304.67	38 551 488.46
四、汇率变动对现金及现金等价物的影响	−678 203.68	−61 908.89
五、现金及现金等价物净增加额	−1 066 640 995.24	−556 490 447.55
加：期初现金及现金等价物余额	2 605 449 927.76	1 746 376 655.20
六、期末现金及现金等价物余额	1 538 808 932.52	1 189 886 207.65

从现金流量表中得出以下信息：

（1）经营活动产生的现金流量净额是负数；

（2）投资活动产生的现金流量净额是负数；

（3）筹资活动产生的现金流量净额是正数，说明在这段时间里，该企业的资金链全靠筹资支撑。2022 年第一季度共筹资 11 亿元，其中借款占比最大，不到 8 亿元；偿还债务支付的现金就有 6 亿元；

（4）企业的现金及现金等价物减少了 10 亿元。

如此，企业的三张基础财务报表就看完了。总结一下：

第一，我们要先习惯如何快速地看数字，知道千分位、百万分位和十亿分位，然后只看最大的数字，记得四舍五入；

第二，记住这家企业的资产负债和所有者权益是多少；

第三，看一下资产负债表上还有哪些数字比较大，这些数字属于哪些会计科目，如本例中的应收账款。此外，值得留意的会计科目还包括货币资金、商誉等；

第四，在损益表中主要看营业收入和净利润，比如一家公司的营业收入是 5 亿元，归属于母公司所有者的净利润是 1 亿元，就可以很轻松地知道这家公司的利润率大概是 20%；

第五，在现金流量表中主要看这家公司的资金流主要来源于哪些方面，经营性现金流量净额最好是正数，再与公司的短期负债相比较，大概就可以判断该公司的流动性如何。

当你熟悉上述流程之后，拿到企业的财务报表，花几分钟时间浏览一下，就能对该企业建立一个基本印象。

记住，作为投资者，我们可以大胆怀疑，无须验证。例如，笔者看了该股票的三张财务报表之后，对该公司的基本印象是：该公司资产中应收账款和合同资产相加所占的比例较大，未来有资产大幅度减值的风险；该公司的盈利能力较差，净利润为负数，合并报表的归属于母公司所有者的净利润的利润率也可以忽略不计，而且少数股东权益为负数，有理由怀疑其归属于母公司所有者的净利润也未必可靠；该公司的经营活动现金流净额是负数，再加上货币资金少于短期借款，而且货币资金下降的幅度比较大，所以怀疑其资金链比较紧张。

投资者的职责不是对自己分析财务报表的观点的正确性负责，而是对自己的钱负责。

3.3　如何利用选股工具挑选你的股票

在股市中，我们会遇到各种问题，最大的问题是确定要购买的股票。很多投资者都有这方面的困惑，尤其是当他们被某些事件或者信息吸引到某个板块时更是如此。或者仅因为该行业是最近的热门赛道，就吸引了投资者的注意，因而决定将投资的重点放在该板块上。

然后，棘手的部分来了，每个板块都有很多股票，至少就市场而言，一个好的板块应该有适合每种市场参与者的股票，在很多时候，这些股票的表现参差不齐，它们的定价取决于各自的特性。不幸的是，几乎没有哪个小投资者具备分析公司业绩的能力。

那么，如何解决选股问题呢？

这就是技术分析的用武之地。它在一个简单的前提下运作——市场最清楚市场的情况。

市场由各种各样的人组成，有的人分析技能卓绝，有的人掌握着你不知道的信息，有的人资金实力雄厚……总的来说，这些形形色色的市场参与者的买卖行为共同创造了股票的价格。

因此，所有相关信息都已经体现在价格中。如果对这些价格进行一段时间的研究，就会发现市场的趋势。俗话说，趋势是技术分析师的终极朋友，直到趋势结束。投资者利用股票的趋势因素将不同的股票从板块中挑选出来。表现出最强劲趋势的股票即目前市场所青睐的股票。

因此，这一切都归结为一件事：图表上是否有可见的趋势？

如果有，那么该股票就可以被列入交易和投资的候选名单。请注意，趋势可以是上升的，也可以是下降的。但是，在我国，绝大多数投资者仅限于做多，所以，对 A 股投资者而言，选股的核心问题只有一句话：挑选处于上涨趋势的股票。

选股的关键是找到上升趋势。为此，我们需要查看所有股票的技术图表。很明显，这有实际困难。

毕竟 A 股每天有 4 000 多只股票在交易。因此，交易者首先要做的是挑选出一些股票，创建一份自选股清单，然后通过各种技术指标来分析它们。这里的想法是，先将 4 000 多只交易的股票减少到一份更容易管理的清单，比如 20 只，然后检视它们的图表，了解更多细节。

1. 软件选股

我们可以通过软件的设置来筛选股票。通过在软件里设置不同的条件，让软件根据这些条件自动生成满足我们需求的股票清单。

创建自选股清单的最简便方法是使用移动平均线。从概念上讲，移动平均线（MA）是价格趋势的分水岭——如果价格高于某个特定的"移动平均"水平，那么该股处于上升趋势；如果价格低于某个特定的"移动平均"

水平，那么该股处于下降趋势。

常用的可以判断趋势的移动平均线如下。

（1）60周期的简单移动平均线。价格在60SMA之上，认为市场处于多头趋势；价格在60SMA以下，认为市场处于空头趋势。

> **注意：**
>
> 注意：60SMA同样也代表MACD指标的"0轴"——价格在60SMA的上方，等同于MACD指标的DIFF线在"0轴"上方；价格在60SMA的下方，等同于MACD指标的DIFF线在"0轴"下方。

图3.2所示是股票"平安银行（000001）"的日线图。从图中可以发现，A点左边的价格基本上在60SMA上方运行，价格在A点跌破60SMA，对应在下侧的MACD指标上，DIFF线也跌破"0轴"。如果我们只观察MACD指标，则可能会认为指标线跌破"0轴"，意味着此时价格进入空头市场；但实际上60SMA的方向仍然向上，果然在B点，价格又反弹上穿60SMA，MACD指标线也再次上穿"0轴"。但是反弹未能创出新高，反映在MACD指标上是一个明显的背离，果然此后价格再次跌穿60SMA后，市场变成了空头市场。此后的市场基本上就被压在下跌的60SMA以下，MACD指标也基本上被压在"0轴"以下。交易者仅凭这两个简单、常用的指标，在该股票的操作上基本不会遇到什么问题。

（2）布林带也可以做到一眼选股。上升的布林带代表市场处于上涨趋势，下降的布林带代表市场处于下降趋势，横向的布林带代表市场处于区间横盘状态。

还是平安银行的例子，如图3.3所示，左侧的布林带上升，托起完美的上涨趋势，而且布林带的下沿起到了很好的动态支撑作用；右侧的布林带下降，意味着此时市场处于熊市，途中有几次幅度较大的反弹，但是布林带告诉我们那只是盘整，价格也在盘整之后继续下跌。

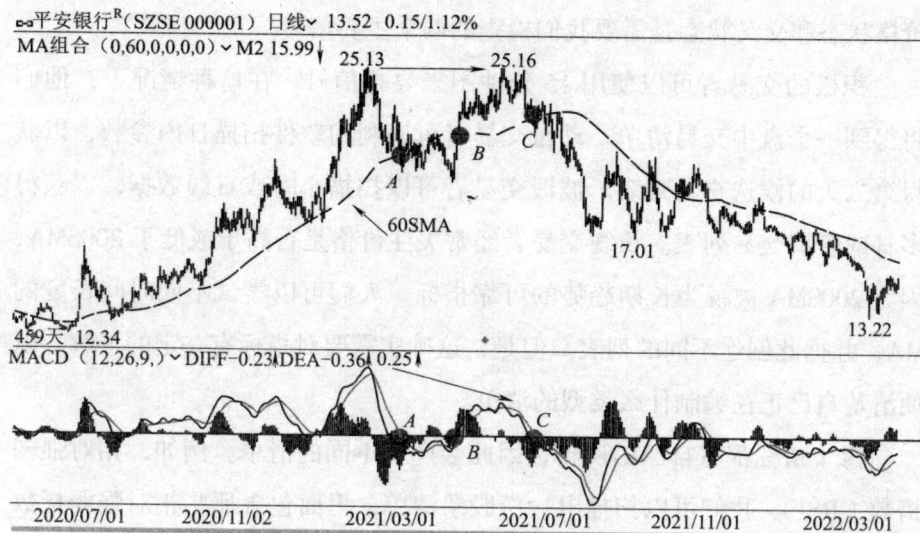

图 3.2

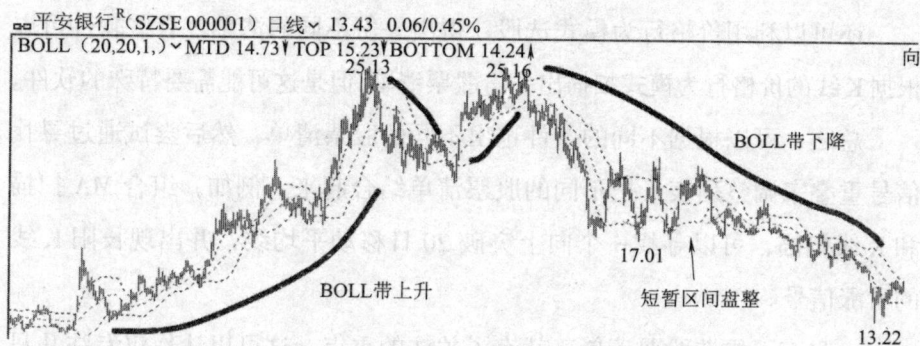

图 3.3

　　上面列举了两个利用技术指标选择处于上涨趋势的股票的例子。可以利用股票软件——常用的股票软件都有此功能——按照设定好的条件，选出处于上涨趋势的股票。

　　由于 MA 可以根据不同的时间长度计算，因而允许创建多个列表。很多软件都可以做到这一点，利用软件对价格与 MA 进行扫描。例如，交易者可以选择 8EMA 以上的股票，或者 8EMA 穿过 20SMA 的股票。在这里，价格状态和交叉状态是需要我们检查的两个主要信号。

积极的交易者可以使用 15 分钟图来寻找信号，在这种情况下，他们将得到一个盘中交易清单。动量交易者可以利用软件扫描日内参数，以获得第二天的候选交易列表。波段交易者可以扫描小时或日线数据，以获得多日或多周交易列表。长线交易者经常关注价格是否高于或低于 200SMA，因为 200SMA 被视为长期趋势的可靠指标。人们可以尝试不同时间长度的 MA，并据此创建不同的列表。但是，这确实需要对指标有一定的了解，以便清楚自己正在编制什么类型的清单。

每个指标都有自己的逻辑，因此会产生不同的清单。例如，相对强弱指数（RSI）。我们可以扫描出一份股票清单，里面包含那些相对强弱指数正在上升的股票，或者指标水平已经高于 60~70（表明强劲的上升趋势）或低于 30~40（表明强劲的下跌趋势）的股票。

还可以利用价格行为模式选股，得出一份不同的清单。有些软件可以根据 K 线的价格行为模式扫描出一份股票清单，但是这可能需要特殊的软件。

总之，可以根据不同的条件选出不同的股票清单，然后尝试通过寻找信号重叠来调整列表，把不同的股票清单结合起来，例如，组合 MA 扫描和 K 线扫描，可以寻找一个向上突破 20 日移动平均线，并出现长阳 K 线的看涨信号。

一旦有了候选股票清单，就有了关注的重点，这可以让你仅专注几只股票，从而增加从市场上获利的机会。请注意，市场完全有可能忽略你的清单！但如果你每天都勤奋地这样做，那么你最终会在市场的大部分时间里都站在正确的一边。此外，你将避免交易或投资错误的股票的陷阱。

下面列举一个选股的例子。

还记得前面介绍的 HMA 吗？

下面就用价格上穿 HMA 来选股。

先在条件选股公式编辑器中编辑选股条件，如图 3.4 所示。

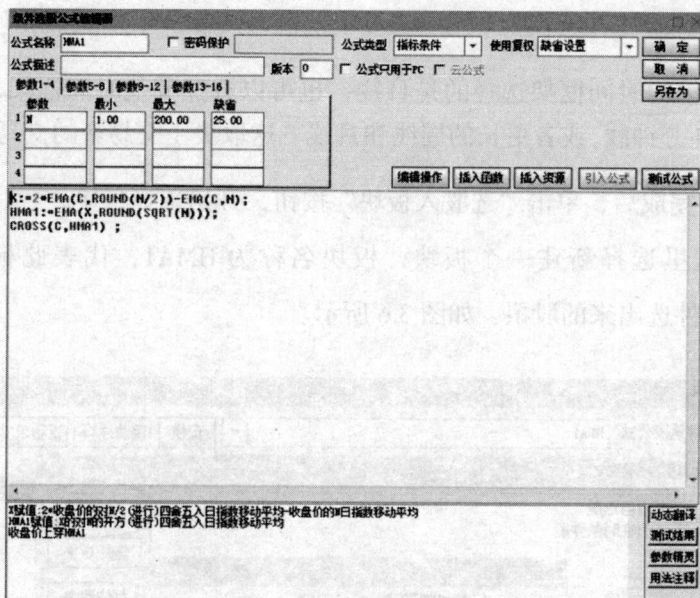

图 3.4

　　编辑完成后单击"确定"按钮，然后就可以在"条件选股"对话框中调用该公式了，如图 3.5 所示。

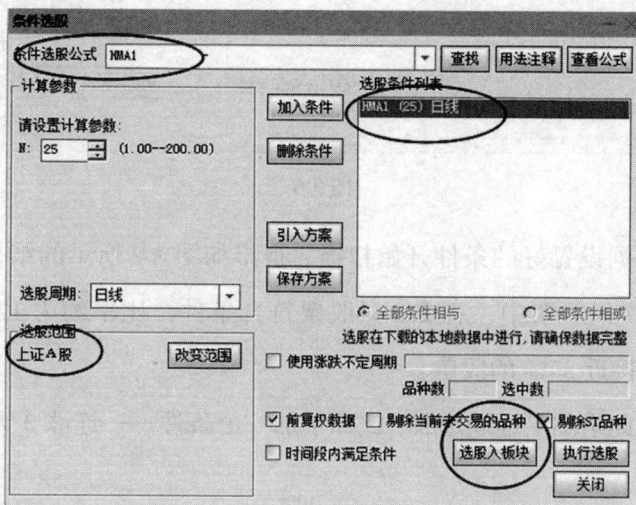

图 3.5

注意：

这里的时间框架选择的是日线，也可以选择其他时间框架，如更短的 15 分钟线，或者更长的周线和月线。这取决于交易者的交易策略。

设置完成后，单击"选股入板块"按钮，开始选择板块。

在这里选择新建一个板块，板块名称为 HMA1，代表此板块是用 HMA1 条件选出来的股票，如图 3.6 所示。

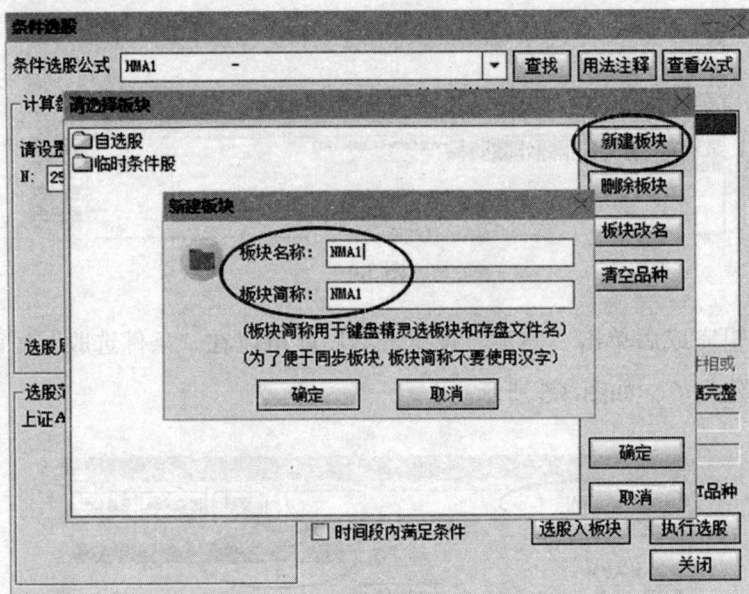

图 3.6

软件根据设置好的条件开始扫描，得出如图 3.7 所示的结果：在上证 A 股共 2 087 只股票中，有 270 只股票符合条件，比率约为 12.9%，一下子就过滤了接近 87% 的股票。

可以在此基础上继续选股，比如增加一个条件——连涨 3 天，如图 3.8 所示。

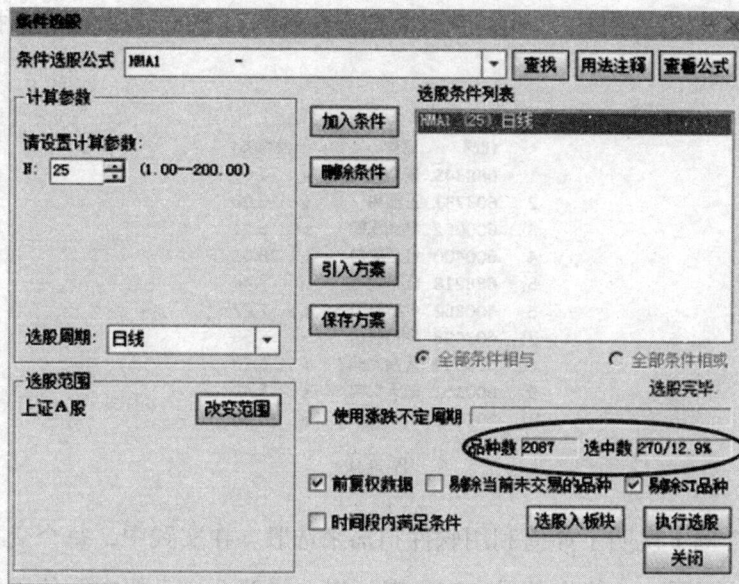

图 3.7

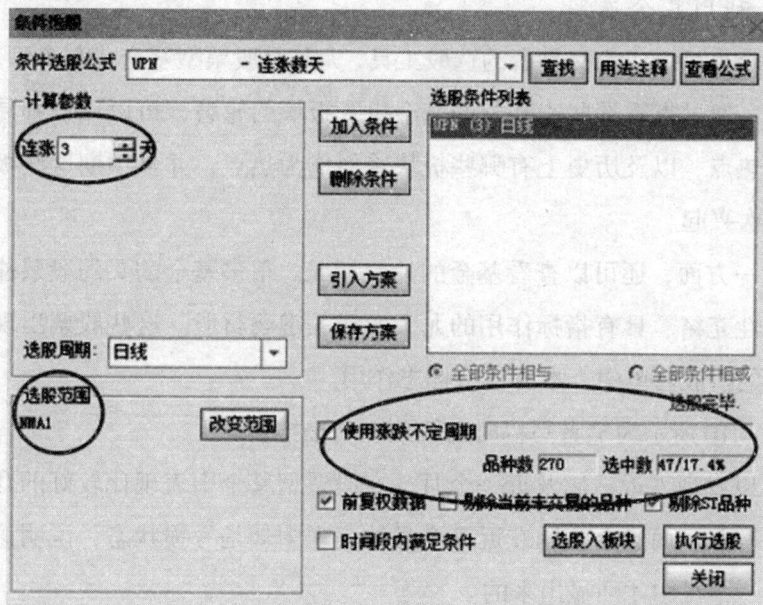

图 3.8

经过系统扫描后，270 只股票中符合条件的只剩 47 只。按涨幅排名如图 3.9 所示。

	代码	名称	·	涨幅%↓
1	688345	博力威	K	17.05
2	603737	三棵树	R	10.00
3	600062	华润双鹤	R	8.21
4	600400	红豆股份	R	8.01
5	688218	江苏北人	K	7.48
6	600862	中航高科	R	7.22
7	603098	森特股份		6.58
8	688599	天合光能	K	6.10
9	600151	航天机电	R	5.40
10	601865	福莱特	R	4.24

图 3.9

这个例子说明了如何利用软件扫描来选股。在实践中，每个交易者使用的软件不同，功能也各异。交易者可以选择符合自己要求和使用习惯的软件，甚至可以几款软件搭配使用。

2. 利用基金选股

基金也可以成为交易者的选股工具，尤其是股票型基金或混合型基金。一方面，通过查看那些表现好的基金投资板块的轮替，可以比较容易发现最近的热点，以及历史上有哪些板块曾经作为热点，并且预期这些板块是否会再次兴起。

另一方面，还可以查看基金的持股情况。很多基金购买的股票往往都是流动性充裕、具有指标作用的龙头股或关键题材股。这些股票出现在多只基金的持股名单中，本身就有标志作用。

图 3.10 所示为笔者写稿时的股票型基金排名。

可以发现，近一周及近一个月，在股票型基金中表现比较好的几乎都跟基建有关，而这个主题在近三个月的表现中却是亏损状态，说明该板块是在近一个月中才凸显出来的。

接下来，我们从中找几只基金，看看它们的股票持仓情况。在这里，选取排在第四位的"信诚中证基建工程指数（LOF）A"，其股票持仓情况如图 3.11 所示。

序号	基金代码	基金简称	最新日期	单位净值	近1周	近1月	近3月
1	516970	广发中证基建工程ETF	2022-07-14	1.1938	2.82	2.13	-1.67
2	005224	广发中证基建工程ETF联接C	2022-07-14	0.8705	2.69	2.02	-1.63
3	005223	广发中证基建工程ETF联接A	2022-07-14	0.8760	2.68	2.03	-1.58
4	165525	信诚中证基建工程指数(LOF)A	2022-07-14	0.8055	2.62	1.91	-1.77
5	013082	信诚中证基建工程指数(LOF)C	2022-07-14	0.8029	2.62	1.89	-1.86
6	015678	鹏华中证高铁产业指数(LOF)C	2022-07-14	1.0270	2.39	3.01	-
7	160135	南方中证高铁产业指数(LOF)	2022-07-14	0.9937	2.35	2.97	-0.37
8	160639	鹏华中证高铁产业指数(LOF)A	2022-07-14	0.8520	2.28	3.02	-0.23
9	159619	国泰中证基建ETF	2022-07-14	0.9346	2.24	3.02	0.00
10	516950	银华中证基建ETF	2022-07-14	1.0474	2.11	2.71	-0.31
11	015761	银华中证基建ETF发起式联接A	2022-07-14	1.0304	1.93	2.44	-
12	015762	银华中证基建ETF发起式联接C	2022-07-14	1.0300	1.92	2.41	-

名称	占净资产比
中国建筑	10.77%
中国中铁	10.02%
中国电建	9.09%
中国铁建	5.73%
中国交建	5.43%
中国能建	5.16%
中国化学	4.80%
中国中冶	4.37%
四川路桥	2.44%
上海建工	2.36%

图 3.10　　　　　　　　　　　　　　　　图 3.11

这样就得出了一份"基建"主题的股票名单。

再看一下近一个月哪些基金和赛道表现最好，如图 3.12 所示。

一看列表，"先进制造""产业趋势"属于投资风格。我们看看其中的"融通产业趋势"的持股情况，如图 3.13 所示。

序号	基金代码	基金简称	最新日期	单位净值	近1周	近1月↑	近3月
1	014191	广发先进制造股票发起式A	2022-07-14	1.3505	-0.30	20.28	41.96
2	014192	广发先进制造股票发起式C	2022-07-14	1.3485	-0.31	20.23	41.81
3	013816	汇添富中证光伏产业指数增强发	2022-07-14	0.9643	-1.13	20.21	48.17
4	013817	汇添富中证光伏产业指数增强发	2022-07-14	0.9626	-1.13	20.19	48.07
5	008445	融通产业趋势先锋股票	2022-07-14	1.4957	-0.67	19.19	34.44
6	009891	融通产业趋势精选股票	2022-07-14	1.1374	-0.61	19.17	34.32
7	008085	海富通先进制造股票A	2022-07-14	1.5010	-3.75	18.35	48.29
8	008084	海富通先进制造股票C	2022-07-14	1.4857	-3.75	18.31	48.14
9	005802	汇添富智能制造股票A	2022-07-14	1.9445	-1.25	17.92	34.55
10	015197	汇添富智能制造股票D	2022-07-14	1.9419	-1.26	17.88	34.42
11	015196	汇添富智能制造股票C	2022-07-14	1.9392	-1.26	17.88	34.25
12	513200	易方达中证港股通医药卫生综合	2022-07-14	0.9927	-2.22	17.49	15.42

名称	占净资产比
阳光电源	6.03%
宁德时代	5.72%
东方电缆	5.11%
隆基绿能	4.47%
斯达半导	4.09%
锦江酒店	3.60%
东方雨虹	3.46%
凯莱英	3.32%
天合光能	3.19%
帝尔激光	3.06%

图 3.12　　　　　　　　　　　　　　　　图 3.13

看样子，这些股票就是该基金选出的各产业龙头股，于是我们又多了一份股票名单。

这样一来二去，我们就可以去伪存真，把整个市场上有价值的股票梳理得清清楚楚，如关键板块、关键题材是什么，这些板块和题材的核心股票有哪些。把握住这些东西，我们就抓住了市场的主流，否则永远是徘徊在主流之外的边缘人，总是抓不住市场的主要趋势。著名交易员杰西·利弗莫尔说："如果你不能从主要的活跃股中赚钱，你就不能从整个股市中赚钱。"这些排名靠前的主动型股票基金的持仓基本都是市场的主要活跃股，而且它们的基本面一般都比较好，相对安全性也更高。

有基金等机构投资者参与的股票，与无法吸引机构投资者的股票有很大的差别。A 股有 4 000 多只股票，为什么要去买一只连机构投资者都不愿意碰的股票呢？股票交易不是寻宝，可以在一堆垃圾里面捡漏，希望发现专业人士都没有发现的遗珠。这种想法或许符合"物以稀为贵"的普遍认知，但是绝不适合股票交易，股票交易的特点是强者愈强、弱者愈弱。

3.4　股票的交易策略

考虑到本书的大部分读者可能都是股票交易者，所以在这一节中笔者打算讲解得稍微细致一点。但笔者不打算在此罗列很多策略，在市场中赚钱，最重要的是树立正确的观念，然后在此观念上发展一套策略就够用了。

3.4.1　多时间框架

处理多个时间框架的概念是交易者应该学习的一项非常重要的技能。所有的交易者都有必要理解这个概念，因为它会影响所有层次的交易。

任何交易都要多看几个时间框架（至少三个），如此交易者才能在宏观、当前与细节这三个层面上对市场建立一个全面的认知。

对我国的股票交易者而言，面对"T+1"的市场，至少需要看周线、日线、1 小时（2 小时）线这三个框架，有时也可以加上 15 分钟图。

在观察市场的时候，可以从大到小，即从周线看起，再看日线，最后看细部的 1 小时线，也可以从小到大看起，这两种方式都可以给交易者一种逻辑顺序。当然，一些成功的交易者也喜欢从日线看起，先看日线的形态，再看周线或月线，了解当前日线形态在宏观场景中的位置；最后看小时图或者分钟图，了解当前日线形态在微观上的构成如何。

如图 3.14 所示，从左到右依次为天齐锂业（002466）的 1 小时图、日线图和周线图。

通过观察这三张图，可以很容易发现该股票当前的一些技术特征。

在 1 小时图上，价格跌破了关键的 50SMA，而这条均线前期已经提供了两次上涨支撑，第三次没能支撑住。

日线图上的 K 线目前处于下降波段，前一个交易日收出长上影线的阴线，目前由空头控制市场。

日线图上的关键移动平均线 200SMA 目前处于水平状态，此时市场已不具备长期的上涨动能。

在周线图上，价格没有突破前期高点的关键阻力位。

周线图突破关键阻力位失败，而后形成了向下反转形态的 K 线，这叫作看跌吞没形态。

凭借这些技术特征，交易者已经可以得出目前该股票不适合买入的结论。可能有人会问，那么，该股票在什么时候适合买入呢？

当然是技术特征改变以支撑做多的时候，比如，在周线图上价格稳定地突破了前期高点，或者在日线图上当前的下降波段开始受到支撑并转为上升波段，或者在 1 小时图上价格再次向上穿越 50SMA，并且该均线继续维持向上运行。

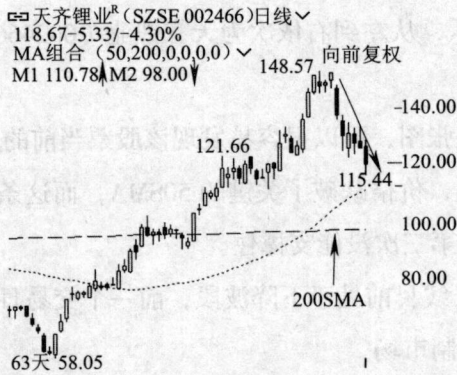

图 3.14

3.4.2 选择技术指标

在上例中的图上，除了 K 线外，还添加了两条移动平均线，一条是 200 周期的简单移动平均线，另一条是 50 周期的简单移动平均线，三个时间框架全部一样。当然这并不是唯一的答案，交易者也可以根据自己的喜好，以及对市场的理解来进行添加，比如布林带，以及前面介绍过的一些指标都可以作为交易者的日常工具。

但是，在这里列出的这两种均线是经过无数次验证证明非常有效的交易工具，无论是国内还是国外，很多成功的交易者都在使用这两种均线。回顾前面说过的结论——技术指标并不是越冷僻就越好用，越是大众化的指标往往更加有效，因为这些指标能够影响很多人的决策。

最常用的三种移动平均线就是 20SMA、50SMA 和 200SMA。因为 20SMA 是标准的布林带的中线，所以可以在图上添加"BOLL 带 +200SMA"的或者"50SMA+200SMA"的组合。如此，主图上的指标就足够使用了。千万不要在图表上添加太多的指标，一个人的大脑很难同时处理三个以上的数据，太多的指标只会造成混乱。

下面再来看一个例子。

图 3.15 所示是贵州茅台（600519）。

在 1 小时图上，布林带方向向下，但是低点遇到支撑；200SMA 方向向上，代表上升趋势。

日线图上看 K 线处于下降波段，但是目前走出长下影线，证实了支撑；BOLL 带还没有向下拐头。

在周线图上，在布林带的上轨处形成摆动高点，这个摆动高点比前一个摆动高点低，且 K 线是向下的反转形态。

现在是否可以得出结论？能买吗？

答案是不能，因为：①我们不想买在日线图的下降波段；②我们不想

买在 1 小时图上的布林带下降的过程中；③我们不想买在周线图没有突破

阻力位，并且形成向下反转形态的位置。

图 3.15

那么，反过来，也就明确了买入条件：①日线图为上升波段；②周线图处于支撑位而不是阻力位；③1小时图上的布林带向上延伸。

于是，我们就有了一个最基本的股票交易策略。

3.4.3 股票的交易规则

接着上面的例子。往前回顾一下贵州茅台，如图3.16所示。

这是贵州茅台在2022年5月中旬出现的形态。

在周线图上，K线为上升波段。

在日线图上，BOLL带开始向上，K线为向上波段，但是200SMA方向向下，对价格有压制。

在1小时图上，价格受到支撑，并走到了200SMA和BOLL带中线的上方；200SMA走平，布林带比较窄，没有明显的向上运行趋向。

此时看下来，走势比较中性，结论就是价格下跌受到支撑，但是推动价格上涨的因素也不强烈。此时可以把1小时图上的支撑位作为止损点，轻仓进入。

此后来到2002年6月6日，市场情况再度发生变化，如图3.17所示。

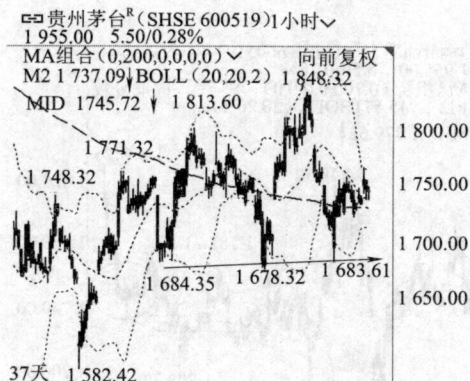

图 3.16

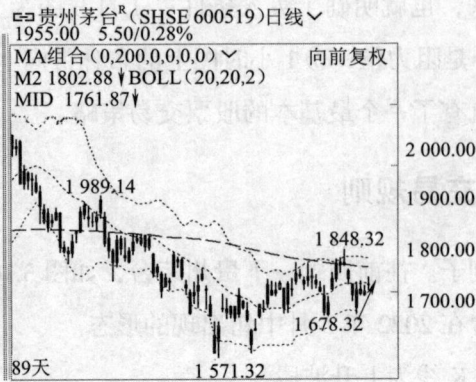

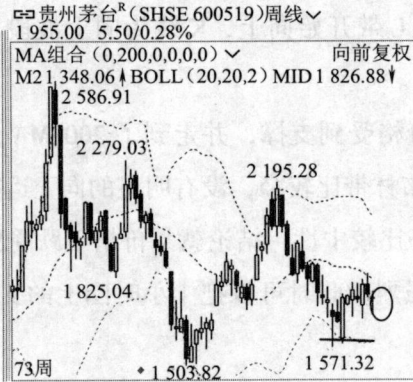

图 3.16 续

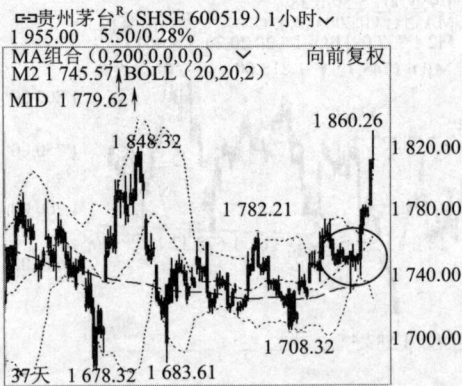

图 3.17

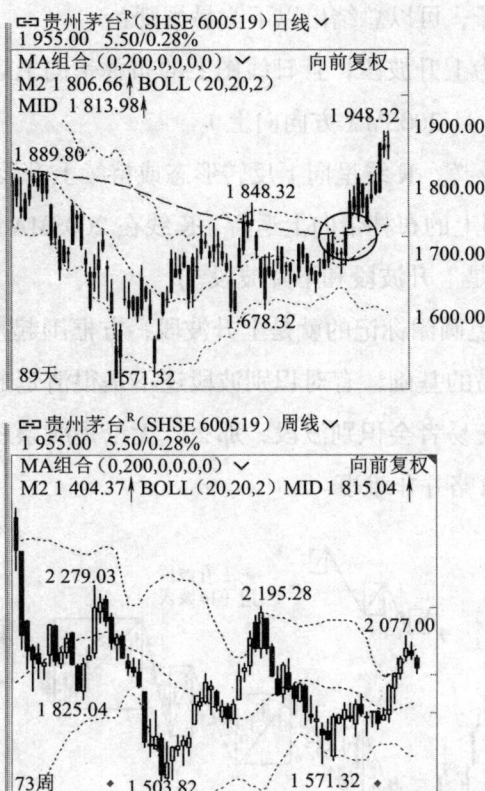

贵州茅台^R（SHSE 600519）日线∨
1 955.00　5.50/0.28%
MA组合（0,200,0,0,0,0）∨　　向前复权
M2 1 806.66↑BOLL（20,20,2）
MID 1 813.98↑
1 948.32
1 889.80
1 848.32
1 678.32
89天　1 571.32

贵州茅台^R（SHSE 600519）周线∨
1 955.00　5.50/0.28%
MA组合（0,200,0,0,0,0）∨　　向前复权
M2 1 404.37↑BOLL（20,20,2）MID 1 815.04↑
2 279.03
2 195.28
2 077.00
1 825.04
73周　1 503.82　1 571.32

图 3.17 续

与 2022 年 5 月的图表比较起来，推动价格上涨的因素明显增强了（图中圆圈标出的部分）。

在 1 小时图上，布林带明显开始向上运行，价格回调，然后在 200SMA 处受到支撑，收出一根长下影线的 K 线，买盘进场痕迹明显。而且 1 小时图上的 200SMA 的方向也向上。

在日线图上，价格突破了 200SMA。原来压在价格上面的 200SMA 的阻力一扫而空，阻力变成了支撑。

此时进场，可以把止损放在 1 小时图上的短期低点下面，并用 1 小时图上的布林带跟踪止损。该笔交易可以在周线上持仓四周。

通过这个例子，可以总结出以下交易规则：

（1）日线图为上升波段，且日线图上的布林带向上运行（最好是价格在 200SMA 上方，且 200SMA 方向向上）。

（2）周线有支撑，K 线呈向上反转形态或持续上升波段。

（3）1 小时图上的布林带向上运行，K 线在 200SMA 上方。

【重温：什么是上升波段和下降波段？】

图 3.18 中黑色圆圈标记的就是上升波段，方框围起来的部分就是下降波段。波段是交易的基础，有对识别波段还不是很清楚的读者，可以再回头看一看。只要交易者会识别波段，那么，无论是股票还是期货，构建出一套盈利的交易策略并非难事。

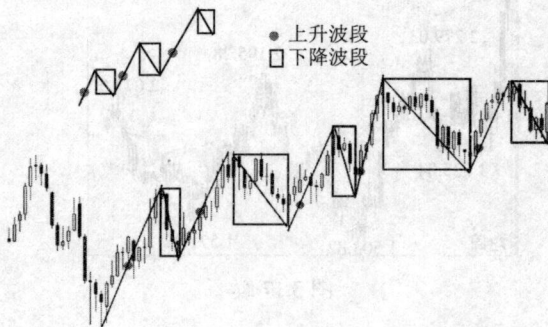

图 3.18

有的读者可能还会觉得以上方法过于复杂，其实只要稍加熟练，上述方法在实践中非常简单，用不了几分钟就能够帮我们做出交易决策。

在实践中，在构建出属于自己的股票列表之后，比如该列表中有值得关注的 20 只股票，那么早上打开这个股票列表，从第一只股票开始看起。直接看周线图，周线图属于下降波段的直接排除，只找目前周线图属于上升波段的股票，找出来之后看日线图上的布林带是否也是向上的，如果是则验证了周线图的上升波段；然后看日线图上的 K 线是向上的还是向下的，如果是向下的则暂时不入场，等日线图上的 K 线形成短期低点向上拐头时再入场。此时也可以看 1 小时图，1 小时图上的布林带大概率是向下的，因为日线图上的 K 线属于下降波段。等 1 小时图上的布林带向上拐头，或者 1 小时图上的 K 线形成强力的阳线向上突破时，多单就可以入场了。

从图 3.19 所示的周线图中一眼可以看出是上升波段。

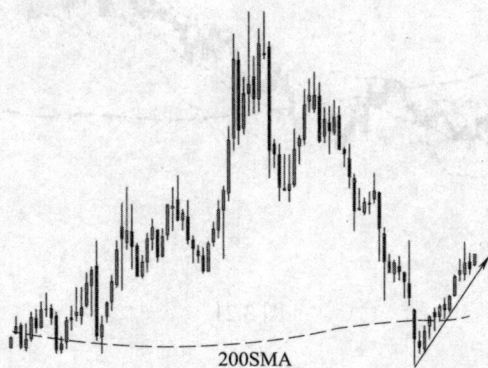

200SMA

图 3.19

再来看日线图，如图 3.20 所示。果然布林带是正在上升的（方框围起来的部分），并且刚形成短期低点，日线是上升波段。此时做多，在短期低点下止损。

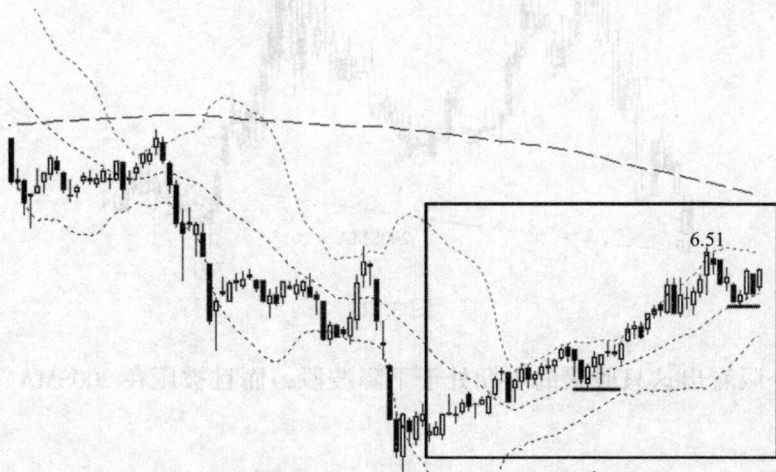

6.51

图 3.20

再看一下 1 小时图，如图 3.21 所示。

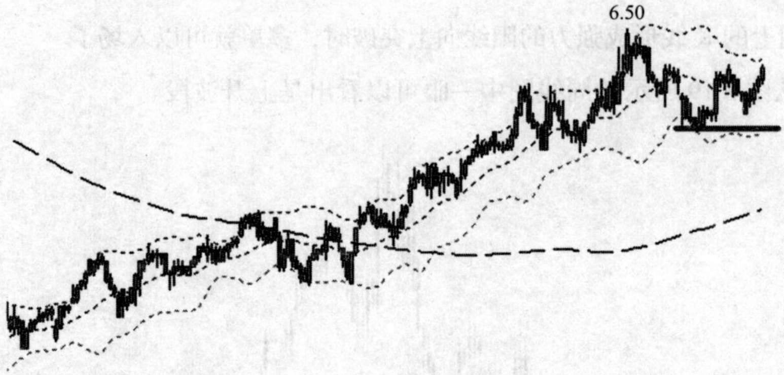

图 3.21

价格处在 200SMA 上面，布林带向上，黑色线段标注的短期低点就是日线图上的低点，在此处止损。

看下面这只股票的周线图，如图 3.22 所示。

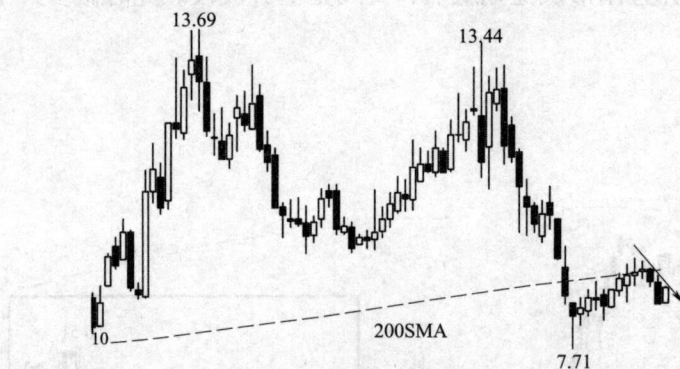

图 3.22

一眼看出这只股票的周期处于下降波段，而且被压在 200SMA 下面，不做。

再看下面这只股票的周线图，如图 3.23 所示。

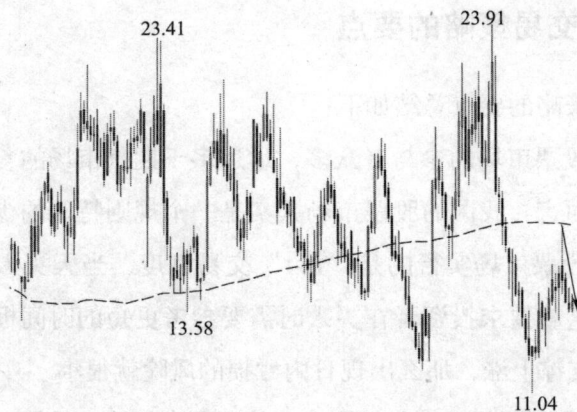

图 3.23

　　周线是明显的下降波段，前一波反弹到 200SMA，然后走出一根长上影线的大阴线，之后开始下跌，这只股票我们也不做。那么，这只股票在什么位置可以做呢？

　　图 3.24 所示是该股票在这段时间的 8 个买点，要么在 200SMA 处得到支撑，然后走出上升波段；要么向上突破 200SMA，然后走出上升波段。每次入场都可以持续 3 周以上，胜率很高。在具体交易的时候，可以把日线图和 1 小时图调出来，在日线图或 1 小时图上找到更精确的入场点和出场点。

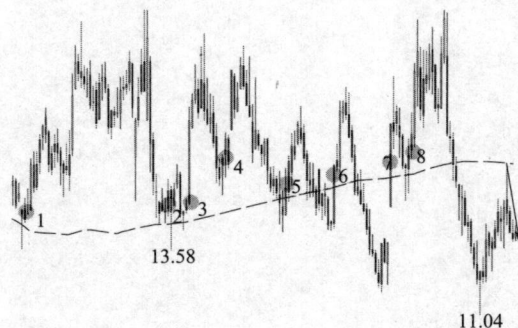

图 3.24

3.4.4　股票交易策略的要点

股票交易策略的要点总结如下：

（1）我国股票市场的参与者众多，远远多于期货市场的参与者，但是对于全球市场而言，我国的股票市场其实是一个规则特殊的少数市场。原因在于我国的股票市场实行的是"T+1"交易制度，当天买入的股票无法在当天卖出。这就要求投资者在买入时需要参考更短的时间框架，短期的时间框架如果支撑上涨，那么出现日内亏损的风险就很小。

（2）我国的股票市场基本上是一个单方向市场——只能做多，做空极不方便，成本也高，不像期货市场那样可以很方便地在两个方向上进行交易。好在我国股票市场上的股票数量足够多，交易者可选择的余地很大，有充分选择符合策略要求的股票的空间。

（3）交易者在交易股票时，应该选择以日线和周线为主要的时间框架。如果在日线上交易，为了避免无谓的波动对持仓的干扰，交易者应该选择一条合适的移动平均线来进行仓位跟踪。如果在周线上交易，那么用周K线的延续形态即可。一般来说，一笔持仓周期在2~5周为宜。

（4）如果交易者错过了最佳买点，则可以在1小时图上再寻找入场点，只需1小时图上的入场方向与周线指示的方向相同即可。

第4章 >>>>>>

基金

比起股票和期货,基金是一种更加省心、省力的投资,而且对投资者来说,对专业知识的要求也较低。事实上,基金投资只需要掌握少量技巧就可以盈利,而且利润相较股票、甚至期货投资来说也并不低。难怪连巴菲特都建议个人投资者投资股票指数基金。

先从基金最基本的知识开始讲起。

4.1 基金，你知道这些就够了

现在就让我们走进基金市场，从头开始。希望阅读本章内容后，大家都能学会挑选赚钱的好基金，并且知道什么时候可以购买它。

4.1.1 基金是什么

简单来说，基金就是一个"篮子"，你、我、他……我们很多人拿出钱放在一起，交给专业的基金经理，让他或她代替我们进行投资的一种方式。这是从投资者的角度来看待基金的。

从基金发行者的角度来看，基金的发行公司通过发行基金产品向一群人募集资金，并由基金经理人代为管理和操盘。

可见，无论从哪个角度来看待基金，它都意味着投资逻辑的改变。在股票、期货交易中，我们需要撸起袖子自己干。但是，基金属于间接交易，我们把钱委托给专业机构的基金经理，让他们来管理我们的资金，然后我们在工作之余，偶尔打开手机和电脑，看看他们最近操作得怎么样。

如果这些专业的基金经理能够给我带来满意的回报，那就太好了，但是显然并非每只基金都能为我们赚钱。

1. 有超过一半的基金投资者是亏损的

统计数据显示，2021 年，我国超过一半的基金投资者是亏损的。这个事实令人沮丧。

我国的基金投资者人数众多，远超股票和期货的投资者人数。根据中国证券业协会发布的数据，截至 2022 年年底，我国的基金投资者超过 7 亿人次，而个人股票投资者超过 2 亿人次。

不过，真正赚钱的基金投资者却不多。根据天天基金网的数据，截至2021 年 12 月 28 日，53% 的基民投资收益率为负，35% 的基民投资收益率低于 10%，9% 的基民投资收益率在 10%~30%，只有 2% 的基民投资收益率超过 30%。

可见，"把钱交给专业的基金经理，我们就可以躺赚"的想法并不现实。基金虽然确实可以让投资者省力，但是要通过基金赚钱还要花一番心力，需要好好研究一下才行。

2. 支付宝里的基金

我国的基金投资者人数众多，但是大家购买基金的渠道各不相同。绝大多年轻人都是通过手机 App 购买的，普遍使用的应该是支付宝。

打开支付宝的界面，点击"理财"按钮，就能看到很多与理财相关的链接按钮，比如"余额宝""股票""黄金""券商理财""保险"等，"基金"就在最醒目的位置。

点击"基金"按钮，就进入了基金操作的界面，里面的内容相当丰富，包括"基金排行""热门板块""新发基金""省心定投""金牌经理"等板块。

如果你对基金了解不够，不具备投资基金的基础知识，那么你一定会眼花缭乱，不知道买哪个好。最后很多人就往往购买了网站推荐的"精选基金"，因为它的收益十分醒目！

这里并非说网站推荐的"精选基金"不好，而是要告诉大家，历史收益率并不等于未来的收益率。事实上，哪怕是同一只基金，投资者在不同的时间购买，最终实现的收益率却天差地别。

基金的初学者最常犯的一个错误就是仅凭收益率高就去买基金，最后亏损的时候还在纳闷："明明这只基金以前的收益率那么高，为什么一到我买就不赚钱了呢？"

基金赚钱，而基民不赚钱。这种事情相信很多基金投资者都深有体会。在很多时候，当我们买进一只收益率很高的基金时，就相当于我们在股市中买入了一只最近一段时间涨势凶猛的股票，结果往往买在了这只股票的高点，要不了多久，这只股票就开始了下跌的旅程。基金也是如此，很多最近收益率高的基金往往都是股票型基金或大宗商品型基金，这是因为该基金持仓的股票或大宗商品近来涨势凶猛，此时买进将面临市场回调，甚至逆转的风险。对于早期进场的投资者而言，即使市场出现回调，也只是利润出现回撤；但是，对于追高的新投资者而言，这种市场回撤带来的就是实实在在的亏损了。

继续支付宝的基金之旅。点击"基金排行"，扑面而来的是一大串复杂的基金名字，比如笔者眼前排在第一位的基金叫作"国泰大宗商品配置"，名称后面还有一个小括号，写着"（QDII-LOF-FOF）"。

很多投资者都会被基金又长又难懂的名称吓倒，不知道这个"单字都认识，连在一起不知道说什么"的名称代表什么意思。最后只把目光盯在了该基金的最后一项——"近一年涨跌幅 68.11%"。

热血随即燃烧。

该基金名称里面的"国泰"代表这只基金的发行方是国泰基金。

"大宗商品配置"代表这只基金主要投资的目标是大宗商品。看过本书"期货篇"的读者此时已经明白，这只基金与期货市场密切相关。

括号里的一串字母，其中"QDII"代表该基金投资的是境外市场；"LOF"代表这是一只在交易所上市的"开放式主动型基金"；"FOF"又叫作"基金的基金"，是指该基金的投资对象是其他基金。比如"甲基金"用募集来的资金购买了"乙基金"和"丙基金"，那么"甲基金"就是一只"FOF基金"。

把上面的信息结合在一起，这只基金应该是一只投资境外市场的大宗商品基金的基金。该基金在我国的交易所上市，可以在二级市场上交易，也可以申购和赎回。

这就是从这只基金的名称上所了解到的信息。

这只基金最近的表现非常亮眼，但是我们在做投资决策的时候，不应该仅被一只基金的近期表现吸引，还应该考虑该基金的长期业绩及总体风险等诸多内容，关于这一点后续再跟大家探讨。

查看该基金的长期业绩信息，可以发现，该基金自 2012 年成立至今，亏损接近一半。

这真是一只波动剧烈，称得上风险性十足的基金。笔者相信，仅凭这条信息，你的购买冲动就会打消大半了。很明显，这只基金的长期业绩很不稳定，即使在最近巨幅盈利的情况下，10 年下来也亏损了接近一半，实在很难让人放心。

在支付宝上购买基金确实非常方便，尤其对于没有在证券公司开通股票和基金账户的个人投资者尤其如此。很多人都是在支付宝等手机 App 上购买基金的，这种方式叫作场外购买。

不过，购买基金最好的方式还是场内购买，也就是在开通证券账户后，在证券交易所里进行购买。购买的方式也很简单，跟我们购买股票几乎完全一样，投资者只要打开股票软件就可以进行交易，相信大家不难上手。

3. 认识基金

我们研究一样事物，当初始千头万绪时，分类总是可以帮助我们快速厘清头绪。就好像幼儿园里的一群小朋友，可以根据性别分为男生和女生，也可以根据年龄分为大班、中班、小班，还可以根据兴趣爱好分为唱歌班、舞蹈班、美术班等。

研究基金也是一样的，分类可以快速帮我们厘清基金的种种头绪。

1）公募基金与私募基金

这种分类方式是按照基金的募资对象来区分的。

"公募"就是公开募集的意思，面向投资大众募集资金，这种基金在美国叫作"共同基金"。我们在股票软件和支付宝上购买的基金都属于"公募基金"。

而"私募基金"是非公开募集的，它只向特定的投资者私下募集资金。

比如某对冲基金只向高净值客户（有钱人）募集资金，这就是私募基金。

对冲基金也是我们经常听到的词语。其实，对冲基金是私募基金的一种。"对冲"指的是一种交易策略，即在买入某种资产的同时，卖出与它相关的另一种资产，使交易的整体风险降低。例如，在买入贵州茅台的同时，融券卖出五粮液，这就是一种"对冲"。因为如果大盘下跌带动个股下跌，贵州茅台虽然亏损，但五粮液却是赚钱的，这样就"对冲"购买贵州茅台的风险。

所以说，"对冲"是一种降低风险的交易策略。但是，很多名义上的对冲基金实际上未必采取对冲策略，现在的"对冲基金"基本上成了高收益私募证券基金的代名词，无论该基金是不是采用对冲策略，都习惯称之为"对冲基金"。只不过，在我国更广泛的叫法是"私募证券基金"。

对冲基金和公募基金都是为投资者提供管理投资组合的投资产品，但它们的相似之处也就到此为止了。对冲基金以高净值个人为目标，采用更复杂、波动性更大的交易策略，努力为客户带来超额回报。

任何投资者都可以购买公募基金，但公募基金的交易对象受到更多法规限制。而对冲基金经理的操作就自由得多。公募基金经理的主要目标是跑赢基准指数，而对冲基金经理的主要目标是赚大钱。

投资者购买公募基金的门槛很低，有些公募基金完全没有投资门槛的限制。而投资私募基金就不一样了，在我国投资私募基金，必须是资产达标的合格投资者，投资额一般也要 100 万元人民币起步。在美国也是如此，美国对冲基金的投资者要求是资产净值超过 100 万美元或年收入超过 20 万美元的合格投资者。

我国的私募基金已经蓬勃发展，市场上有各种策略的私募基金，但是本书还是以公募基金为主。在这里提醒大家，私募基金未必都赚大钱，其投资业绩未必一定强过公募基金的投资业绩，每年亏损清盘的私募基金也不在少数。

2）开放式基金和封闭式基金

这种分类方式是按照投资者是否可以随时申购和赎回来区分的。

所谓开放式，就是投资者随时可以申购和赎回。而封闭式基金则不行，投资者只能在基金规定的开放期内进行申购和赎回。不过，好在很多封闭式基金都在交易所里挂牌上市，投资者可以方便地在二级市场上买入、卖出。

在开放式基金中，有一种基金特别值得一提，就是 ETF。其全称是"交易型开放式指数基金"，这种基金的作用非常广泛。

"交易型"就是这种基金在交易所里挂牌上市，投资者可以在二级市场上进行交易；"开放式"就是这种基金可以随时在一级市场上申购和赎回。这两个特性叠加，赋予了该基金非常灵活的属性。

此外，ETF 还有一个重要的特性——一种被动复制某个指数的投资工具。比如沪深 300ETF，就是跟踪沪深 300 指数的基金，指数上涨，基金的净值也跟随上涨，投资者就赚到了钱；指数下跌，基金的投资者也会连带亏损。这种基金的表现与其跟踪的指数涨跌完全相关，与基金经理的能力关系不大，所以又叫作被动型基金。

与之相对的是主动型基金。主动型基金的业绩是与基金经理的主观行动密不可分的，因为这种基金的基金经理可以决定投资标的，以及采用何种投资策略和进出市场的时机。而被动型基金的基金经理只能严格地复制指数。主动型基金就是以超越市场指数为目标的。

前面列举的支付宝里销售的"国泰大宗商品配置"就是一只主动型基金，而且是一只可以在交易所里买卖，申购和赎回相当自由的 LOF 基金。

既然说到 ETF，就再来说一下在市场上经常看到的一种基金类型——ETF 联接基金。

ETF 联接基金将其绝大部分基金资产投资于跟踪同一标的指数的 ETF，简单来说，就是投资于 ETF 基金的基金。ETF 联接基金与 ETF 的走势基本一样，但毕竟多倒了一次手，所以，还是略有偏差的，不过影响不大。

为何要设立这种基金呢？投资者直接去购买 ETF 不就好了吗？

这是因为 ETF 是场内基金，需要开通股票账户才能参与；而 ETF 联接基金没有这个条件，投资者无须开通股票账户，可以在支付宝等第三方渠道上购买。

我们经常在支付宝的基金页面或者其他 App 上看到 ETF 联接基金的踪迹。当下次遇到时，就知道这是一只投资了 ETF，并跟踪其对应指数的基金。如果你选择购买该基金，那么你的盈亏完全取决于该基金跟踪指数的涨跌。

比如"国泰中证煤炭 ETF 联接 A"，这个名称就告诉我们这是一只 ETF 联接基金，它购买的是中证煤炭 ETF，而中证煤炭 ETF 是一只跟踪"中证煤炭指数"的指数基金。

图 4.1 所示是中证煤炭指数的走势图。

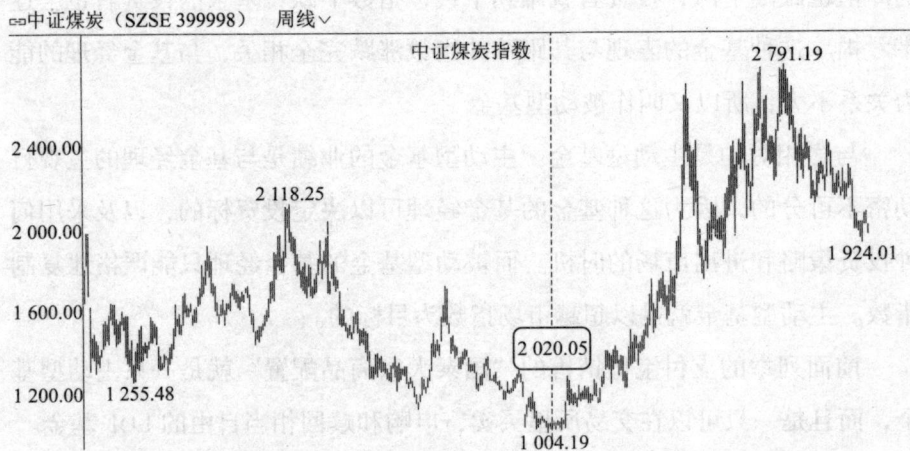

图 4.1

从图 4.1 中可以看出，在 2020 年 5 月之后，该基金的投资者可以取得相当不错的收益，因为中证煤炭指数一直处于多头行情中。但是，在此之前的投资者就难以取得满意的投资收益了。这就像俄罗斯套娃，"中证煤炭 ETF" 外面套着 "国泰中证煤炭 ETF 联接基金"，但是最核心的还是 "中证煤炭指数"。

4. 基金就像一个筐，什么都往里面装

前面我们用两种方式对基金进行了分类。

但是，不同基金之间关键的区别还是它们的投资对象不同。

基金的投资对象十分广泛，有股票、期货、货币市场工具、大宗商品、黄金等，甚至还有投资珠宝、艺术品、红酒等五花八门的另类基金。基金甚至还可以投资其他基金，这种基金就叫作 FOF。可以说，基金就像一个筐，什么都往里面装。上文提到那只 "国泰大宗商品配置" 基金，就是一只投资大宗商品的基金。

但是，基金投资最多的金融产品还是股票、债券和货币市场工具。这也是投资者购买最多的三种基金。

以投资货币市场工具为主的基金叫作货币市场基金，我们平时用到的余额宝就是一只货币市场基金。

货币市场工具作为一种债务工具，期限一般在一年以内，比如短期国债、承兑汇票、银行大额存单、逆回购等。这类债务工具的特点就是期限短、风险低，但是收益也低，通常作为短期资金停泊的避风港。

股票型基金，顾名思义，主要投资标的是股票，其投资股票的比例在80% 及以上。所以，下次我们看到一只基金称自己为股票型基金，就可知它至少有 80% 的资金配置在股票上。

债券型基金的主要投资标的是债券，比例也要达到 80% 及以上。

此外，还有一种市场常见的类型叫混合型基金，此类基金的基金经理可以相当灵活地在股票、债券和货币市场工具之间进行配置。但是，因为股票毕竟是比债券和货币市场工具风险更高的金融产品，所以，为了让投资者明晰此类基金的投资风险，按基金中股票投资比例的上限，又对混合型基金进行了分类，分别是偏股型混合基金、偏债型混合基金、股债平衡型混合基金和灵活配置型混合基金。

偏股型混合基金中的股票投资比例上限有 80% 和 95% 两档。注意要与股票型基金分辨清楚，对于股票型基金，80% 是下限，意味着股票型基金中股票资产的占比不能低于 80%；而对于偏股型混合基金，这条线是上限，如果是 80%，则意味着该基金中股票资产的占比不能超过 80%。

偏债型混合基金中的股票资产占比不能超过基金资产的 50%，意味着此类基金中绝大多数资产是债券或者货币市场工具。很明显，这种基金的风险要比偏股型混合基金的风险更低。

股债平衡型混合基金，顾名思义，此类基金中股票和债券资产的占比只能相仿，不能一种过多、一种过少，取平衡之意。

灵活配置型基金是最灵活的一种基金，此类基金中可配置股票资产的范围极其宽泛，可以是 30% ~ 80%，也可以是 30% ~ 95%、40% ~ 95%，甚至可以是 0 ~ 95%。基金经理几乎可以完全按照自己的想法，结合市场情况变化来配置基金资产。

可以看出，混合型基金的风险主要取决于股票和债券资产的配置比例大小。债券资产的配置比例越高，则风险越低；股票资产的配置比例越高，则风险越高。但是相应地，配置股票资产比较多的基金虽然风险高，但是其潜在获利能力也更大。

一般来说，在混合型基金中，偏债型混合基金的风险相对较低，因为此类基金中债券和货币市场工具的配比至少占一半，但是仍比债券型基金的风险要高；股债平衡型混合基金和偏股型混合基金的风险相对较高；而灵活配置型基金，由于其股票仓位配置上限较高，所以，总体而言风险也较高，在极端情况下甚至能跟股票型基金的风险相当。不过，具体而言，混合型基金的风险还要看该基金具体的资产配置情况，才能得出正确的结论。所以，购买混合型基金的投资者需要时刻关注该基金的资产配置变化情况。

5. 看懂基金名称

有了上述基金分类的知识，投资者就能看懂基金名称传递给我们的信息了。

基金命名的规则一般如下：

基金名称＝发行人名称＋投资方向/风格特点＋基金类型＋（收费方式）

打开电脑上的股票软件，会列出近一年表现最好的基金前十名，例如表 4.1。

表 4.1　近一年表现最好的基金前十名

基金名称	最新单位净值（元）	近一年净值增长率
中邮核心优势灵活配置混合型证券投资基金	3.242 0	60.59%
中融中证煤炭指数分级证券投资基金	1.806 0	59.26%
国投瑞银进宝混合	4.661 5	56.58%
国泰中证煤炭 ETF 发起式联接 A	2.018 7	56.39%
国泰中证煤炭 ETF 发起式联接 C	2.002 4	55.91%
富国中证煤炭指数型证券投资基金	1.954 0	55.08%
信澳周期动力混合 A	1.740 6	54.35%
招商中证煤炭等权指数证券投资基金	1.893 1	52.08%
前海开源新经济混合 A	3.311 9	51.56%
信澳新能源精选混合	1.570 0	50.48%

按照刚才给出的基金命名规则，来看一下前四只基金的名称代表什么意思。

1）中邮核心优势灵活配置混合型证券投资基金

发行公司是中邮基金，基金的风格特点是核心优势，基金类型属于灵活配置混合。

有的读者或许会问："核心优势"是为何物？

仅看名字我也不知道，基金名称中对于投资风格和投资方向的表述没有严格、清晰的规范。现在考虑到这是一只灵活配置的混合型基金，估计最大的风格特点是基金经理的自由度比较高。

投资者如果想详细了解这只基金的投资风格是什么，不妨看一下该基金的主要投资方向和投资重点，即十大重仓股、十大重仓行业，如图 4.2 所示。

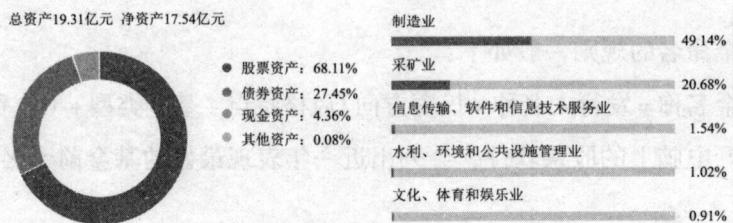

总资产19.31亿元 净资产17.54亿元

- 股票资产：68.11%
- 债券资产：27.45%
- 现金资产：4.36%
- 其他资产：0.08%

制造业 49.14%
采矿业 20.68%
信息传输、软件和信息技术服务业 1.54%
水利、环境和公共设施管理业 1.02%
文化、体育和娱乐业 0.91%

重仓股 2023 年 2 季度　　数据更新至2023-06-30

序号	股票名称	持有量（万股）	市值（万元）	占净值比
1	锡业股份	846.39	13161.34	7.50%
2	森麒麟	292.95	9216.18	5.26%
3	洛阳钼业	1609.99	8581.27	4.89%
4	昇辉科技	680.00	8309.60	4.74%
5	紫金矿业	724.74	8240.28	4.70%
6	中金黄金	530.00	5474.90	3.12%
7	玲珑轮胎	241.85	5373.84	3.06%
8	云铝股份	405.80	5165.83	2.95%
9	中国铝业	800.00	4392.00	2.50%
10	中金岭南	849.99	4037.47	2.30%

图 4.2

这样一看就明白了，该基金将超过 50% 的资产配置在制造业和采矿业的股票上面，而这两个行业都是受经济周期影响比较大的周期性行业，一般在经济繁荣期间蒸蒸日上，在经济衰退时期表现较差。在了解了这一点之后，投资者就心中有数了。不过，不要忘了该基金的灵活配置属性，基金经理的自由度较高，投资者需要经常关注未来该基金在资产配置方向上的改变。

2）中融中证煤炭指数分级证券投资基金

看名称就可以知道，这是中融基金发行的一款跟踪中证煤炭指数的分级基金。分级基金把一只基金一分为二，以满足不同投资者的需求。有些投资者喜欢固定收益，那就买分级 A；有些投资者喜欢博取超高收益，那就买分级 B。一只基金同时满足了保守型和激进型两种投资者的需求。

3）国投瑞银进宝混合

这是国投瑞银发行的混合型基金，"进宝"除了名字吉利外，看不出任何投资风格和方向。面对如此含糊的名称，故而猜测其也属于灵活配置型。看一下其十大重仓股和十大重仓行业，发现其主要配置的还是制造业和采矿业的股票，与排名第一的基金非常类似，其业绩全看基金经理能不能及时把握住周期转换和板块轮动。

4）国泰中证煤炭 ETF 发起式联接 A

该基金名称清晰地告诉我们，这是国泰基金发行的中证煤炭 ETF 联接基金。还记得上文的介绍吗？国泰基金发行的这只联接基金就是购买了中证煤炭 ETF，跟踪中证煤炭指数的基金。

这里面有一个新的概念：发起式基金。

投资者可以这样理解：在发起式基金中不仅要有投资者的认购资金，而且要有基金公司及公司的高级管理人员和基金经理等的认购资金。大家坐在一只船上，如果基金表现不好，那么作为发行人的基金公司也会亏钱。而且基金公司成立发起式基金需在募集资金时，使用公司股东资金、公司固有资金、公司高级管理人员和基金经理等人员的资金认购的基金金额不少于 1 000 万元，持有期限不少于 3 年。

后面这个 A 代表基金的收费方式是前端收取申购费。股票型基金的申购费收取方式一般有 A 类和 C 类两种，A 类代表申购的时候收，C 类代表赎回的时候收。

这是不再过多举例了，总结一下。

第一，一只基金的名称可以告诉投资者一些关于该基金最基本的信息，包括基金的发行人、基金的类型，以及该基金的投资方向和投资风格。如果后面跟了英文字母，则代表该基金的收费方式。

第二，如果从基金的名称中仍然搞不清楚该基金的投资方向和投资风格，那么可以查看该基金的资产配置情况，这样就会对该基金有一个更准确的了解。

基金的名称是投资者对基金建立起来的第一印象。从基金的命名规则来看，相当于利用关键字给基金贴标签，如此一来，投资者才可以根据相同标签的内容，对不同的基金进行类比。

只有同类之间的对比才合理，比如，我们把一只股票型基金和一只债券型基金放在一起对比是不合理的。又如，两只股票型混合基金，一只是以投资成长股为主的成长型基金，另一只是以投资价值股为主的价值型基金，这两者也不适合放在一起进行业绩对比。就像我们不能把特斯拉和沃尔玛这两家完全不同的公司放在一起对比一样。当然，投资者可以在它们之间做出选择，但是不能因为一只股票型基金的收益率比债券型基金的收益率高，就认为股票型基金更好。

6. 基金收费 A、B、C

上文提到基金名称后面的字母代表收费方式。弄清楚不同基金的收费方式对投资者来讲是非常重要的。

基金费用都有哪些？

1）认购费和申购费（买入费用）

如果认购刚上市还在募集期的新基金，那么此时交的费用就是认购费。认购费的费率一般在 1% 左右。

如果购买已经存续的老基金，那么此时的费用就是申购费。一般来说，投资者申购的资金越多，费率越低，一般为 0.3% ~ 1.5%。如果在第三方平台上申购，那么有时还能拿到平台的折扣。

2）赎回费（卖出费用）

赎回费的费率一般是持有基金的时间越长就越低。持有 7 天之内的赎回费的费率一般是 1.5%。如果持有两三年以上，那么很多基金的赎回费可以降到 0 元。

不同基金的认购费、申购费和赎回费都不同，投资者在选择基金的时候，这也是一个考量的因素。

3）管理费

基金公司对基金进行日常管理的费用即为管理费。一般按照持有的基金净价乘以管理费的费率来收取，而且是从基金当日的净值中直接扣除的。所以，管理费实际上也是由投资者承担的。

对于以股票作为主要资产的基金而言，主动型基金大部分管理费的费率是 1.5% 左右，而指数基金管理费的费率一般小于 1%，货币基金管理费的费率一般是 0.15% 左右。

4）托管费

基金找第三方比如银行、券商这些机构来托管所产生的费用就是托管费。

托管费也是从基金资产中扣除的，它按日计算，按月支付，费率一般是 0.2% 左右。

5）销售服务费

销售服务费是用于支付销售机构佣金、基金的营销费用及基金份额持有人的服务费等。

如果基金名称中显示的是 A 类，那就没有销售服务费，但有申购费；如果基金名称中显示的是 C 类，那就有销售服务费，但没有申购费。

每只基金的销售服务费不太一样。那么，投资者如何知道基金的收费模式呢？基金名称最后的字母就代表了基金不同的收费方式。

基金名称中的 A、B、C 所代表的含义如下。

（1）货币市场基金

货币市场基金主要分为 A 类和 B 类，不收取申购费、赎回费，但会收取销售服务费。

货币市场基金 A 类的销售服务费费率是 0.25%，但是门槛低，一般 0 元或者 100 元就可以申购，主要面向普通投资者。

货币市场基金 B 类的销售服务费费率只需要 0.01%，但是门槛高，一般 100 万元或者 500 万元起申购，主要是为高净值客户、机构投资者服务的。不过，目前也有一些货币市场基金 B 类的投资门槛开始降低了，比如易方达现金增利 B，其投资门槛已经从 500 万元降到了 100 元。

（2）债券型基金

一般债券型基金分为两类，A 类和 C 类，或者 A 类和 B 类。A 类有申购费但没有销售服务费；而 B 类和 C 类没有申购费但有销售服务费。

有些债券型基金会分为 A、B、C 三类。

A 类代表前端收费，有申购费，而且在买入的时候收取，但没有销售服务费；B 类代表后端收费，有申购费，在卖出的时候收取，持有时间越长，收取的费用越低（不是赎回费，而是后端收费的申购费），但没有销售服务费；C 类没有申购费，但有销售服务费。

（3）股票型基金

这里不限于股票型基金，也包括混合型基金和指数基金这些大规模投资股票的基金品种。

A 类代表前端收费，在申购时扣除申购费。申购金额越高，收费越低。

B 类代表后端收费，在赎回时扣除申购费和赎回费。

C 类代表无申购费，但是有按日收取的销售服务费。

总之，如果你是基金的长期投资者，那就选 A 类和 B 类，基金的短期投资者选 C 类比较划算。此外，对于购买金额不大、持有时间不定的投资者而言，可以选择购买 C 类基金，因为持有 30 天以上可以免收取赎回费。

4.1.2　债券型基金

债券型基金一直以来都是默默无闻的，很少进入投资者及金融媒体的视野。

其一，因为它的预期收益率偏低，大概在 4%，极少能超过 6% 的，无法吸引投资者的关注。很多投资者购买基金看重的是其 10% 以上的收益率，所以，债券型基金难以吸引投资者的注意。

其二，债券型基金不但收益率不高，而且还有波动，这与投资者心中的债券形象相差甚远，难道债券不就是稳稳拿利息的吗？

经常遇到的情况是，投资者买入几个月之后，打开账户一看竟然亏损了，虽然可能亏损不多（相较股票型基金而言），但考虑到该基金的预期收益率较低，就更让人难以满意。早知如此，买一款银行的保本理财产品，难道不好吗？

我国的投资者一直以来普遍缺乏金融风险教育，不明白金融市场中的收益与风险是永远匹配的，真正的低风险必然意味着低收益。

在 2018 年之后，国家开始打破刚性兑付，银行保本理财的时代正式结束，债券型基金才再次吸引了投资者的目光。

1. 债券的利率与信用

相信大家对债券并不陌生，实际上就是借钱的借条。既然是借条，那么借钱者的信用自然是最需要考量的要素。借钱者的信用越高，那么债券的风险就越低。

例如，我国财政部的信用肯定比管你借钱做生意的朋友的信用高，所以，财政部发行的国债比朋友给你打的借条更有还款保障。

所以，根据债券借钱主体的信用风险不同，债券可以分为利率债和信用债两种。

利率债基本不用担心违约的债券。这种债券的发行主体一般都是国家的相关机构，有国家信用做担保。例如，财政部发行的国债、中国人民银行发行的央行票据，以及国家开发银行、中国进出口银行等政策性银行发行的政策性银行债等。

利率债的购买者几乎不用担心违约，其价格仅仅跟市场利率相关——债券的价格与利率成反比。所以，这种类型债券的收益率就是无风险市场利率，常常作为其他债券和金融产品的定价基准。

如果是地方政府发行的债券，其信用肯定比国家的财政部和中国人民银行等机构的信用要差一些，但是也要高于很多企业的信用，可以算是准利率债。

信用债是企业发行的债券。其名称中的"信用"二字就代表这种债券是有信用风险的。即收益率必然要在无风险利率的基础上加上一个信用风险溢价，风险越高，信用风险溢价也就越高。

例如，现在5年期国债的利率是2.75%，如果某家企业发行的5年期债券的利率也是2.75%，那么投资者为什么要去购买企业发行的债券？在同样的利率条件下，购买国债岂不是更安全吗？所以，这家企业必须以更高的利率发债，其中高出来的部分就是信用风险溢价。如果这家企业的信用风险特别高，那么其发债的利率也就需要很高。

因为不同企业之间的信用风险差别很大，所以，信用债的风险等级之间的差别也很大，甚至能够出现数倍的差距。这里需要投资者注意的是，收益率越高的债券，代表其风险越高，正因如此，你才能够拿到更高的收益率。

2. 交易所债券市场与银行间债券市场

我国债券交易的场所有交易所债券市场和银行间债券市场两种。交易所债券市场就是我们购买股票的上海证券交易所和深圳证券交易所。没错，我们在交易所里不仅可以购买股票，还可以购买债券，当然还可以购买交易所场内基金。

银行间债券市场主要供商业银行和其他金融机构买卖债券。

最早，商业银行交易债券也是在交易所里进行的。但是后来就出了问题，因为这些商业银行在交易所里买卖债券之余，顺便也炒炒股票！虽然投资股票的收益更高，但风险也高，于是银行间债券市场应运而生。

在银行间债券市场上没有股票，不用担心商业银行炒股。后来就把其他要投资债券的金融机构，比如证券公司、基金公司等，也都纳入银行间债券市场中。这样一来，银行间债券市场就成为金融机构交易债券的主流市场，而交易所债券市场就成为散户交易债券的市场。

至于生活中的大爷与大妈在银行购买国债的市场可不是银行间债券市场，而是银行面向个人客户的柜台零售市场，交易量在整体国债市场中微不足道。银行间债券市场是只允许银行等经批准的金融机构参与的市场。

3. 至关重要的债券收益率

关注国际财经新闻的读者一定能经常看到关于利率和股市的新闻，比如今天的新闻标题是："鲍威尔说世界上最大的经济体'有能力'承担更高的利率，美国股市在震荡中下滑。"

文中说："随着决策者努力通过提高借贷成本来降低灼热的通货膨胀，股市对不断上涨的国债收益率感到紧张，投资者考虑到近期华尔街银行和市场知名人士发出的一连串警告，称在美联储激进加息周期的推动下，经济可能出现收缩……"

这篇关于美国股市和美国债券收益率的报道清楚地反映了两者之间存在紧密的联系。实际上，债券收益率可不仅仅跟股票市场有关，它已经成为一个国家或者一个经济体甚至全球经济的风向标。

债券投资者从买入债券一直持有至到期日为止，在这期间的实质投资报酬率，称之为债券收益率，这是投资者购买债券的到期收益率，也叫作殖利率。

例如，一张面值 100 元的债券，利息是 3 元，还有一年到期。现在用 100 元的价格购买它，一年之后债券到期可以得到 103 元。所以，在用 100 元的价格购买它时，该债券的到期收益率是 3%。如果在购买的时候，该债券的价格是 99 元，又会如何呢？面值 100 元的债券到期时还是能够得到 103 元，虽然它现在的价格是 99 元，那是因为我买到了打折的债券，所以当债券价格为 99 元时，其到期收益率是 $(103-99) \div 99 \times 100\% = 4.04\%$。

因为我买到了打折更多的债券，所以收益率更高，这是理所当然的。

关键是从中发现了债券的价格和收益率之间的关系：债券的价格下跌，其到期收益率就上升。反过来说，如果债券的价格上涨，那么它的到期收益率就会下降。两者呈反比关系。

所以，债券收益率持续上升，意味着此间的债券价格在持续下跌，债券市场处于熊市；相反，如果债券收益率持续下降，也就意味着债券价格在持续上涨，此时债券市场处于牛市。

4. 债券的收益率与"牛熊市"

一起看一下我国 10 年期国债的到期收益率历史图，如图 4.3 所示。

国债到期收益率（10年期）

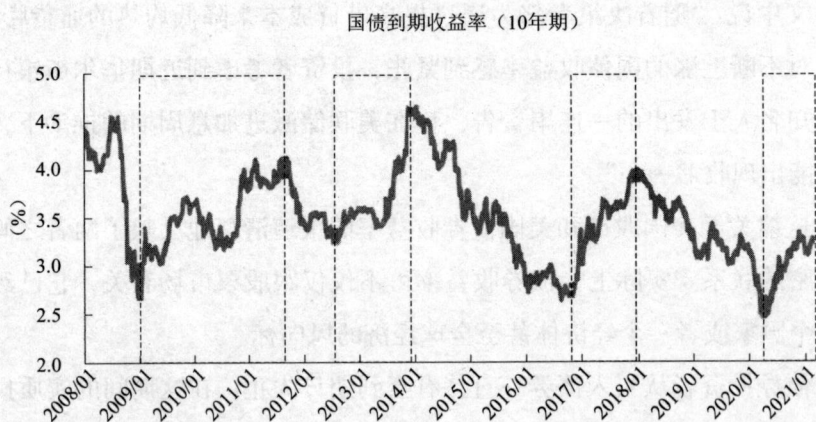

图 4.3

　　这张图清楚地显示了 2008 年之后我国 10 年期国债到期收益率的变化情况。我们都知道，2008 年是一个特殊的年份，那一年美国的次级房贷泡沫破裂，引发了全球金融危机。此后的二十多年，全球经济呈现出与 2008 年之前完全不同的状态。而我国 10 年期国债到期收益率的变化图则显示了在这二十多年里我国经济的几次债券熊市周期，分别是：

　　（1）2009 年 1 月～2011 年 8 月，历时 31 个月。

　　（2）2012 年 7 月～2013 年 11 月，历时 16 个月。

　　（3）2016 年 10 月～2018 年 2 月，历时 16 个月。

　　（4）2020 年 4 月～2021 年 3 月，历时 8 个月。

　　因为 10 年期国债的收益率是市场的无风险利率，这个收益率与整体经济的关系十分密切，债券收益率的持续上涨周期代表债券市场的熊市。

　　那么，股票市场呢？来看看图 4.4 就清楚了。

　　图 4.4 的上部是我国 10 年期国债的走势，下部为沪深 300 指数的走势，可以清晰地看到国债与股市之间的反比关系。债券市场的熊市往往意味着股市的牛市；反之，当债券市场处于牛市时，股市往往处于熊市。

　　这个结论对于基金投资者选择股票型基金还是债券型基金非常重要。

　　投资者一定要尽可能地理解经济周期，因为经济就是周期，把握住当前的周期和周期的转变能够让投资者的投资水平更上一个台阶，就好像练武之人被打通了"任督二脉"，不管碰到什么样的对手心里都有底。明晰经济周期的投资者可以做到从全局上看问题，这是一个巨大的优势，不管是做短线还是做长线、抓大财富还是抓小利润，都可以做到游刃有余。如果再上一个台阶，那就是处理经济危机背景下的投资的能力了。这往往是大师的标志。

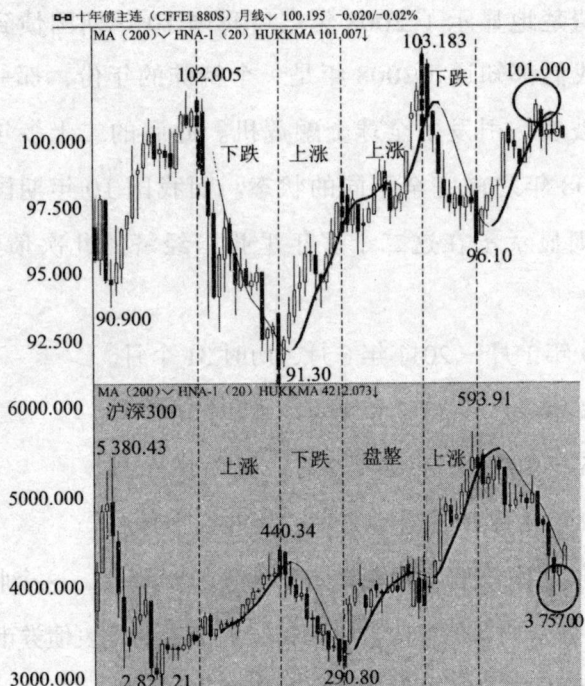

图 4.4

从图 4.4 中可以判断目前我国的经济周期情况。债券市场在 2021 年 3 月触底，并结束了一个很短的下降周期——8 个月——仅为前两次周期的一半，此后债券市场开始上涨，对应着股市的暴跌。那么，现在呢？我们发现 10 年期国债在 2022 年 1 月形成了短期高点，比股市的低点提前了三个月，这反映了我国在 2022 年年初突发情况对市场产生的影响。

近期股市出现了一个明显的低点，虽然还不能完全肯定经济周期发生了逆转，但是我们需要在心理上做好准备，因为从时间上来看，这波债券价格的上涨持续了 11 个月，与前几次周期大致相仿；而且目前中国人民银行连续降息和降准，市场上流动性充裕，债券市场开始新一轮下跌是有可能的，如此看来，股市能否持续上涨就特别值得关注。而这些信息对投资者而言，无论是交易股票还是交易基金、甚至是期货，都有很好的前瞻意义。

如果现在是债券市场熊市的起点，那么此时投资债券型基金就不是很好的时机。即使是比较优秀的债券型基金，如果买在熊市的起点，其净值想恢复，从历史数据来看，很可能需要一年多的时间。

而从历史图表中还可以发现，10 年期国债的价格在 100 元 / 张以上往往就是高位，即使你等了一年多，价格重新上涨到你购买的位置，你也最多打平了盘面亏损，没有什么盈利空间。此外，我们还可以看出，一旦 10 年期国债的价格到达 100 元 / 张以上，则往往意味着股市牛市的起点。这个历史规律给我们的择时提供了重要的依据。

所以，债券收益率对投资者来说是经济前景的一个重要指标，即使对那些不投资债券的投资者而言也有重要意义。

美联储圣路易斯联邦储备银行的研究部副总裁、经济学家克里斯·尼利曾经解释了债券收益率与经济周期的关系。

他说，在"繁荣"时期，有两件事情会发生：

一是投资者持有风险资产需要的激励较少（额外的预期回报），因此，风险债券和国债之间的收益率差下降；

二是随着投资和消费的借贷需求增加，无风险债券的收益率往往会上升。

相反，当投资者信心水平较低时，对国债的需求就会增加，国债价格就会上涨，收益率就会下降。因此，国债收益率下降通常被视为经济放缓的潜在信号。

当一个国家正处于繁荣时期时，市场机会多，大家都看好未来的经济前景，于是更愿意持有风险资产，因为人们觉得这些资产未来的价格会更高，能够带来更大的回报，故而愿意购买国债的投资者比较少。这样一来，国债的价格下跌，收益率上升。

而当人们意识到经济开始转坏的时候，信心便开始下降，人们不敢再去投资高风险资产了，于是无风险的国债需求开始上升，国债的价格上涨，收益率开始下降。此时往往是经济放缓的前奏。

5. 债券型基金的分类

债券型基金的合同上写明了80%以上资产用于投资债券。再细分一下，债券型基金又可以分为纯债基金和混合型债券基金两类。

纯债基金就是只购买债券，不购买股票，也不购买可转债的基金，因此债券的血统相当纯正。

混合型债券基金以购买债券为主，同时又可以购买股票和可转债的基金。

1）纯债基金

纯债基金只购买债券，但是又可以根据其购买债券的期限不同，分为短债基金和长债基金。

短债基金就是以购买短期债券为主的基金，债券剩余期限在一年以内，有的基金也会买一些1~3年的中期债券。

这些债券因为到期时间比较近，所以受利率变化的影响比较小，其价格的波动也就比较小。当然，其收益率也比较低，有点类似于货币市场基金的加强版。一般优秀的短债基金，其年化收益率能达到3% ～ 4%。

长债基金主要购买3年以上到期的债券，甚至10年以上的长期债券。因为债券的期限长，所以受利率的变化影响很大，价格波动也较大，收益率也会高一些。一般来说，优秀的债券型基金，其年化收益率能达到4% ～ 6%。

2）混合型债券基金

混合型债券基金既可以投资债券，也可以投资股票，除此之外还可以购买可转债。

债券型基金对购买股票有不超过20%的规定，这非常正常。关键是可转债，各家基金公司对购买可转债的比例规定也不太一样。有的基金公司会把可转债当成债券，而有的基金公司会把它划归为股票一栏。

了解可转债的读者都知道，可转债虽然也是债券，但持有人可以选择把它转换成股票。所以，可转债的价格与股票的价格密切相关，严格来说，可转债甚至可以被认为是一种股票的金融衍生品，具有期权的特性。

这是一种非常特别的金融产品，本来以为它是债券，但是揭开面纱一看，发现它可以转换成股票；当你以为这就是它的本来面目时，其实还不是，因为可转债转股需要满足股票的价格上涨超过转股价，这个价格类似于期权的行权价格，而且可转债也是有时间期限的，此时你才恍然大悟，这些不都是期权的特性吗？

正因如此，可转债的价格波动非常剧烈，有时候比股票价格涨得还快，有时候比股票价格跌得还多。这是典型的期权价格非线性波动的特性。

你能想象吗？一位生性保守的投资者，本以为自己投资了一只比较安全的债券型基金，结果本质上却投资了股票的金融衍生品。因此即使基金公司把可转债与股票当成一类，也不足以充分反映可转债这种股票的内期权产品的波动风险。

投资者在购买混合型债券基金的时候要特别注意，有些基金合同上写着"不能购买股票"，但它可能配置了大量可转债，以至于基金的净值波动巨大。

有的债券型基金，虽然合同上写的是"既可以购买股票，又可以购买可转债"，但该基金经理的投资风格比较谨慎。虽然这两个品种可能都买了，但是比例都很低，基金的净值波动也不大。

所以，关于混合型债券基金，我们一定不能只考虑其中股票配置所占的比例，还要把波动比债券大得多的可转债考虑进去。

如果一只混合型债券基金里面"股票＋可转债"的比例小于或等于10%，那么这种混合型债券基金被认为是保守型的。

由于在纯债的基础之上增加了10%以内的股票和可转债，所以，这种类型的债券基金的潜在收益率比纯债基金的潜在收益率要高，如果做得好，那么其年化收益率可达到 6% ～ 7%。当然，如果做得不好，那么股票和可转债的亏损就会反过来削弱基金的整体收益能力，最后的收益率可能反而连纯债基金的收益率都比不上。

如果一只混合型债券基金里面"股票 + 可转债"的比例大于 10%，那么这种混合型债券基金被认为是积极型的。由于股票和可转债的比例更大了，所以，积极型混合债券基金的收益波动更大了。如果做得好（再加运气好），那么 15% 的年化收益率都可能望见；但是，如果运气不好，最后变成一只亏损的债券型基金也并非罕见。积极型混合债券基金的收益率高低主要看股票和可转债选得好不好。

最后，积极型混合债券基金里有一类特殊品种，就是可转债基金，它的主要投资对象就是可转债。可以想见这种基金的波动自然是非常大的，甚至要超过很多股票型基金的波动。投资者千万不能把可转债基金当成传统意义上的债券型基金，而应该把它当成一只股票的金融衍生品基金来看待。

4.2　在基金投资中赚钱的策略

在我国，基金已经成为一种主流的投资方式。截至 2021 年年底，我国已经有超过 7 亿人次的基金投资者，但是 2021 年基金收益为正数的投资者不足一半。也就是说，有超过一半的投资者在 2021 年投资基金的结果亏损的。由此可以看出，基金投资也并非简单的事情。

本节就来分享一些基金的投资策略。

4.2.1　投资基金的总体步骤

投资基金的总体步骤如下。

1. 明确投资基金的目的

这是任何投资开始前的第一步，即自己要赚哪一部分的钱。具体到基金投资来说，无外乎以下三种。

（1）现金管理。我们平时把钱放在余额宝里，而不是放在钱包里，就是一种日常的现金管理。因为余额宝是一种货币市场基金，有利息，而钱包不会产生利息。此外，股票投资者用股票账户里暂时空闲无持仓的资金购买货币 ETF，也是很好的现金管理。因为股票账户里的资金是没有利息的，购买 "T+0" 的货币 ETF 则可以让这部分闲置资金产生利息。

（2）长期投资。按理说至少要持有一年以上才算长期投资，但是笔者把超过三个月的投资算作长期投资了，因为目前市场波动周期很短，一年的时间往往已经结束了一个牛市或一个熊市的周期。读者参见上文可知，我国上一个债券市场的熊市周期仅仅维持了 8 个月。而投资者也无法保证在一个周期开始时就能进入市场，正好在周期的终点退出，所以留给投资者的时间往往更短。在长期投资中一个很重要的步骤就是资产配置，这样做一是为了分散风险，二是为了平滑收益。简单来说就是投资几只不同类型的基金，不把鸡蛋放在一个篮子里。

（3）短期投资。笔者把三个月以下的投资当作短期投资，这种投资的心法就是追求及时落袋。经常从市场当中拿出利润，而不是在一段较长的时间内从市场当中拿出一笔大的利润，这是一种从市场中日常赚钱的策略。

2. 弄清楚各类基金的特点

那些表现优异的基金，它们身上有一些共同的闪光点。

将基本特征列表作为筛选的工具，投资者可以有效地缩小选择范围，将繁杂的基金世界简化成一张清晰的路线图，使得基金选择的任务变得不再那么艰巨。

1）低收费或低开支

众所周知，费用比率较低的共同基金往往颇受欢迎。

低费用并不意味着低业绩。往往某些特定类别中业绩最佳的基金，其费用比率低于类别平均水平。

在大多数情况下，低费用的基金总是更受欢迎。这不仅仅是因为它们降低了投资者的成本，更是因为它们代表着一种实在的投资价值。

2）始终保持良好表现

大多数投资者都把投资基金视为长期投资计划的一部分。因此，在挑选基金时，投资者应该看重基金的长期表现，而不是它过去一年的表现。从长远来看，基金经理或基金经理团队的持续表现是判断该基金未来能否给予投资者丰厚回报的关键。

在评估基金时，投资者应该考虑基金经理的背景、以前的经验和业绩。一个拥有优秀基金经理的基金更有可能在未来取得持续良好的业绩。

好的投资经理通常不会突然变坏，差的投资经理也不会突然变成超级成功者。

3）坚持扎实的战略

那些基金之所以表现良好，是因为它们受到良好投资策略的指导。

投资者应清楚了解基金的投资目标，以及基金经理实现这一目标所采取的策略。

4）资产充足，但不要太多

表现最优的基金往往是在那些被广泛投资，却并非资产总额最高的基金。当其表现亮眼时，便能吸引更多投资者，进而扩大其投资资产的基础。

然而，物极必反，基金的总资产管理规模一旦变得过于庞大，便会使管理变得笨重和烦琐。

3. 挑选满足个人要求的基金

1）审视一下您的整个财务状况

在您决定涉足投资领域之前，请先坐下来，诚实地审视一下您的整个财务状况。

投资的成功首先取决于您对自身财务目标的清晰理解以及您对潜在风

险的承受能力。这既包括您个人的风险承受能力，又包括在金融专业人士的帮助下对风险的理解。

请记住，您不一定能从投资中获得回报。但是，如果您了解储蓄和投资的实际情况，并做出明智的计划，多年后您可能能够获得经济上的回报，并享受管理自己资金所带来的好处。

2）在冒险中评估你的舒适区

投资基金有一定风险，尤其是投资股票类和大宗商品类的基金，一旦投入，可能会面临资金损失的风险，本金可能会遭受损失。

然而，承受这种风险的回报是潜在的较高投资回报。如果你有长期的财务目标，可以通过审慎地将资金投资于风险较大的资产类别，例如股票或债券，而不是将投资限制在风险较小的资产类别，例如现金等价物，来获取更多的收益。

3）考虑适当的投资组合

通过在投资组合中纳入在不同的资产类别，投资者可以为自己筑起防范重大损失的坚实屏障。而当我们将投资触角延伸至多个资产类别时，我们便能成功地规避单一资产类别波动带来的损失风险。整体投资组合的回报过程将更加平稳。若某一资产类别的投资回报率稍有下滑，投资者完全可以通过其他表现优异的资产类别来弥补损失。

此外，资产配置的重要性不言而喻，因为它关乎着你是否能实现自己的财务目标。如果你的投资组合过于保守，没有承担足够的风险，那么你的投资可能无法获取足够的回报来实现你的目标。

4）建立和维持应急基金

大多数精明的投资者都会将充足的钱投入储蓄产品，以应对突如其来的失业等紧急情况。有些人会确保他们拥有长达六个月的收入储蓄，这样能让他们感到安心。这些储蓄资金就像是一个安全缓冲，为他们在紧急情况下提供稳定的财务支持。

5）偿还高利息的信用卡债务

如果您的负债是高利率的信用卡欠款，那么在任何市场环境下，最明智的选择一定是尽快一次性偿还。

6）考虑平均成本法

通过被称为"平均成本法投资"的投资策略，你可以有效地保护自己，避免在错误的时机把所有的资金都投入市场，而是遵循一个稳定且持续的模式，逐步增加新的投资。

当价格低时，你买到的资产会更多，而在价格高时，你买到的资产会减少。

7）偶尔考虑一下重新平衡投资组合

再平衡策略的目标是将投资组合重新调整至初始的资产配置比例。通过再平衡，我们可以确保投资组合不会过度偏向某一资产类别，同时将风险水平控制在可接受的范围内。

你可以选择按照固定的时间表进行再平衡，例如每半年或每年一次。这种方法的优点在于，它提供了一个日历上的提醒，告诉你何时应该考虑重新平衡投资组合。

有些人建议，只有当某一资产类别的权重增加或减少到超过预先设定的百分比时，才进行再平衡。这种方法的优点在于，投资组合本身会告诉你何时需要进行再平衡。

无论你选择哪种方式，重要的是在相对较小的调整基础上进行再平衡。这样可以使你的投资组合保持稳定，同时能够抓住市场上的机会。

4.2.2　现金管理

日常的现金管理，大概有以下几种常见选择。

（1）支付宝里的余额宝，微信里的零钱通。其特点是熟悉、方便。这是一个很重要的特点。

（2）场内"T+0"交易型货币市场基金。这种基金适合股票账户上暂时没有购买股票的闲置资金。

（3）场内"T+0"申赎型货币市场基金。这种基金只能在股票账户上申购和赎回，无法在二级市场上出售，流动性略差。

（4）国债逆回购。

（5）银行"T+0"理财。

……

现在，针对日常现金管理的金融工具真是越来越多了，但是笔者更倾向于方便和流动性强这两个特点。而这些现金管理工具的收益率差距微乎其微。一般生活中的现金可以放在余额宝里，股票等金融账户上的现金管理可以用"T+0"货币 ETF。

华宝添益 ETF（511990）和银华日利 ETF（511880），如图 4.5 所示，这两只货币市场基金 ETF 可谓是鼎鼎大名，有"股民的余额宝"之称。

	代码	名称	涨幅兴	现价	涨跌	量比	涨速	净值	成交额↓	涨幅%
1	511990	华宝添益	+0.00%	100.003	0.004	0.87	0.00	100.000	123.77亿	0.005
2	511880	银华日利	+0.01%	101.089	0.008	0.81	0.00	101.090	111.08亿	0.006
3	511360	短融ETF	+0.01%	107.687	0.015	1.18	0.00	107.686	64.18亿	0.013
4	511520	政金债	+0.07%	102.979	0.068	1.51	0.00	103.020	46.19亿	0.081
5	159650	国开ETF	+0.02%	101.819	0.016	1.24	0.00	101.802	19.87亿	0.029
6	513330	恒生互联	+0.47%	0.430	0.002	1.14	0.00	0.429	19.55亿	2.336
7	159649	国开债ETF	+0.05%	102.247	0.047	1.19	0.00	102.208	16.74亿	0.038
8	513180	恒指科技	+0.36%	0.554	0.002	1.02	-0.18	0.555	16.39亿	2.355
9	513060	恒生医疗	+1.23%	0.495	0.006	1.57	0.00	0.495	13.74亿	2.454
10	511660	建信添益	+0.01%	100.006	0.007	1.29	0.00	100.000	12.51亿	0.004

图 4.5

如果股市没有机会，资金不要闲置，不如放到这两只基金里面拿利息，比银行的活期存款利率高得多，平均年化收益率能够达到 3.5% 左右。股市有了机会，及时从这两个资金中转站中撤出，一点儿也不耽误投资者购买股票，几乎实现了无缝衔接，是股票投资者的重要法宝。

这两只基金的交易流程也非常简单，与购买股票的操作没有什么不同。而且都是购买之后立刻到账，当天就开始计息。由于一天之内可以操作多次，有些投资者甚至拿这两只基金做短线交易，高抛低吸，收益还不错。

图 4.6 所示为华宝添益 ETF 的日线图，可以看到价格在一个明显的水平区间内波动。这是一个非常稳定的交易区间，投资者只要保持足够的耐心，在其中赚钱并非难事。

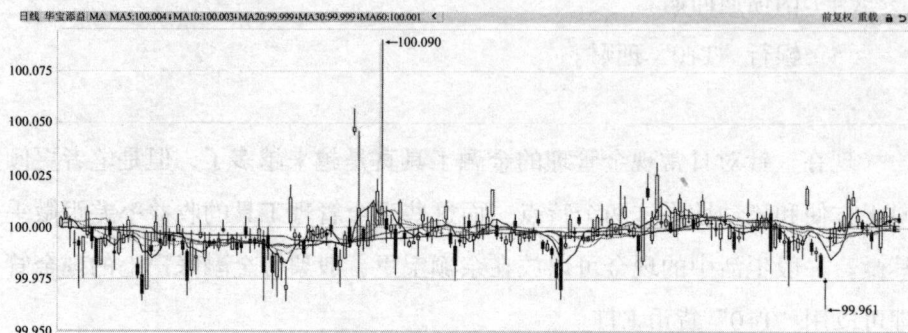

图 4.6

图 4.7 所示为银华日利 ETF 的日线图。

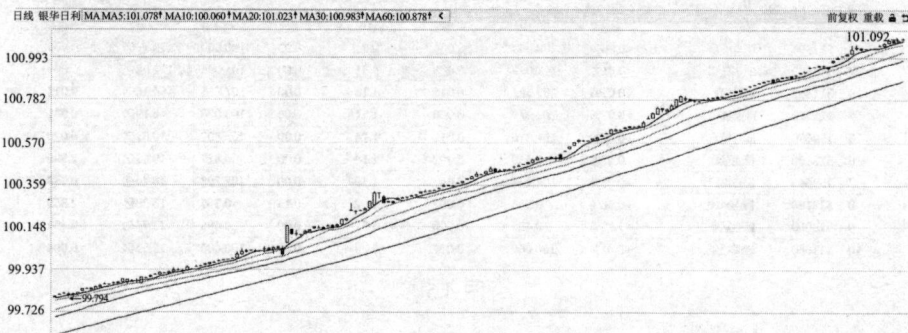

图 4.7

银华日利 ETF 的图表看起来就是一条稳定向上的线，因为银华日利 ETF 的每日收益并不结转成份额，而是与普通开放式基金一样，将每日收益计入当天的份额净值中，其份额净值不再维持在面值上不变，因此，和普通货币市场基金的份额净值始终为 1.00 元不同，银华日利 ETF 的份额净值是逐日上涨的。而且每月分红结转为基金份额，分红免收所得税。

另外，再提两点：

第一，不熟悉这两只基金的投资者可能会有疑问，如果频繁进出，那是否会带来很高的佣金成本？这是不会的，因为这两只基金的佣金都是 0。如果你交易下来发现佣金不是 0，那么可以与开户券商联系帮你调整。

第二，这两只基金不但可以在二级市场上买进和卖出，也可以在一级市场上申购和赎回，在价格极端的情况下，这会给投资者带来一些无风险套利机会。但是，如果投资者的资金量比较小，那么做这种套利意义不大（注意：买入起点是 100 手，即 10 000 元左右），毕竟收益实在有限；如果是大资金，就另当别论了。

如果要申购，只要在股票软件上即可进行操作。不过，在不同券商的交易系统中，操作入口可能有所差异，一般可以从"场内基金"项下的"基金申购赎回"栏目中进行操作，在"基金申购"中输入"511991"找到"添益申赎"，再填写申购份额即可。申购以固定净值 100 元 / 份成交。注意：在 T 日申购后，T+1 日开始享受收益，T+2 日份额可用（可卖出 / 赎回）。

4.2.3　基金的长期投资策略

前面说过，笔者并不建议投资者在中国的股市上做巴菲特那样的长期持仓投资者，"买入并持有"在我国股市的历史上并不是一个很好的交易策略。一是因为我国的大多数股票并不具备长期投资的属性，而普通投资者往往很难分辨，笔者曾经列举了一个国外知名公司"诺基亚"的例子，而我国绝大多数上市公司的股票这些年来剧烈波动，如果投资者不慎买高，那么这笔投资即使把持有时间拉长，也很难保证足够的收益。二是因为即使找到适合长期持有的股票，但是等待合适的入场机会需要消耗大量的时间，比如现在可以长期持有贵州茅台吗？

图 4.8 所示是贵州茅台的年线图。在几年前，投资贵州茅台确实是一

个好机会，但是现在你敢放心持有这只股票几年吗？注意那条很长的上影线。这就是笔者不建议我国的投资者在股市上长期买入持有的原因。

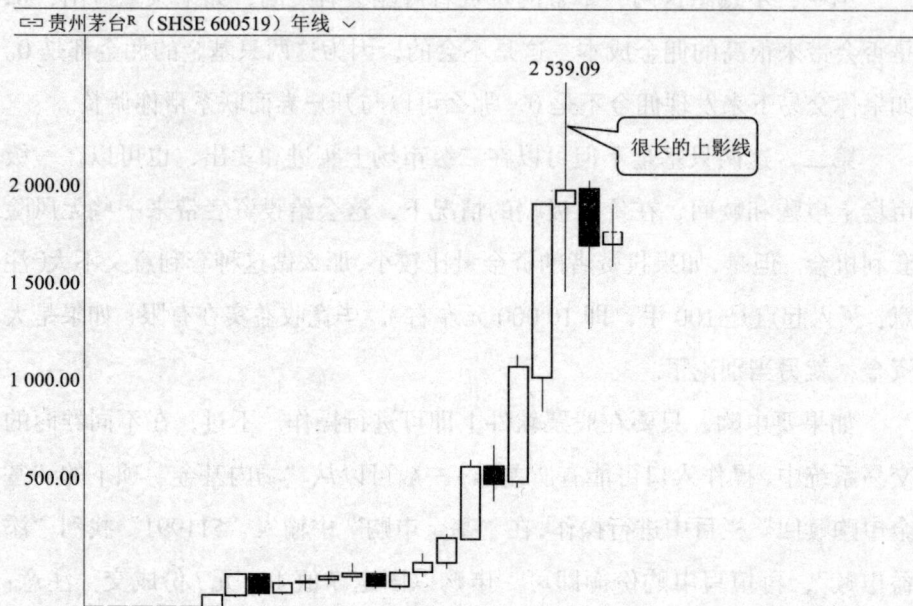

图 4.8

但是，对基金来讲，长期投资确实可以成为一个有效的策略。因为首先基金可以投资指数，其次基金可以让我们做好资产配置。

资产配置是长期投资的关键，你不能赌一只股票十年，基金也是。但是，我们可以通过合理的资产配置，持有"一揽子资产"十年。这就是平衡之道。对于时间有限或者厌恶短线的投资者而言，这种长期的基金投资确实应该占有一席之地。

喜剧剧作家泰特斯·马丘斯·普劳图斯曾说过一句话："凡事平衡之道是最好的，一切过度都会给人带来麻烦。"平衡是长期投资的理想目标。因为市场的需求会随着时间的推移而变化，可能在去年表现不错的资产和策略在今年就被证明无效，甚至代价很大。所以，对于基金的长期投资者而言，关键在于建立一个平衡的资产组合。

对于建立长期投资的基金组合来说，风险是第一关键要素。这与价格的波动性有关，但是很多投资者又常常把波动性和风险混淆。

确实，波动性是一个经常与风险相混淆的概念。一只以股票为主的股票型基金，在股市表现不佳的时候，其价格也会发生巨大波动；在股市进入上涨周期时，它的净值又会恢复。如果一只基金的业绩波动不大，却一直没有表现出赚钱效应，遭遇大额赎回，最终清盘，那么其风险就实实在在落在纸面上。

其实股票投资也是如此，一只股价随着时间的推移大幅波动的股票，其风险可能比一只几乎不波动的股票要更小。长期以来的真正风险更多地取决于潜在的运营能力，而不是其股价的纯粹波动性。

但是，波动性总归会带来问题。

因为投资者进行资产配置将涉及三个关键问题。

（1）你的财务状况如何？

（2）你进行投资的时间框架是什么？

（3）你对市场波动的容忍度如何？

前两个问题对于决定正确的资产配置是至关重要的，但在此笔者也不想老生常谈，再强调一遍偿还短期债务和建立紧急基金的重要性。我们还假设你至少要在未来 5 年甚至更长的时间框架里进行投资。如果你没有考虑到这两个方面，那么你可能需要研究一下如何做好家庭资产合理规划的文章，而不是为你的投资组合寻找超额回报。

"我能忍受多少波动性？"这是每个投资者都需要回答的关键问题，但这可能是解决问题的错误方法。

别误会我的意思。这是一个很好的问题，也是一个你想在投资过程中尽早问自己的问题。正如那句投资谚语所说的："如果你不知道自己是谁，那这里是一个昂贵的地方。"

但笔者认为，大多数投资者应该更进一步。在笔者看来，投资者应该问自己的正确问题是："我怎样才能更好地承受市场的波动呢？"

事实上，你的投资组合不需要保护自己免受波动性的影响。当你长期投资基金时，波动性避免不了，它是事实存在的。你能接受的短期波动性越高，长期回报就越丰厚。考虑到这一点，任何有长期投资的人都应该努力争取市场所能提供的最佳表现，并接受波动性作为一种权衡。

随着时间的推移，一只基金之所以表现良好，是因为你忍受了期间的波动，这是入场费。这是一个特性，而不是一个错误。但即使假设你理解游戏规则，并相信自己能够应对波动，你也需要在最糟糕的时候了解到你容忍度的情绪极限。如果你对于基金的业绩波动实在无法忍受，那么你就不应该做长期投资。

你的投资组合面临的真正威胁不是波动性，而是你应对它的能力。因此，你的投资组合不需要保护自己免受波动性的影响。这就是下面提出的四条规则的原因，这些规则的目的是保护你的投资组合不受你自己的影响。

规则 1：每月投资一个固定的金额。

新手做长期投资常犯的错误之一是，他们喜欢在市场时机上碰运气。他们认为自己不仅可以预测经济趋势，还可以预测其对股价的相应影响。任何一个接触过金融产品的人都明白，这是一种危险的爱好，而且很快就会侵蚀你的长期回报。尝试把握市场时机的选择是一种糟糕的想法，原因有很多，比如选择了错误的退出时机，入场也需要运气，结果就是在无谓的波动中浪费金钱和时间，这归根结底还是没有明确自己的投资风格。

"买入并持有"策略最核心的要素就是要能"坚定持仓"。如果无法做到这一点，那么这就不是你的交易风格。如果你不是这种长期持仓风格的交易者，那么你就不要试图做长线。在交易之前没有明确自己的时间框架是大忌。

那些试图把握市场时机以避免难以忍受的短期亏损的人，只要在错误的时间退出市场，就很容易危及他们的长期收益。即使在整整十年中错过几天的好日子，也会毁掉你的大部分回报。如果你退出了市场，而市场却继续走高，那么你应该在什么时候意识到自己错了，然后回到市场？

对于长期投资者来说，择时并不是最重要的事情，重要的是明确自己的投资目的，在商业周期中赶上潮流，然后抱住不动。对于基金的长期投资者而言，资产配置甚至比潮流更重要。你首先需要在股票型基金、债券型基金、大宗商品基金等不同品类中进行合理的配置，然后跟随市场的变化慢慢调整，让投资组合发挥出最大的作用。

可以用来实践这条规则的步骤为：①每年估计一下剩余的投资金额，这些资金可能来自预期的每月储蓄，包括加薪、预期的奖金或意外之财；②把这个金额除以 12，确定每月可以投资的金额。笔者在这里描述的是一种平均成本的形式，以固定的金额作为最低限度或最高限度，以确保你能得到市场愿意提供的回报。

这种方法的直接好处有：①这是一个自动的过程，可以消除任何第二次猜测；②它会推动你的投资，即使是在市场情绪高涨，你可能因为害怕回调而想退缩的时候；③这种方法不会让你在短时间内"全面投入"资本，避免了单次投资发生错误的可能，即使单笔投资机遇不佳，也能让你有足够的时间调整；④你每月都有固定的投资金额，可以让你坚持下去，当市场不可避免地遭受大幅度的回撤时，你可以期待积累更多的持仓。

总的来说，每月进行固定数额的投资会迫使你进入市场，但同时也会让你慢慢进入市场。它从投资的方程式中排除了所有判断力的因素，让你处于一个平均的位置。此外，分期购买，可以让你在最狂热的市场中也能保持冷静。

规则 2：定义你对一只基金的最大配额。

既然我们已经确定，可以通过在一段时间内分散投资来保护你的投资组合，下面介绍另一种重要的方式来保护你的投资组合不受你自己的影响。

在市场中，坚定的信念往往是交易者的敌人。即使是世界上最好的投资者也犯过错误，不要把投入过于集中在几个不成功的赌注上。从小到大受到的教育告诉我们，事业的成功一定要坚定信念，但恰恰对于投资者来说，这是致命的"毒药"。

我们需要的不是保持坚定的信念，而是合理的怀疑。对于长期投资者来说，这种合理的怀疑就是要让投资保持多样化。

多样化是长期投资控制风险的诀窍。雷·戴利奥在他的《原则》一书中说道："控制下行风险只需要 15 种不相关的资产。"遵循雷·戴利奥的逻辑，我们应该尽量分散投资组合，让它们尽量不相关。

这是基金投资者应该特别注意的。很多基金投资者看似购买了不同的基金，但是这些基金的底层资产，即基金持有的股票相关性很强，这也是基金市场的问题之一，机构集中在少数赛道，造成投资趋同。所以，作为长期投资者，我们必须注意这一点，要让我们的持仓尽可能分散，购买的基金和基金之间不要有太强的关联性。

在市场中我们更青睐于某只基金，这是可以理解的。但是，避免被自己的青睐伤害的最简单的方法是从基础成本的角度来限制你对一只基金的投资上限。你可以看好一只基金，但是在它上面的押注不能超过你的投资上限。

假设你在投资组合中投入了 20 万元，这是你的基础成本，即进入投资组合的资金总额。这个投资组合的价值随着时间的推移增加了，现在价值 30 万元，你的基础成本仍然是 20 万元。关注基础成本在投资中所占的比例是关键，因为它显示你把资金投向了哪里。

在一个健康的投资组合中，对一只基金的最大基础成本应该是多少，这取决于你的风险概况、时间范围和目标。重要的是，要提前定义好它。

如果你不想让一只基金，尤其是股票型基金导致你的投资组合表现遭受风险，那么 20% 的上限是合理的。

　　规则 3：在一只基金没有表现出赢家的特质时，不要给它太多机会。

　　在股票和期货市场中，有一条铁律，那就是不要在亏损的股票和期货头寸上加码，以试图平均成本。

　　在基金投资中也是如此，避免你的投资组合中有一只拖后腿的基金的最好方法是不平摊亏损。很多投资者一次又一次地在亏损的基金上投入，以至于破坏了他们的投资回报。

　　这条规则看似与第一条规则相悖。在第一条规则中提到每月投资一个固定的金额，那么，是不是这个月基金业绩回撤就不投入了呢？并非如此，我们要做的是限制表现不好的基金在投资组合中的权重。比如一只基金本月表现不佳，这可能只是短期现象，但是我会限制该基金在投资组合中的比例，可能原先计划分批购买该基金，直到其在投资组合中占据 20% 的份额，但是现在可能会把这一比例降低到 10%，然后停下来，以观后效。如果后续该基金开始表现理想，那么再增加投资；如果该基金还是没有起色，就不在它上面继续押注了。

　　规则 4：抱住你的赢家。

　　表现不佳的基金在你的投资组合中永远只占据相对较小的一部分，因为你不会给它们增加多少投资。现在，保护你的投资组合不受你自己伤害的最后一个基本规则是在赢家上押注更多。当你拿到一只优秀的基金后，请不要轻易放开它，让它成长以获得出色的回报。

　　我们都习惯于卖出那些让我们赚钱的东西，以确保我们的收益。但是，随着时间的推移，我们可能会放弃更大的投资利润。请记住，你的投资风格是长期投资，如果你不适应这一点，那么你应该去做短线。长期投资产生巨大回报的唯一秘诀就是——抱住你的赢家。

　　你看，长期投资并不复杂。如果你能找到一项高质量的资产，可以随着时间的推移而复合其收益，那么这种长期投资的方法可以将情绪从交易中剔除。

投资就像生活一样，并不是线性的，有些季度和年份的收益可能会比预期的更高或更低。认识到生活中的大多数事情都不是线性的，这是投资者拥抱未知事物的必要一步。

好的基金如同好的股票，是有限的。市场上有太多的基金产品，每年还会新发行很多，找到那些优秀的基金，让它们持续为你赚钱尤为重要。顺便说一下，如果你想做一个股票的长期投资者更是如此，因为市场中能让我们赚钱的股票没有多少。即使在美国这样的长期牛市中，在几十年的时间里，也只有 25% 的股票承担了所有的市场收益的任务。

上面讨论的四条规则已经涵盖了长期投资的关键要素：①分批投入你的资金；②长期投资控制风险的要诀是尽量分散化；③你的获利是由少数赢家带来的，在一只基金（股票）没有表现出赢家的特质时，不要给它太多机会；④长期投资盈利的秘诀是抱住你的赢家。

4.2.4　基金的短期投资策略

持有基金几年，甚至更长时间的长期投资的关键要素是分散化风险和坚定地拥抱赢家。那么，对于基金的短期投资者而言，关键在于择时。当然，笔者并不是说长期投资者不需要择时，只是说择时并非长期投资成功的关键，过于迷恋择时的长期投资，最终只能做成短期投资，完全失去了长期投资的交易风格。不过，在选择基金和建仓时，择时还是很有必要的。

在这一节中将会讲解购买哪种类型的基金，以及何时购买的问题。

1. 购买哪种类型的基金

我们已经知道基金有很多种类，按照投资标的不同，可以分为股票型、混合型、债券型、QDII、FOF 等；按照投资形式不同，又可以分为主动型、指数型等。那么，投资者应该购买哪种类型的基金呢？

指数型基金一般指 ETF，这种基金相当于被动投资了指数，跟基金经理无关。投资者选择 ETF 一般都认为自己有把握周期的择时能力。

选择指数型基金的第一步是确定周期，即解决何时买的问题，如图 4.9 所示。

在图 4.9 中，可以看出我国股市是存在周期的，这个周期与经济和货币周期密切相关。图 4.9 中的上半部分为沪深 300 指数的走势，下半部分是上证指数的走势，这两个指数的周期基本是同频的。注意图中的曲线，把我国股市的上下周期描述得淋漓尽致。我们可以把 15 周作为一个单位，那么，我国股市的上涨和下跌周期持续的时间往往是 3~6 个单位，即 45~90 周。ETF 的投资者根据股市的周期，再结合技术分析，基本上就能把握入场和出场的时机了。

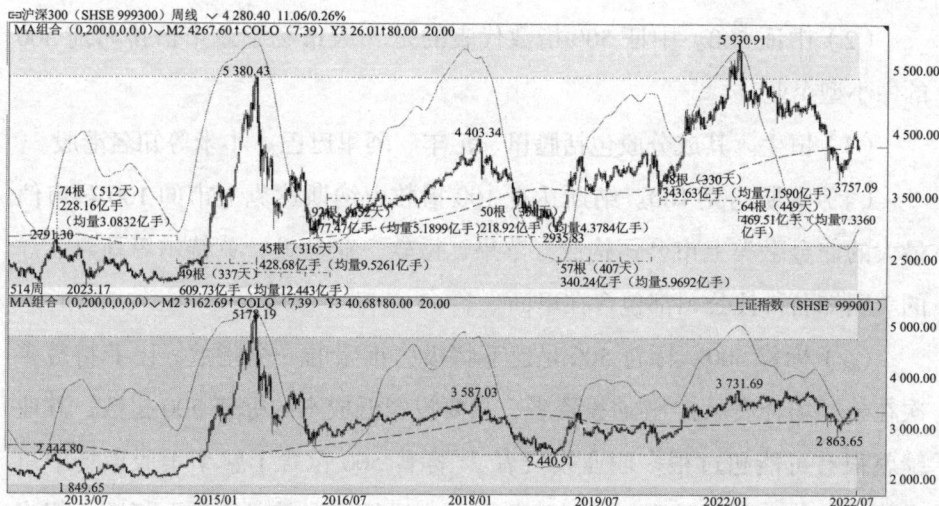

图 4.9

此外，大家不要忘了股票的周期和债券的周期是相反的，当股票处于下降周期时，债券往往处于上涨周期；反之，当股票处于上涨周期时，债券往往处于下跌周期。这个规律既可以帮助我们在股票和债券基金中进行切换，对于长期投资者也很有用处，即在债券的上涨周期倾向于配置更多的债券型基金，同时减少股票型基金的投入；反之亦然。

选择指数型基金的第二步就是解决买什么的问题。在这里注意两个基本点就可以了。

一是规模不能太小，最好在 1 亿元以上。规模太小的基金容易面临清盘的风险。

二是费率越低越好。毕竟跟踪同一指数的基金业绩相仿，自然费率越低越好。

投资者可以选择的指数如下。

（1）沪深 300。沪深 300 指数由上海证券交易所和深圳证券交易所中市值高、流动性好（交易量大）的 300 只股票组成，反映了 A 股市场的整体表现，是股市的风向标之一。

（2）中证 500。中证 500 指数代表的是 A 股市场中总市值排名前 500 的中小型企业。

（3）恒生。其成分股包括腾讯、汇丰、阿里巴巴、小米等知名港股。

（4）纳斯达克 100。纳斯达克 100 指数由纳斯达克上市的 100 只市值最大的非金融类上市公司构成。苹果、微软、亚马逊、英特尔等耳熟能详的美国知名科技公司都包含在里面。

（5）标普 500。标普 500 是巴菲特极力推崇的一个指数。巴菲特曾多次在公开场合表示："普通投资者，只要投资低成本的标普 500 指数，其业绩就很有可能超过很多职业投资者。"标普 500 包含了整个美股市场中总市值排名前 500 的股票，是反映美国经济运行情况的一个重要指数，相当于我国的沪深 300。

（6）中证红利（000922）。中证红利指数以沪深 A 股中现金股息率高、分红比较稳定、具有一定规模及流动性的 100 只股票为成分股，采用股息率作为权重分配依据，以反映 A 股市场高红利股票的整体表现。中证红利指数成立于 2005 年 5 月 26 日，基日为 2004 年 12 月 31 日。自基日以来，中证红利指数上涨了 433.15%，平均年化收益率为 10.63%。

2. 主动型基金的选择

主动型基金主要考虑股票型基金和混合型基金，它们又被称为主动权益类基金。主动权益类基金在熊市或者震荡市中，可以通过择时、调整仓位等方式获取超额收益，往往比指数型基金跑得快；而在大牛市，尤其是单边上涨的牛市中，由于仓位没有指数型基金的仓位高，而且由于板块轮动较快，很难追逐，往往比不上高仓位的指数型基金，见表 4.2。

表 4.2　各类型基金的收益表现

基金分类	天天基金网分类	晨星网分类	股票仓位	风险程度	平均牛市收益率	平均熊市收益率
股票型	普通股票型	股票型行业股票	60%~90%	高	48%	−25%
	指数型	股票型行业股票	95%~100%	高	35%	−25%
混合型	偏股型	激进型	30%~90%	中高	45%	−23%
	平衡型	标准型	30%~60%	中高	35%	−17%
	灵活型	灵活型	0~90%	中高	29%	−11%
	偏债型	保守型	0~40%	中高	11%	−0.5%
债券型	债券混合型	激进债券型可转债	0~20%	中低	9%	12%
	长期纯债型	普通债券型	0	中低	5%	5%
	中短期纯债	短债	0	中低	3%	1.7%

下面就教大家如何挑选基金，可以使用一些软件，也可以使用专业的网站。在这里介绍一下如何使用"天天基金网"来挑选基金。

1）通过历史业绩选择基金

打开天天基金网，单击"基金排名"，可以从中看到各类基金的排名，如图 4.10 所示。

全部(11492) 股票型(2188) 混合型(6454) 债券型(2626) 指数型(1658) QDII(224) LOF(353) FOF(350) 2021-07-20 至 2022-07-20

比较	序号	基金代码	基金简称	日期	单位净值	累计净值	日增长率	近1周	近1月	近3月	近6月	近1年	近2年	近3年	今年来	成立来	自定义	手续费	◉可购 ○全部
	1	008279	国泰中证煤炭	07-19	2.0791	2.3791	-0.01%	3.09%	-1.75%	3.06%	27.03%	45.55%	135.24%	---	30.27%	146.34%	44.12%	0.10%	购买
	2	008280	国泰中证煤炭	07-19	2.0619	2.3619	-0.01%	3.08%	-1.78%	2.99%	26.84%	45.12%	133.87%	---	30.06%	144.56%	43.69%	0.00%	购买
	3	161032	富国中证煤炭	07-19	2.0110	1.4010	0.00%	3.18%	-1.76%	2.86%	26.48%	46.15%	129.19%	126.71%	29.66%	40.11%	44.68%	0.00%	购买
	4	013275	富国中证煤炭	07-19	2.0080	2.0080	0.00%	3.19%	-1.76%	2.87%	26.37%	---	---	---	29.46%	33.96%	33.96%	0.00%	购买
	5	168204	中融中证煤炭	07-19	1.8650	1.8650	0.00%	3.15%	-1.84%	2.36%	25.42%	48.37%	131.37%	116.12%	28.53%	41.12%	46.85%	0.00%	购买
	6	161724	招商中证煤炭	07-19	1.9052	1.3498	0.51%	3.50%	-4.03%	1.13%	24.17%	43.19%	126.78%	124.96%	28.28%	44.09%	41.76%	0.10%	购买
	7	013596	招商中证煤炭	07-19	1.9036	1.9036	0.51%	3.50%	-4.04%	1.10%	24.11%	---	---	---	28.21%	-3.72%	-3.72%	0.00%	购买
	8	012126	泰达宏利新能	07-19	1.6024	1.6024	-1.46%	5.11%	9.40%	46.51%	22.89%	36.65%	---	---	12.88%	60.24%	---	0.15%	购买
	9	012127	泰达宏利新能	07-19	1.5969	1.5969	-1.47%	5.09%	9.37%	46.40%	22.71%	36.24%	---	---	12.69%	59.69%	---	0.00%	购买
	10	013816	汇添富中证光	07-19	0.9390	0.9390	-2.39%	2.94%	12.77%	37.02%	19.03%	---	---	---	4.40%	-6.10%	-6.10%	0.12%	购买
	11	013817	汇添富中证光	07-19	0.9374	0.9374	-2.38%	2.94%	12.75%	36.95%	18.90%	---	---	---	4.27%	-6.26%	-6.26%	0.00%	购买
	12	014902	长城新能源股	07-19	1.1770	1.1770	-2.43%	3.25%	8.53%	36.62%	17.70%	---	---	---	---	17.70%	17.70%	0.15%	购买
	13	014903	长城新能源股	07-19	1.1736	1.1736	-2.44%	3.23%	8.48%	36.42%	17.36%	---	---	---	---	17.36%	17.36%	0.00%	购买
	14	000756	建信潜力新蓝	07-19	3.9650	3.9650	0.08%	4.51%	4.34%	22.11%	16.72%	38.06%	105.65%	207.13%	5.82%	296.50%	38.06%	0.15%	购买
	15	008085	海富通先进制	07-19	1.5158	1.5158	-0.94%	7.18%	15.84%	46.40%	16.48%	14.63%	33.79%	---	2.50%	51.58%	13.15%	0.15%	购买
	16	013942	华宝中证稀有	07-19	1.0303	1.0303	0.16%	0.51%	0.08%	27.62%	16.27%	---	---	---	2.54%	3.03%	3.03%	0.10%	购买

图 4.10

这就是基金业绩排名列表，里面有近 1 周、近 1 月、近 3 月、近 6 月……直到成立以来，各个时间段基金业绩表现的排名情况。有了这样的列表检索，投资者通过业绩来选择基金就非常容易了。

例如，想找长期表现好，而且最近表现也好的基金。可以通过“近 3 年涨幅排名前 100 名”叠加“近 1 周涨幅排名前 100”这两个条件同时进行筛选，就得到 6 只基金，如图 4.11 所示。这 6 只基金既是近 3 年涨幅排名前 100 的基金，又是近 1 周涨幅排名前 100 的基金；既在长期证明了自己，短期又有一次爆发。还记得动量理论吗？价格上涨是有惯性的，这几只基金最近爆发，说明它们的持股最近爆发，按照动量理论“在高位买入，然后在更高位卖出”的逻辑，可以期待这几只基金短期还能有一次爆发，这是一种短期交易策略。

我们看到，上面筛选出的 6 只基金自成立以来都保持了很好的投资回报率，最好的两只基金收益率超过 600%。而这 6 只基金近 3 年的收益率都超过 200%，近 1 周都有接近 7% 的收益率，近 1 月都有 5%~10% 的收益率。至于投资者具体要选择哪只基金，就要再考察其他因素具体分析了。

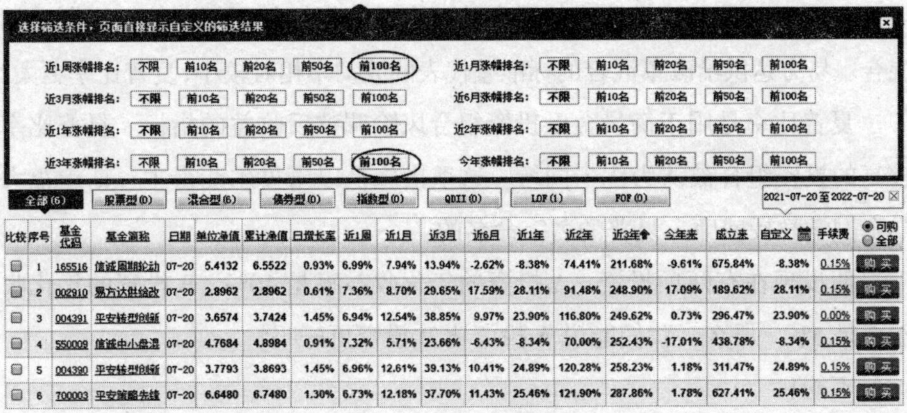

比较	序号	基金代码	基金简称	日期	单位净值	累计净值	日增长率	近1周	近1月	近3月	近6月	近1年	近2年	近3年	今年来	成立来	自定义	手续费	可购 全部
	1	165516	信诚周期轮动	07-20	5.4132	6.5522	0.93%	6.99%	7.94%	13.94%	-2.62%	-8.38%	74.41%	211.68%	-9.61%	675.84%	-8.38%	0.15%	购买
	2	002910	易方达供给改	07-20	2.8962	2.8962	0.61%	7.36%	8.70%	29.65%	17.59%	28.11%	91.48%	248.90%	17.09%	189.62%	28.11%	0.15%	购买
	3	004391	平安转型创新	07-20	3.6574	3.7424	1.45%	6.94%	12.54%	38.85%	9.97%	23.90%	116.80%	249.62%	0.73%	296.47%	23.90%	0.00%	购买
	4	550009	信诚中小盘混	07-20	4.7684	4.8984	0.91%	7.32%	5.71%	23.66%	-6.43%	-8.34%	70.00%	252.43%	-17.01%	438.78%	-8.34%	0.15%	购买
	5	004390	平安转型创新	07-20	3.7793	3.8693	1.45%	6.96%	12.61%	39.13%	10.41%	24.89%	120.28%	258.23%	1.18%	311.47%	24.89%	0.15%	购买
	6	700003	平安策略先锋	07-20	6.6480	6.7480	1.30%	6.73%	12.18%	37.70%	11.43%	25.46%	121.90%	287.86%	1.78%	627.41%	25.46%	0.15%	购买

图 4.11

2）查看基金的风险指标

评价基金的风险指标主要有三个。

（1）波动率或标准差：表示收益率的波动情况。这个数字越小越好。

（2）夏普比率：单位风险可获得的超额回报。这个数字越大越好。

（3）最大回撤：基金净值最高与最低之间的差额。这个数字越小越好。

下面来比较一下上述列表中的前两只基金——“信诚周期轮动混合”与“易方达供给改革混合”。

信诚周期轮动混合的风险指标如图 4.12 所示。

基金风险指标	近1年	近2年	近3年
标准差	30.57%	30.06%	28.39%
夏普比率	-0.18	1.02	1.40

截止至：2022-07-20

图 4.12

易方达供给改革混合的风险指标如图 4.13 所示。

基金风险指标	近1年	近2年	近3年
标准差	28.20%	26.30%	24.73%
夏普比率	0.90	1.39	1.71

截止至：2022-07-20

图 4.13

很明显，易方达供给改革混合的两个风险指标都要好于信诚周期轮动混合。易方达供给改革混合的标准差代表的波动率相对较小，夏普比率更大。

夏普比率是用于衡量金融投资组合风险调整后收益的指标。夏普比率较高的投资组合被认为优于同行。这项措施是以诺贝尔奖得主、斯坦福大学金融学教授威廉·夏普的名字命名的。

假设现在有两项投资，A 投资的年化收益率是 10%，B 投资的年化收益率是 5%。那么，我们能说 A 投资比 B 投资更好吗？

不能！

因为只比较了收益，没有比较风险。也许 A 投资是成长型股票，B 投资是某公司的债券，我们都知道，债券的风险比股票的风险更低，所以，仅仅把股票和债券放在一起比较是没有意义的。正确的比较方式是，在同等风险的情况下，比较两项投资的收益率。由此诞生了夏普比率。

如果两只基金提供相似的收益率，那么标准差越大的基金夏普比率越低。为了补偿更高的标准差，基金需要产生更高的回报来维持更高的夏普比率。简单地说，它显示了投资者通过承担额外风险所获得的额外回报。从直观上可以推断，无风险资产的夏普比率为 0。

夏普比率的计算公式是：

夏普比率 =（投资组合回报率 − 无风险利率）÷ 投资组合的标准差

前面说过，投资组合多样化与资产具有较低的负相关性往往会降低投资组合的整体风险，夏普比率就可以证明这一点。假设一个由 50% 股权和 50% 债券组成的投资组合，其投资组合回报率为 20%，标准差为 10%。如果无风险利率为 5%，那么夏普比率为 (20%−5%)÷10%=1.5。在投资组合中加入另一种资产类别，即对冲基金，并将投资组合配置调整为 50% 的股票、40% 的债券和 10% 的对冲基金。在此之后，投资组合回报率将达到 25%，标准差保持在 10%。如果无风险利率为 5%，那么新的夏普比率为 (25%−5%)÷10%=2。

这表明，新资产的增加可以在不增加任何不当风险的情况下提高整个投资组合的回报率。这有增加夏普比率的效果。

3）查看基金的持仓

笔者认为，除了收益和风险，了解基金的持仓至关重要，这代表基金的底层资产。

在基金的持仓中，如果股票比例过高，则说明基金的波动也会更大；如果重仓股票偏偏又是波动很大的股票，那就更要小心了。股债比例和持仓明细一般在网站和基金 App 中都能查到，不过也要注意，一般基金公司都是一个季度才会公布一次最新持仓的，所以，我们看到的持仓往往会有一定的滞后性。

仍用上面的两只基金来举例。

信诚周期轮动混合的资产配置情况如图 4.14 所示。

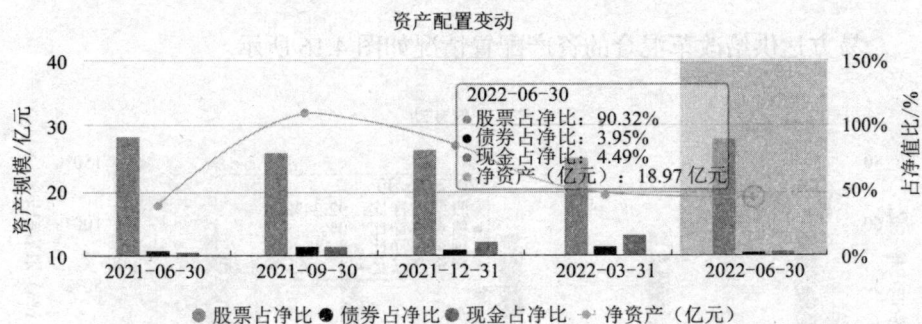

资产配置变动

2022-06-30
股票占净比：90.32%
债券占净比：3.95%
现金占净比：4.49%
净资产（亿元）：18.97 亿元

股票占净比　债券占净比　现金占净比　净资产（亿元）

图 4.14

注：截至 2022 年 6 月 30 日，信诚周期轮动混合（LOF）A 净资产规模 18.97 亿元，比上一期（2022 年 3 月 31 日）有所减少股票配置占比上期有所增加

可以看到，在这只基金的持仓中，股票占比非常高，达到 90%，其余债券和现金的配置加起来不超过 10%，投资者可以把它当成一只纯股票基金来看待。

看一下该基金的行业配置，如图 4.15 所示。

我们发现，该基金的股票持仓几乎全部集中在制造业，其他行业的配置微乎其微，而制造业是一个周期性行业。所以，从目前来看，可以把该基金理解成一只周期性的行业基金。

行业配置前十大（截至2022年6月30日）

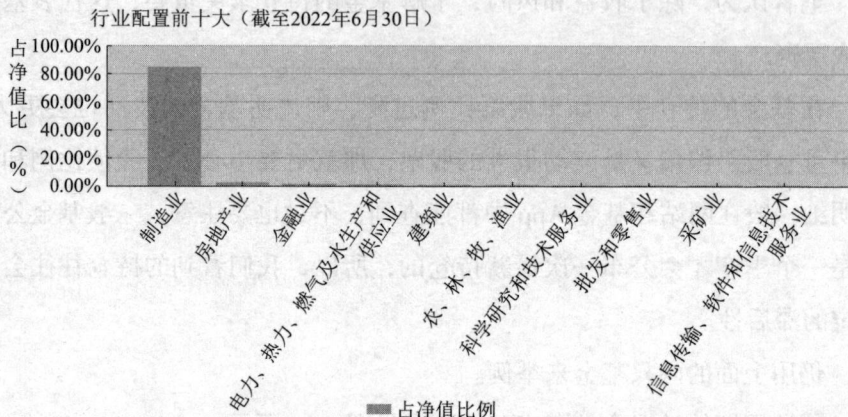

图 4.15

易方达供给改革混合的资产配置情况如图 4.16 所示。

资产配置变动

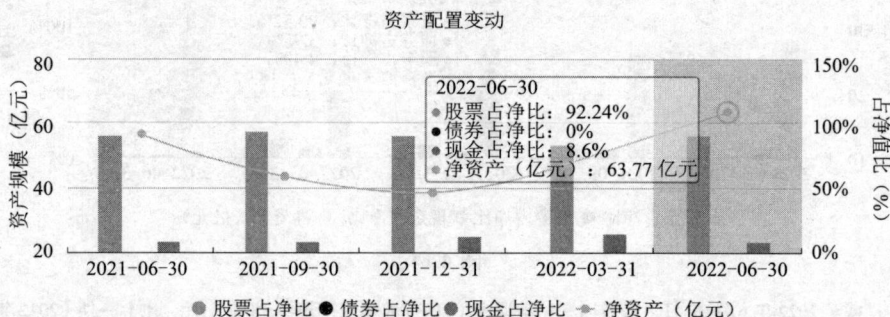

2022-06-30
● 股票占净比：92.24%
● 债券占净比：0%
● 现金占净比：8.6%
● 净资产（亿元）：63.77 亿元

图 4.16

我们发现，这只基金的配置比上一只基金的配置还要激进一些，股票的配置达到 92%，没有任何的债券，完全就是"股票 + 现金"的组合。

再来看一下该基金的行业配置，如图 4.17 所示。

该基金的行业配置也集中在制造业，不过也有其他行业的少量股票持仓，总体来说比信诚周期轮动混合更平衡，但是这种平衡也很有限。

行业配置前十大（截至2022年6月30日）

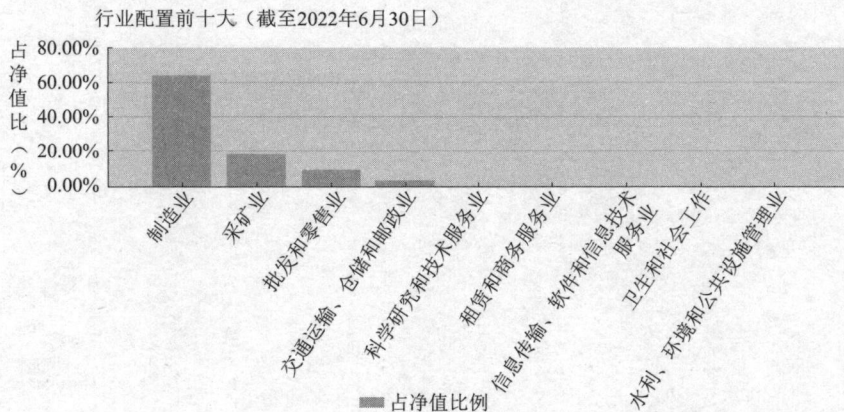

图 4.17

通过比较以上两只基金的配置，可以发现这两只基金的配置非常趋同，这也意味着，投资者要购买，只能二选一，这样才能够避免资产配置的相关性陷阱。如果要把这两只基金加入自己的投资组合中，则需要另外配置一些债券或者债券型基金，以平衡投资组合。

通过以上分析，我们总结出基金投资中三个重要的要素，分别是基金的收益、风险和资产配置。

对于基金的收益，我们会选择长期收益稳定、短期收益爆发的基金品种。短期的收益爆发是我们希望能够在短期投资中抓住一波爆发性的利润。

对于基金的风险，比较了三个指标，分别是标准差、夏普比率和最大回撤。我们应尽量选择标准差和最大回撤小、夏普比率高的基金。

最关键的还是要了解基金的底层资产，也就是这只基金的资产配置情况，笔者认为这是最重要的，能够让我们对这只基金的本质有所了解。如果一只基金的股票持仓占比很高，那么需要在资产配置中添加一些债券或者债券型基金进行平衡。